내가 본 **천국과 지옥** 이야기들

내가 본 천국과 지옥 이야기들

초판 1쇄 인쇄 2012년 9월 15일
초판 1쇄 발행 2012년 9월 20일

지은이 전용복
발행인 이명수
발행처 도서출판 세줄(등록번호 2-4000)
서울시 중구 인현동 1가 115-1 ☎ 02)2265-3749
총 판 선교횃불 ☎ 02)2203-2739
FAX. 2203-2738

저자 연락처 055)972-3012, 010-5177-1944

값 12,000 원
ISBN 978-89-92211-71-0   03230

* 잘못 만들어진 책은 바꾸어 드립니다. 저자와의 협약으로 인지는 생략합니다.
* 본사의 허락없이 무단전재와 무단복제를 금합니다.

내가 본 **천국과 지옥** 이야기들

전용복 목사 저

도서출판 세줄

| 시작말 |

　사람들은 모든 것을 다 직접 보고 싶어 하고 듣고 싶어 한다. 그것은 인간의 본능이다. 교육에 있어서 그 본능을 잘 활용한 시청각교육이 가장 효과적이다. 그런데 이러한 현상은 영적인 데에도 마찬가지다. 사실상 영적인 것은 그런 차원이 아닌데도 많은 사람들은 그렇게 한다. 많은 사람들은 말씀을 벗어나 그런 방향으로 나간다. 그중에서 가장 심한 것이 천국, 지옥을 보고 싶어하고 듣고 싶어하는 것이다.

　요즘 천국과 지옥에 대한 간증이 대유행이다. 구순연은 10여 년간 5,000 교회 이상을 돌았다고 자랑한다. 한국의 큰 교회, 연합회는 거의 다가 그녀의 간증을 들었다. 목사요 신학자인 신성종도 이 대열에 끼어들었다. 이러한 바람은 미국을 비롯한 서구에도 세차게 불고 있다. 이 시대의 성도들은 말씀을 들을 때는 졸다가도 그런 간증을 들을 때에 깨어나 열광한다.

　그런데 이러한 현상은 전혀 새로운 것이 아니다. 그것은 시대마다 되풀이 되었다. 그런데 지금은 아주 극심하다고 본다. 이러한 간증의 원조는 단테의 신곡이다. 그리고 그 절정은 스베덴보리의 천상, 지옥 여행기이다. 그 후로 계속 그런 종류의 간증이 계속적으로 되풀이된다.

그런데 요즘 교회 밖에서는 임사체험 이야기가 대유행이다. 그것은 듣는 사람에게 아주 신기하게 들린다. 사실 죽음, 그 후의 일은 그것을 애서 외면하려는 사람에게 아주 큰 관심거리다. 그런 사람에게 **죽음과** 그 후에 일어난 일에 대한 생생한 이야기는 아주 특별한 이야기다. 그런데 이 임사체험 이야기는 천국과 지옥에 대한 간증과 유사한 점이 많다.

나는 요즘 일어나는 이런 현상들을 보면서 임사체험, 그리고 천국, 지옥에 대한 간증을 면밀히 살펴보았다. 임사체험은 여러 이론이 있다. 그리고 천국, 지옥에 대한 간증은 그것이 너무도 비성경적이며 **허구적인데** 대하여 놀랐다. 간증자들은 비양심적으로 하나님이 직접 **보여주고 전하라** 한다 하면서 간증에 열을 올린다. 교회는 순진하게 **듣고 열광함으로** 크게 속고 있다. 이것은 너무도 안타까운 일이다.

스베덴 보리는 천상여행기에서 「천국간 자는 배우자와 만난다. 땅 위에서 극진한 사랑을 나눈 자는 영원히 산다. 그러나 그렇지 못한 자는 즉시 헤어진다. 그리고 자기 수준에 맞은 자와 결혼한다. 천국서는 청춘으로 영원히 살며 사랑을 나눈다.

그런데 그 사랑의 중심은 육적인 성생활을 하는 것이다. 그 즐거움은 말로 다 할 수 없다」고 한다. 그러나 예수님은 우리가 천국가면 장가도 시집도 안 간다고 하셨다.

그러면 우리는 어떻게 해야 하나? 우리는 성경에서 그 답을 찾을 수 있다. 성경은 이미 우리에게 천국, 지옥에 대한 정보를 다 주었다. 성경으로 돌아가면 우리는 모든 미망에서 깨어나 건전한 신앙을 가질 수 있다.

그래서 마지막으로 성경이 말씀하는 천국, 지옥을 소개한다. 우리는 성경 말씀으로 돌아가 천국, 지옥에 건전한 신앙을 가질 수 있다. 신앙이 비성경적으로 삐뚤어지면 다른 모든 신앙도 잘못된다. 아무쪼록 천국, 지옥에 대한 신앙이 성경적이 되어 모든 바른 신앙의 기초를 이루고 건강한 영적 삶을 누리시기 바란다.

2012. 6. 30

철쭉산 황매산 기슭에서 전 용 복

| 차례 |

시작말   4

1. 죽음 이후에 대한 연구
  (1)임사체험에 대한 연구   12
    ①임사 체험의 이야기들   12
    ②일부 학자들 "임사체험은 없다" 반론   20
    ③임사체험이란 무엇인가?   24
    ④임사체험은 진실한가? 그것은 사후생을 증명하는 것인가?   28
    ⑤임사체험에 대한 성경적 평가   30
  (2)사후생에 대한 연구가 활발하다.   32
    ①사후생만 연구하는 자들   34
    ②영계만을 연구하는 자들   35
    ③영계, 환생까지 연구하는 자들   36
    ④환생을 믿는 자들의 인생관   40
    ⑤성경적 비판   42

2. 천국과 지옥 간증
  (1)단테의 "신곡"   54
  (2)스베덴보리의 "천상여행기", "지옥여행기"   70
  (3)펄시 콜레의 "내가 본 천국"   98
  (4)메어리 캐더린 백스터의 "정말 지옥은 있습니다", "정말 천국은 있습니다"   109
  (5)신성종의 "내가 본 지옥과 천국"   126
  (6)구순연의 "구순연 집사가 본 천국과 지옥"   141
  (7)케빈, 알렉스 말라키의 "천국에서 돌아온 소년"   156

(8) 토드 부포의 "3분"(소년의 3분은 천상의 시간이었다) 172
(9)천국, 지옥 간증에 대한 종합 평가(비판) 187
  ①계시의 충족성, 완전성 입장에서 볼 때 성경 외의 계시는 있을 수 없다. 188
  ②개인적인 체험은 어디까지나 주관적 사적(私的)체험으로서 객관성이 없다. 190
  ③그런데 그것은 참으로 본 것인가? 192
  ④임사체험자들의 말과 비슷한 점이 많다. 193
  ⑤성경과 맞지 않고 상충되는 것도 많다. 193
  ⑥그 간증하는 내용들은 서로 상반되는 것이 많다. 195
  ⑦간증자들의 인격과 신실성 문제가 있다. 196

3. 중세의 신비주의자 십자가의 성 요한의 조언 200

4. 인생의 죽음. 천국과 지옥에 대한 성경의 이야기들
  (1)인생의 죽음, 그리고 그 이후 216
    ①인생은 누구나 다 죽는다. 217
    ②그러나 부활한다. 222
    ③그리고 심판을 받는다. 229
  (2)천국과 지옥 235
    ①죽음 후의 중간상태, 최후상태 235
      ⓐ잘못된 비성경적인 견해
      ⓑ올바른 성경적 견해
    ②천국과 지옥 247
      ㉮천국 248

㉠천국이란 어떤 나라인가?
　　㉡천국의 특수한 성질
　　㉢천국의 주민
　　㉣천국민의 영생의 성질
　　㉤천국의 문
　㈔지옥　　　　　　　　　　　　　　　　　　　　　271
　　㉠지옥을 부정하는 그릇된 견해
　　㉡성경이 말하는 지옥
　　㉢지옥에 대한 무신론자의 증언
　　㉣지옥의 주민
　　㉤지옥에 대한 전파

※ **주님은 다시 오신다** - 천국과 지옥을 믿는 자는 그 주님을 기다린다　288

끝말　　　　　　　　　　　　　　　　　　　　　　　　299

1. 죽음 이후에 대한 탐구

(1) 임사(臨死 · Near-Death)체험에 대한 연구

① 임사체험의 이야기들

'몸을 이탈한다. 육신을 내려다본다. 어두운 동굴을 지나 빛의 정원에 이른다. 영혼들과 만나 텔레파시로 교감한다.

영화 속에서나 나올 법한 얘기일까. 하지만 실제 이런 주장을 하는 사람들이 있다. 바로 '임사체험(臨死體驗 · Near-Dearh Experience)'을 했다는 이들이다. 임사체험은 사고나 질병 등으로 의학적 죽음 직전까지 갔다 살아남은 사람들이 겪은 '죽음 너머 세계에 대한 체험'을 말한다.

임사체험은 사실 수천 년 전부터 그 사례가 기록돼 왔다. 하지만 대부분 '뜬구름 잡는 얘기'로 치부됐다. 죽음이 늘 궁금하지만 죽고 싶지는 않고, 죽은 뒤엔 평화롭고 행복한 곳에 가고 싶은 사람들의 욕망이 빚어낸 미신 정도로만 여겨졌다.

1970년대 중반, 임사체험이 본격적으로 연구대상으로 다뤄지기 시작했다. 의학 기술과 장비가 비약적으로 발달하면서 미국을 중심으로 과학적 접근이 시도됐다. 일본에선 노령화와 뇌사문제에 관심이 높아지면서 1990년대부터 임사체험 연구가 본격화됐다. 연구가 진행됨에 따라 임사체험 관련 보고도 늘어났다. 임사체험자들의 경험은 놀라울 만큼 비슷했고, 연구는 더 탄력을 받게 됐다.

사후세계가 실제 존재하느냐를 놓고 여전히 논란이 분분하다. 하지만 '불로장생' 하는 방법을 찾지 못하는 한 임사체험에 대한 관심은 더욱 뜨거워질 것으로 전망된다.

'O_2'는 국내 임사체험자를 섭외해 생생한 얘기를 듣기로 했다 수소문 끝에 연락이 닿은 임사체험자는 3명. 그 가운데 김철민(가명·34·자영업)씨를 2일 인터뷰했다. 그는 종교도 없고, 사고 직전 크게 병치레를 한 적도 없었다. 그의 체험담엔 임사체험자들이 주장하는 공통적 특징들이 고스란히 들어있었다.

김 씨는 한사코 "실명을 밝힐 수 없다"고 했다. 그는 "몇몇 주변 사람에게 얘기했더니 이상한 사람 취급을 당했다"면서 "가급적 입 밖에 내지 않을 생각"이라고 말했다. 어렵게 말문을 연 김 씨의 얘기를 바탕으로 임사체험 전후와 당시 상황을 정리했다.

2007년 4월 봄기운이 완연한 어느 날. 대학 동창 모임에 가기 위해서울 명동거리를 걷고 있었다. 순간 가슴이 꽉 막히는 통증이 왔고 그대로 쓰러졌다. 갑작스럽게 심장마비가 온 것이다.

∴ 심장마비가 오면 보통 몇 분 안에 뇌 기능이 멈춘다. 뇌사(腦死)상태까지 이르진 않더라도 심장마비 환자들은 의학적으로 사망에 가장 가까운 상태라 볼 수 있다. 따라서 미국과 유럽에선 심장마비 환자들을 대상으로 한 임사체험 연구가 활발하게 진행되고 있다. 미국 애틀랜타 세인트 조지프병원의 심장전문의 마이클 사봄 박사는 현지 언론과의 인터뷰에서 "임사체험 연구에 가장 적합한 케이스가 바로 심장마비 환자"라고 밝혔다.

주변 사람들의 신고로 곧 앰블런스가 왔고 나는 인근 병원으로 실려 갔다. 아직도 병원에 실려 가는 상황에 대해선 전혀 기억이 없다. 하지만 의식이 혼미해지던 그 짧은 순간 머릿속에 떠오른 이미지는 생생하다. 과거 기억들이 파노라마처럼 쭉 흘렀다. 아침에 본 딸아이 얼굴이 떠올랐고, 몇 주 전 친구와 술 마시던 기억, 10년도 더 지난 대학입학시험을 보던 장면까지 머리를 스쳐갔다. 연극의 한 막이 내리고 다음 막이 오르는 느낌, 스위치로 머릿속 전원을 껐다 켜는 느낌이랄까.

∴ 미국의 종양학 전문의 제프리 공 박사는 그의 저서 **'죽음 그 후'** (Evidence of the Afterlife: The Science of Near-Death Experience)에서 임사체험자들이 공통적으로 경험하는 이런 과거 기억이 사후세계를 설명하는 유력한 근거라고 주장했다. 롱 박사는 "사고로 뇌

가 활동을 멈추면 의식 자체가 없어진다. 백지상태처럼 아무런 기억도 없어야 하는데 필름처럼 기억을 생생하게 해낸다면 과학으론 설명할 수 없는 '무언가'가 있다고 봐야 한다고 했다.

얼마나 지났을까. 갑자기 정신이 돌아왔다. 온몸에 힘이 쭉 빠졌다. 하지만 정신은 또렷했다. 매우 편안했고 몸이 부르르 떨릴 만큼 황홀했다. 그 순간 머리 윗부분을 망치로 두들겨 맞는 듯한 느낌을 받았다. 그러고선 의식이 몸 밖으로 튕겨져 나왔다.

∴ 상당수 임사체험자가 의식이 몸 밖으로 나오는 체험. 즉 유체이탈 체험을 했다고 주장한다. 의식이 빠져나오는 부위는 체험자마다 다르지만 머리나 이마 쪽으로 나왔다는 사람이 대부분이다. 유체이탈 체험은 꼭 죽음을 앞두고 일어나진 않는다. 생활 중 우연히 경험하는 사람도 있고, 수련 또는 명상을 통해 의식적으로 유체이탈을 했다고 주장하는 사람들도 있다. '정종호 기공수련원' 원장인 정종호 씨는 후자에 해당한다. 그는 'O_2'와의 인터뷰에서 "마음먹으면 언제든 유체이탈을 할 수 있다"고 했다. 정 씨의 이력은 다소 특이하다. 부산대 전기공학과를 졸업한 그는 독일로 건너가 마찬가지로 전기공학을 공부했다. 그러던 어느 날 공학도의 길을 접고 기감학(기를 느끼고 분석하는 학문) 연구에 뛰어들었다. 이유를 묻자 그는 "예전부터 몸이 많이 아프고 예민했다"면서 "기감학을 배우고 보니 내 몸이 유독 기에 민감한 스타일이란 걸 알게 됐다. 기를 연구한 뒤 몸도 평안을 찾았다"고 했다.

'정 씨는 1993년 9월 처음으로 유체이탈을 경험했다고 한다. "수련도중 몸이 굉장히 가벼워졌다는 느낌을 받았다. 그런데 갑자기 힘이 스르르 빠지더니 붕 떠오르는 느낌을 받았다. 묘한 쾌감에 몸을 부르르 떠는 순간 미간과 머리 꼭대기 쪽으로 뭔가가 빠져나갔다. 난 무중력 상태에 있는 우주인처럼 붕 떠 있었다. 걱정, 두려움 등 모든 감정이 사라졌다."

몇 달 뒤 그는 몸의 미세 에너지를 인위적으로 이탈시켜 다시 한 번 유체이탈 체험을 했다고 한다. 하지만 고통이 찾아왔다. "억지로 에너지를 이탈시켰기 때문이다. 빠진 에너지를 찾아 몸과 다시 맞추는데 3일 정도 시간이 걸렸다."

임사체험자의 유체이탈 체험과 그의 경험은 어떻게 다를까. 그는 이렇게 설명했다. "임사체험자는 에너지가 대부분 빠져나간 상태지만 나의 체험은 에너지가 60~70% 빠진 수준이다."

한편 유체이탈한 사람을 제3자가 목격했다는 사례도 있다. 1971년 영국 런던의 한 의학 전문지에선 남편을 잃은 부인의 14%가 죽은 남편을 한 번 이상 목격했다는 조사 결과를 발표했다.

몸에서 한 2~3m 떠올랐을까. 나를 내려다봤다. 내 몸을 보면서도 마음은 놀랍게도 차분했다. 내 몸은 힘들어하는 기색이 역력했다. 하지만 그에 대한 안타까움이나 집착은 없었다. 단지 호기심만 존재했다. '대체 의사와 간호사들이 나를 가지고 무얼 하는 걸까.'

∴ 'O₂'와 연락이 닿은 다른 임사체험자 임정현(가명 · 25 · 대학생) 씨 역시 유체이탈 체험을 했다고 주장했다. 그는 "물놀이를 하다 물에 빠진 뒤 의식을 잃었고, 잠시 뒤 껍데기처럼 몸만 남겨 두고 '내'가 빠져나왔다"고 전했다. 특히 임 씨는 병실을 벗어나 집, 학교, 상가 등 여러 곳을 떠다녔다고 주장했다. "마치 영화 속 슈퍼맨이 된 느낌이었다. 순간이동 하듯 빨리 지나쳤지만 매 순간 기억은 생생했다."

그러던 중 등 뒤에서 뭔가 나를 잡아당기는 느낌을 받았다. 돌아 봤더니 캄캄한 동굴이 보였고, 그 사이로 밝은 빛이 새 나왔다. 본 능적으로 빛을 향했다. 누군가 나를 잡아끄는 느낌도 들었다. 동 굴 입구 쪽으로 다가갈수록 빛은 더 밝아졌다. 소리도 들렸다. 그 소 리는 나지막하게 울렸지만 종소리보다 또렷하게 마음에 새겨졌다.

∴ 이화여대 한국학대학원 최준식 교수는 'O₂'와의 통화에서 "임시 체험 도중 빛을 보는 건 '참된 나'를 발견하는 과정일 것"이라고 했다. 최 교수는 "종교를 불문하고 사후세계엔 보통 빛이 등장한 다. 종교에 따라 그 빛을 초월적인 존재나 다른 영혼 등으로 보 는 견해도 있다. 하지만 그 빛이 자신의 참된 모습을 드러내는 어떤 상징일 것으로 여긴다"고 설명했다.

동굴을 통과하니 눈부시게 밝은 빛의 향연이 펼쳐졌다. 꽃은 없었 지만 잘 꾸며진 정원처럼 아늑하고 평화로웠다. 우리 전통 민속촌 의 한 풍경처럼 보이기도 했다. 그곳엔 반가운 얼굴도 있었다. 내 가 어릴 때 돌아가신 외할머니, 나랑 친했던 외삼촌도 있었다. 주변 다른 사람들도 왠지 오래 알고 지낸 것처럼 친근했다. 모두들 나와 상관있는 사람이란 느낌이 들었다. 이들 주위엔 흰색과 황금색 테가 둘러쳐 있었고, 눈부실 만큼 번쩍거렸다.

∴ 제프리 롱 박사는 1998년 비영리연구재단인 임사체험연구재단(www.nderf.org)을 설립해 10여 년 동안 1300여명의 임사체험자를 조사했다. 그는 조사를 통해 많은 임사체험자가 '사랑하는 이들과의 재회'를 공통적으로 겪었다고 주장했다.

임사체험을 연구해온 종교학자 칼 베커 박사 역시 '사자(死者)와의 재회'를 임사체험의 주요 특징으로 꼽았다. 그는 저서 '죽음의 체험'(Experience of Death: Research into Near-Death Phenomena)에서 '성모 마리아 등 종교적인 인물을 제외하곤 임사체험 도중 모친이나 배우자의 얼굴을 보는 경우가 가장 많다. 그 다음으로 많은 것은 형제, 자식, 친구 등이다"라고 전했다.

그러다 문득 이런 생각이 들었다. '내가 지금 이곳에 있어도 될까.' 이런 의문을 품는 순간 몸이 갑자기 무겁게 느껴졌다. 처음 몸에서 빠져나올 때 보다 더 큰 충격이 머리부터 발끝까지 전해졌다. 고통을 느낀 순간 눈을 떴다. 눈을 떠보니 병실 안에 있었다.

∴ 영국 BBC가 2003년 방영했던 다큐멘터리 '내가 죽은 그날(The Day I Died)'에는 임사체험을 했다고 주장하는 사람들과의 인터뷰가 등장한다. 이 가운데 헤더 슬론 씨(주부)는 "18개월 된 아기가

걱정돼 돌아가야겠다는 생각을 한 순간 의식이 돌아왔다"고 했다. 가수 겸 작곡가인 팸 레널즈 씨 역시 "돌아가기 싫었지만 임사체험 도중 만난 삼촌이 나를 밀어 육신으로 돌아가게 했다"고 했다. 이처럼 임사체험자 가운데 많은 이는 의식이 돌아오기 직전 본인이 의식적으로 돌아가야겠다는 생각을 분명히 했다고 주장한다.

의식을 찾은 뒤 한동안은 우울증에 시달렸다. 중요한 뭔가를 잃은 듯한 허탈감에 식욕도 잃었다. 하지만 며칠이 지나자 달라졌다. 뭔지 모를 사명감이 느껴졌다. 마음은 사고 이전보다 훨씬 평온해졌다. 요즘엔 이런 생각을 자주 한다. '하루 하루 감사하는 마음으로 살자. 운명을 거스르지 않고 욕심 없이 살다보면 다시 한 번 행복한 죽음을 맞이할 수 있겠지.'

∴ 임사체험 동안 말로 형용할 수 없는 행복감을 느낀다면 의식을 회복한 뒤엔 삶에 대한 의욕을 상실하지 않을까. 오히려 정반대다. 임사체험자들은 체험 이후 걱정이 없어지고, 이전보다 더 행복해졌다고 주장한다. 이들은 대부분 "현재 생활에 만족하며 사는 법을 배우게 됐다"고 말한다. 임사체험 연구의 선구자이자 미국의 저명한 심리학자인 레이먼드 무디 박사는 한 인터뷰에서 이렇게 밝혔다. "일반 임사체험자는 밝고 매력적인 체험을 하는데 반해 자살미수자들은 보통 '어둠의 체험'으로 불리는 적막함을 맛본다. 이런 어둠의 체험을 맛보고 나면 그게 무서워 다시는 자살시도를 하지 않는다.

최근 사후세계를 다룬 영화 '히어 애프터(Here after)'란 영화가 주목을 끌었다. 영화를 만든 클린트 이스트우드 감독은 말했다. "영화에서 죽음이란 주제를 다뤘지만 결국 하고 싶은 말은 한 가지다. 살아있는 동안 최선을 다해 살고, 사람들과의 만남 속에서 소중한 삶의 가치를 깨달아야 한다."

② 일부 학자들 "임사체험은 없다" 반론

"천국은 없다."

영국의 세계적인 물리학자 스티븐 호킹 박사(70)는 지난달 15일 영국 일간지 가디언과의 인터뷰에서 "천국이나 사후세계가 있다는 믿음은 죽음을 두려워하는 사람들이 만들어낸 '동화'일 뿐이다. 죽는 순간 마지막으로 뇌가 깜빡인다. 그 뒤엔 아무것도 없다"고 주장했다.

그는 인간의 뇌를 컴퓨터에 비유했다. "컴퓨터는 고장이 나면 작동을 멈춘다. 고장 난 컴퓨터엔 사후세계가 있을 수 없다."

임사체험에 대한 연구가 본격화하면서 다양한 체험 사례가 축적되고 있다. 하지만 이에 대한 반론도 만만치 않다. 대표적인 것이 임사체험은 모두 뇌의 작용에 따른 것으로 설명할 수 있다는 주장이다.

과거의 기억?

임사체험을 지지하는 사람들은 보통 "임사체험은 뇌 기능이 멈춘 상태에서 일어난다. 따라서 신경과학 등으로 설명할 수 없는 초자연적인 현상"이라고 말한다.

하지만 일부 과학자와 의사는 이를 정면으로 부인한다. 혼수상태일지는 몰라도 뇌 기능이 의학적으로 완전히 멈춘 뒤 그런 체험을 하고, 또 기억해 낸다는 건 불가능하다는 얘기다. 이들은 설사 뇌사상태에 빠졌던 환자가 기적적으로 의식을 회복해 임사체험 보고를 하더라도 "이는 뇌가 기능을 멈추기 직전이나 의식 회복 후에 작동해서 생긴 환각"이라고 단정짓는다.

그렇다면 임사체험의 주요 특징은 어떤 뇌의 작용으로 설명이 가능할까. 먼저 임사체험자들이 보통 파노라마처럼 목격한다는 과거 기억들에 대해 살펴보자.

김영보 과천의과대 뇌과학연구소 교수는 'O_2'와의 통화에서 "어떤 생각을 반복하면 뇌 안에 그 생각이 각인된다. 임사체험자들이 말하는 과거 기억은 그렇게 각인된 기억들이 뇌 활동의 갑작스러운 촉진에 의해 순간적으로 표출된 것일 가능성이 크다"고 했다. 뇌가 기능을 다하기 직전 마지막으로 전기적 활동이 급증하면서 일종의 환각이 발생하는데, 그것이 과거의 기억처럼 보일 수 있다는 설명이다.

영국의 정신과 의사 제임스 맥더그 역시 그의 논문에서 "뇌 안엔 이미 모든 정보가 입력돼 있다. 따라서 뇌가 충격을 받으면 추억을 보는 듯한 착각에 빠질 수 있다"고 주장했다.

흥분과 행복감?

다음으론 임사체험 과정에서 느낀다는 흥분과 행복감을 살펴보자. 라크머 차우 박사가 이끄는 미국 조지워싱턴대 연구진은 최근 죽음이 임박한 환자 7명의 두뇌활동을 한 달 동안 분석했다. 그 결과 환자들은 뇌는 점차 그 활동이 감소하지만, 죽기 직전 30초~3분 동안 많은 전기에너지를 분출한다는 사실을 발견했다. 연구진은 이를 "죽기 직전 체내에서 산소가 줄어들고 혈류가 늘어나는데 이때 뇌 세포가 마지막으로 많은 에너지를 방출한다"고 설명했다. 또 "이렇게 분출된 에너지가 뇌의 한 부분에서 시작해 폭포수처럼 퍼져 사람에게 엄청난 흥분을 준다"고 주장했다.

김대진 가톨릭대 의대 교수(정신과)는 'O_2'와의 전화에서 "스트레스와 쇼크 상태에서 산소 결핍증이 발행하면 뇌에서 엔도르핀 등 각종 신경전달 물질이 다량으로 분비된다. 이런 신경전달 물질은 고통을 억제하고 극도의 안도감을 줄 수 있다"고 설명했다. 그는 이를 약물중독자들이 느끼는 쾌락과도 비교했다. 약물중독자들의 쾌락도 뇌에서 나오는 신경전달 물질의 작용과 관련이 있기 때문이다.

유체이탈 체험?

유체이탈 체험도 뇌의 작용으로 설명이 가능할까.

헨리크 에르손 박사가 이끄는 영국 유니버시티칼리지 런던의 연구진은 흥미로운 실험을 했다. 연구진은 피실험자들에게 고글을 씌우고 비디오카메라 쪽으로 등을 돌린 채 서 있게 했다. 카메라는 이들의 등을 찍은 입체 영상을 고글로 보냈다. 자신의 뒤에 서서 등을 보는 듯한 착각을 하게끔 만든 것이다.

이후 연구진은 피실험자의 등을 펜으로 찌른 뒤, 고글을 통해 이 장면을 본 피실험자들이 어떤 반응을 하는지 관찰했다. 놀랍게도 피실험자들은 펜에 의해 감각이 일어난 부위를 실제 자신의 등이 아닌 고글화면에 비친 등으로 인식했다. '가상의 등'을 '실제 등'으로 인식했다는 것, 연구진은 이 실험을 통해 유체이탈 체험 역시 뇌가 감각기관들의 정보를 처리하는 과정에서 일으킨 혼란 때문이란 주장을 펼쳤다.

미국에선 여성 간질 환자를 대상으로 진행한 실험 결과가 발표되기도 했다. 연구진은 환자를 병원 침대에 비스듬하게 누인 뒤 뇌의 옆과 위쪽 접점에 자극을 줬다. 환자의 반응은 놀라웠다. 그는 "내 몸을 벗어나 공중에서 나를 내려다보는 느낌"이라고 말했다. 또 자극을 계속 줬더니 "몸이 떠서 천장으로 올라가는 것 같다"고 했다. 이 연구 결과는 뇌의 특정 부위가 자극을 받으면 자기 몸을 제3자의 것으로 인식하는 등 혼란이 일어날 수 있음을 알려줬다.

동굴과 빛, 그리고 사자와의 만남?

임사체험자들은 대개 어둠 속에서 밝은 빛을 본다고 주장한다.

학자들은 이러한 체험까지도 뇌의 작용으로 설명이 가능하다고 얘기한다. 영국의 심리학자 수전 블랙모 박사는 BBC 다큐멘터리 '내가 죽은 그날'에서 다음과 같이 밝혔다. "뇌세포 중엔 정면을 바라보는 데 관련된 것이 많지만, 좌우와 관련된 세포는 아주 적다. 쇼크 상태이거나 산소가 부족할 때는 모든 세포가 진동하는데, 그때는 어두운 터널을 지나 밝은 빛이 퍼지는 것처럼 느끼게 된다."

김대진 교수는 이 역시 신경전달 물질의 과다 분비효과로 봤다. 신경전달 물질이 다량으로 분비돼 뇌의 특정 회로가 비정상적으로 활성화되면서 밝은 빛을 보거나 사자(死者)와 만나는 등과 같은 환각이 생길 수 있다는 설명이다(이상 동아일보, 11. 6. 11).

③ 임사체험이란 무엇인가?

임사체험은 근사체험이라고도 한다. 임사체험은 임상적으로 죽었다고 판단되었으나 후에 다시 살아난 사람들이 겪은 체험을 말한다.

많은 사람들이 임사체험을 한다. 어떤 통계에 의하면 죽음의 문턱을 드나든 사람의 3분의 1이나 되는 사람들이 임사체험을 한다고 한다.

현대인들은 대부분 유물론에 기울어져 있기 때문에 임사자들의 체험은 무시되기 일수다. 임사체험은 병상에서 일어나는 경우가 많은데 의사, 간호사들은 자기의 지식을 가지고 대부분 무시한다. 일반인들도 무시하기는 마찬가지다.

그런데 임사체험은 '다른 현실을 보는 경향'이 강하거나 '초현실적 현상에 대한 감수성'이 높은 사람들이 많이 하게 되고 잘 기억한다.

임사체험은 죽음 바로 뒤에 있는 극히 짧은 단계를 갔다 온 것을 말한다. 임사체험은 저승에 갔다 온 것이 아니고 그 문턱에서 돌아온 것이다. 임사체험자들은 '저승으로 넘어가는 길목에서 자의든 타의든 돌아왔노라'고 말한다. 이렇게 보면 임사체험은 죽음 저 너머에 있다는 저승세계에 대한 예고편이다.

링은 임사체험의 단계를 다섯으로 나누어 설명했다.
㉠ 평화 ㉡ 체외이탈 ㉢ 어둠으로 들어간다. ㉣ 빛을 본다. ㉤ 빛 속으로 들어간다.

사람이 일단 죽음의 문턱을 넘어서면 이승에서는 맛볼 수 없는 평안한 상태를 맞이한다고 한다. 이것은 임사체험자들의 한결같은 증언이다.

그 다음에 영혼이 몸을 빠져나오는 체외이탈이 된다. 이 체험의 특징은 영혼이 자기 몸을 빠져나와 공중으로 떠오르는 것, 바깥에서 자기 육체를 바라보는 것, 멀리 떨어진 장소를 떠올리면 바로 그리로 이동하는 것, 비물리적인 몸을 수반하는 것, 그 체험이 꿈이 아니라는 것을 확신하고 있는 것 등이다.

고후 12장 2~4절에서 바울은 자기가 셋째 하늘에 갔다 온 사실을 말한다(물론 바울은 다른 사람에 대하여 말하나, 그것은 자신에 대하여 하는 말이다). 그리고 그는 자신이 체외이탈하여 영혼이 거기 간 사실을 강하게 암시하는 말을 한다(바울은 자기가 그런 체험을 했다고 하면 공연한 파문을 일으킬 것 같아 말을 삼갔던 것 같다).

다니엘은 벨사살 왕 3년에 이상을 보았는데, 그때에 자기 몸은 수산 성에 있었고 이상을 보기는 을래강변이라 하므로 자기 영혼이 체외이탈한 사실을 말하였다. 그때 그는 혼절하여 수일을 앓다가 일어났다고 한다(단8:1, 2, 27).

몸 밖으로 나온 영혼은 평안한 감정을 느낀다. 그리고 다른 영혼들을 만난다. 그리고 깜깜한 공간속을 빠른 속도로 지나가는 느낌이 든다. 이 공간은 터널, 동굴, 우물, 나무통, 진공, 계곡, 원통 등의 용어로 표현된다. 이것을 통칭해서 터널체험이라고 한다.

그런데 여기 대하여 여러 가지 해설이 있지만 말하기 복잡하다. 그 중 터널이란 물질적인 차원에서 영혼의 차원으로 이동하는 과정을 의식이 이미지화한 것이라는 설이 가장 그럴 듯 해 보인다.

임사체험자들은 터널을 지나면서 죽은 가족이나 친지, 친구를 만난다. 어떤 경우에는 자기가 믿는 종교의 중요 인물들을 만나기도 한다. 그런가 하면 저승으로 생각되는 데에 도달해 아름다운 강, 산 등을 본다. 마지막으로 더 갈 수 없는 장벽도 만난다.

그 다음에 터널을 빠른 속도로 통과한 영혼은 빛의 존재를 만난다. 여기는 저승의 입구라고 할 수 있다. 터널 끝까지 가면 빛의 존재는 훨씬 더 밝아진다. 그러면서 말로 표현할 수 없는 아름다운 꽃밭이 펼쳐진다.

그런데 그 밝음은 물질계에서 보는 밝음과는 다르다. 그런데 체험자들은 이 빛의 존재를 항상 인격을 가진 구체적 존재로 파악한다. 각 영혼들은 이 존재를 만났을 때 마치 자석인 것처럼 끌린다. 그 이유는 그 존재가 큰 사랑을 품고 있기 때문이다. 그 존재는 영적인 안내자 역할을 한다.

영혼이 빛의 존재와 만났을 때 의사소통은 다른 영혼들과의 관계에서처럼 텔라파시로 한다. 이때 하는 가장 중요한 일은 자기 인생을 회고하는 것이다. 이때 빛의 존재는 언제나 사랑으로 대한다. 책망하지 않고 안온하게 감싸면서 당사자가 잘못을 스스로 깨닫게 해 준다.

　삶을 회고를 마친 영혼들은 이승의 마지막 지점에 도착한다. 이른바 장벽을 만난다. 여기서 영혼들은 이 장벽을 넘어갈 것인가 아니면 도로 돌아올 것인가를 결정해야 한다. 장벽은 넘어서면 다시는 이승으로 돌아올 수 없는 마지막 관문이다.

　그런데 임사체험자들이 돌아올 때 빛의 존재가 소명을 알려준다고 한다. 본인은 다시 몸으로 돌아가고 싶지 않으나 빛의 존재가 "당신은 아직도 이승에서 할 일이 남이 있기 때문에 몸으로 돌아가야 한다"고 깨우쳐 준다고 한다.

　마지막 단계는 몸으로 돌아오는 것이다. 빛의 존재와 상의한 끝에 몸으로 돌아가기로 결정하면 순간적으로 영혼이 몸으로 돌아와 있는 자기를 발견한다. 돌아올 때는 터널체험이 없다. 그저 순간적으로 돌아온다. 영혼이 몸으로 돌아와 의식을 되찾으면 큰 고통을 느끼거나 기적적으로 고통이나 병이 사라진다.

　그런데 이것은 임사체험자들의 대체적인 경험을 말한 것이다. 모든 체험자들이 이 단계를 다 밟는 것은 아니다. 이 단계 가운데 둘이나 세 단계만 밟는 경우도 적지 않다. 그리고 반드시 이 순서대로 되는 것도 아니다.

　그런데 임사체험자들은 체험 후에 엄청난 삶의 변화를 겪는다. 그 삶을 체험 전과 후로 완전히 나눌 수 있을 정도로 엄청난 변화가 온다. 그 체험은 그들의 삶에 중요한 전환점이 된다.

　임사체험을 한 사람들이 변화한 모습을 보면 흡사 심리학에서 말하는 성숙 인격을 보는 것 같다. 기존의 종교들이 주장하는 이상형의 인간 모습이 이럴 것이라는 생각이 든다. 그들이 가장 크게 배우는 것은 사랑의 실천이다. 그런데 임사체험의 진위여부를 떠나서 이 큰 변화는 아주 좋은 일이며 연구해 볼 만하다.

임사체험 후 영향의 여러 모습들은 대체로 다음의 것들을 들 수 있다. 이것은 죽음의 문턱에서 돌아온 아름다운 삶이다.

○삶에 대한 인식 고양, ○자기수용, ○다른 사람에 대한 배려,
○ 생명에 대한 존중, ○반물질주의와 반경쟁주의, ○영성의 심화,
○지식에 대한 탐구, ○삶에 대한 목적의식, ○죽음의 극복과 사후생에 대한 확신, ○신에 대한 믿음, ○의식의 변화와 초능력의 발생,
○생리적인 변화.

④ 임사체험은 진실한가? 그것은 사후생을 증명하는 것인가?

임사체험은 매우 주관적인 체험이기 때문에 그동안 그것의 진실성에 대해 의심의 눈길을 던지는 논의가 많았다.

그런데 임사체험을 비판하는 사람들의 경우도 그 체험 자체까지는 의심하지 않는다. 그들이 주장하는 것은 임사체험이 한다고 해도 그것이 죽음 뒤의 세계가 존재한다는 것을 증명하는 것이 아니라는 것이다. 다시 말해 임사체험은 물질적인 요인이나 심리적인 요인으로 얼마든지 설명할 수 있기 때문에 그것이 사후생의 존재를 증명해 주지는 못한다는 것이다(이 사실은 앞서 언급하였다).

그런데 이렇게 임사체험을 비판하는 사람들이 많음과 동시에 그것을 인정하는 사람들도 많다. 내세를 믿어온 사람들에게는 그것이 그 내세를 증명해 준다고 확신하게 하는 좋은 자료가 된다고 생각한다. 또 내세를 믿지 않는 많은 사람들도 그것으로 인해 그 내세를 믿는 마음의 문을 열게 된다. 그렇게도 생생하게 증명하는데 어찌 믿지 않을 수 있는가?

"나는 우리가 육체적 죽음 이후에 의식을 가진 존재로 계속 존재한다는 것과 임사체험은 앞으로 오게 될 그 사후생을 힐끗 보는 시작이라는 것을 굳게 믿는다." 수많은 사람들이 이렇게 생각한다.

이런 자들 중에는 진화론자들이 많다. 프랑스 신부 테야르 드 샤르댕(Pierre Teihard de Chardin)은 오메가 포인트 이론을 주장하였다. 오메가는 세상의 진화가 끝나거나 인간이 완성되는 끝점을 말한다. 그런데 임사체험자들은 사람이 약하고 새로운 도전을 함으로 인류 진화상 새로운 도약의 역할을 한다고 한다.

그리고 이런 자들 중에는 인간은 복수의 몸을 가지고 있다고 생각하는 자들이 많다. 인간이 육체적인 몸 이외에 비물질적인 몸을 가지고 있다는 주장은 오래 전부터 있었다. 이 이론 중에서 가장 간단한 것은 인간이 죽으면 물질적인 몸은 소멸되지만 비물질적인 몸은 계속 생존한다는 것이다. 옛날부터 신비가들은 인간의 몸이 여러 개인 것처럼 하늘도 여러 층으로 이루어져 있다고 주장했다.

많은 신비가들은 죽음 뒤의 세계가 있음을 말하고 있다. 그중에 스웨덴의 스웨덴 보리가 가장 유명하다. 그는 수많은 영적 체험을 하고 그것을 저서로 남겼다. 그는 내세에 대하여 여러 가지 재미있는 묘사를 하나 다른 신비가들이 말하는 것과 유사한 점이 많다. 그러나 그는 확실히 탁월하다. 그러나 그는 자기가 기독교인이라 하나 성경적이지 않다.

⑤ 임사체험에 대한 성경적 평가

근래에 와서 임사체험자들이 많이 나타나고 있고 거기 대한 연구도 활발하다.

기독교에서는 처음에는 내세가 있는 증거라 하여 반겼으나, 그 내용이 비성경적이라 판단되어 부정적으로 보는 시각이 강하다.

그런데 우리는 그 임사체험에 대하여 일반적으로 인정하지 않는 입장과 인정하는 입장을 따라 나누어 생각하며 평가해야 한다. 두 입장은 다 긍정적인 면과 부정적인 면이 있기 때문이다.

먼저 임사체험을 인정하지 않는 입장을 생각해 보자. 임사체험을 인정하지 않는 사람들은 그것이 죽음에 이르기 직전의 상태로 의학적으로 설명 가능한 것임을 말한다. 그렇다고 볼 때 임사체험은 내세와 관련이 없고 자연적, 생리적 현상일 뿐이다.

그렇다면 우리는 그것에 대하여 과민반응을 할 필요가 없다. 그런데 죽음에 대하여 대부분의 사람들은 큰 두려움을 가진다. 그러나 그럴 것이 아니다. 임종시에 임사체험과 같은 현상이 생리적으로 일어난다면 죽음은 아무 두려워할 것이 못된다. 이점에 있어서 우리는 하나님께서 죽음을 맞이하는 인생에게 자비를 베풀어 죽음이 두렵지 않게 해 주신데 대하여 감사해야 할 것이다.

그러나 아무리 그렇다 해도 미지의 세계에 대한 공포는 어쩔 수 없다. 죽음으로 끝나고 무로 돌아간다고 믿든지, 죽음 이후의 세계가 있고 자기가 어떻게 될지 모르든지 간에 극심한 공포가 일어날 것은 틀림없다.

그 공포를 극복하고 평안한 임종을 맞이하기 위해서는 하나님을 믿고 구원을 받아야 한다. 주님을 믿으므로 주님이 심어주는 평강만이 그 공포를 몰아낼 수 있다.

그 다음에 임사체험을 인정하는 입장을 생각해 보자. 임사체험을 인정하는 사람들은 여러 가지 경우를 들어 인정하지 않는 자들의 주장을 반박한다. 그러면서 틀림없는 사실이라고 강조한다. 그러면서 상상의 날개를 펼치고 윤회 이야기까지 마음대로 조작한다.

그런데 임사체험은 죽음 이후의 체험이 아니다. 그것은 죽음에 지극히 가까운, 죽음 근방까지 간, 죽음에 임박한 시점까지 간 체험이다. 그것이 아무리 신통하고 신비하다 할지라도 사후세계의 존재 자체와 그 어떠함을 증명해 주는 것이 아니다.

그러니 임사체험자들이 하는 말이 기독교 진리를 훼손하지 않는다. 성경적이다, 비성경적이다 할 내용이 아니다. 그저 그렇게 듣고 참고하면 될 줄 안다.

그런데 많은 임사체험자들이나 그 체험을 듣는 자들이 신비하게 생각하고 사후생에 대하여 긍정적으로 받아들이고 믿는다. 그런 점은 우리가 전도하기 좋은 접촉점이 된다.

그리고 대부분의 임사체험자들은 그 삶이 변한다. 세상적, 물질적

사고에서 벗어나 내세를 생각하고 사랑을 실천하는 방향으로 나간다. 어떤 소명의식을 가지고 진지하게 남은 생을 산다.

　이런 점을 보면서 우리는 자극을 받아야 한다. 진리를 통하여 죽음 이후의 내세에 대한 믿음을 가진 우리들은 얼마나 더 변화된 삶을 살아야 되지 않겠나?

(2) 사후생에 대한 연구가 활발하다.

인간은 누구나 죽음을 싫어한다. 이 세상에서 오래 살고 싶어 한다. 그러면서 많은 사람들이 죽음 자체나 죽음 후의 생에 대하여 생각지 않으려고 한다.

그러나 죽음은 누구도 피해갈 수 없고 그 후의 삶은 누구에게나 찾아온다. 그러니 우리는 그것을 솔직히 인정하고 준비해야 한다. 그러기 위해서는 그것을 잘 연구해야 한다.

인류가 생긴 이래 지금까지 이 영역에 대해 관심이 없었던 것은 아니다. 나름대로 죽음 뒤의 세계에 대해 많은 관심을 보여 왔다. 그런데 그것은 학문적인 것과는 별 관계가 없는 종교를 통해서 교리 형태로 표현되어 왔다.

그런데 근대에 와서 거세게 발달한 과학은 그러한 종교적 견해에 대하여 부정하게 되었다. 과학은 실험으로 증명할 수 없는 것은 모두 다 비과학적이어서 인정할 수 없다고 하였다. 그러나 이러한 태도는 과학이 월권을 한 것이다. 종교적인 것이나 사후생은 과학의 실험의 대상이 아니다.

그런데 다행인 것은 많은 사람들이 그것을 인정하고 사후생에 대하여 연구하게 된 것이다. 지금 미국을 비롯한 선진국을 중심으로 많은 연구가 활발하게 진행되고 있다. 우리나라서도 최준식(이화여대 교수)씨가 "한국죽음학회"를 조직하고 연구를 하고 있다.

우리도 지금의 생에 충실하면서 사후의 다음 생에 대하여 잘 알아

보고 대비해야 한다. 그래야 성공하는 인생이 된다.

① 사후생만 연구하는 자들

인간이 죽은 뒤에 다른 형태로 계속 존재한다고 믿는 자가 많다. 그런데 그런 자들 중에서 단지 사후생이 존재한다고만 주장하는 사람들이 있다.

그런 자들 중에 인지도가 높은 사람으로 레이먼드 무디(Laymond Moody Jr)가 있다. 그는 「다시 산다는 것」(Life After Life)이란 그의 책에서 죽음 이후의 문제를 공식적으로 거론했다. 그는 사후생을 긍정하는 입장을 강하게 나타냈다.

그 다음에 퀴블러 로스가 있다. 그는 세계적인 죽음학의 대가다. 그는 타임이 선정한 20세기 100대 사상가 중 한 명이다. 그는 그의 「인간의 죽음」(On Death and Dying), 「인생수업」, 「사후생」(On Life After Death)에서 죽음 이후의 생에 대하여 강하게 주장했다. 그는 "죽음 뒤에 삶이 존재한다는 것은 삶의 문제이지 믿음의 문제가 아니다"고 하였다. 그러나 그는 그 영혼이 살고 있는 영계가 어떤 곳이고, 어떤 법칙에 따라 운용되는지에 대해서는 묘사하지 않았다.

이들 외에도 사후생의 존재를 인정하고 그 사후생을 연구하는 자들이 수없이 많다. 또 연구하는 단계는 아니지만 그 사실을 인정하고 사는 자들이 부지기수다. 그 이후에 대하여 깊이 알려고도 않으면서 그 사실 자체는 믿는 자들이 너무나 많다.

② 영계만을 연구하는 자들

죽음 이후에 생이 있다면 그 삶을 사는 영계가 있는 영계는 어떤 곳인가? 그 영계에 대하여 연구하는 자들이 있다.

그런데 연구가들 중에는 본인이 직접 체험했다고 주장하는 자들과 간접적인 연구를 하는 자들이 있다. 전자에 속한 자로 개신교의 가장 위대한 신비가 에마누엘 스베덴 보리(Emanuel Swedenborg)가 가장 유명하다.

그는 18세기 스웨덴의 신비가로 그 방면에서 세계적인 인물이다. 그는 과학자, 철학자로 신학자가 되었다. 그가 종교적인 체험을 하기 시작한 것은 1743년부터다. 그는 만년에 영적 탐구에 몰두했다. 그는 영혼이 체외이탈을 해 영계를 마음대로 드나들었다고 한다. 이점에 대한 평가는 여러 가지가 나올 수 있다.

「그에 따르면 우리 인간들은 기독교 신자냐 아니냐에 관계없이 예수의 가르침과 같은 높은 덕을 실천한 사람은 천당에 가고 그렇지 않은 사람은 지옥에 간다. 그리고 천당이나 지옥이 각각 3단계로 되어 있다. 그런데 사람은 죽은 다음에 바로 그곳으로 가지 않는다. 사람이 막 죽으면 우선 중간 정거장 같은 곳 – 아마도 천주교에서 말하는 '연옥'에 잠시 머무른다. 이곳에서 신참 영혼은 생전에 지은 행동거지 혹은 심리상태 등을 평가받고 그 결과에 따라 천국 3곳과 지옥 3곳, 합해서 6곳 중에 하나에 배당되어 가게 된다(영성이 아주 높은 영혼은 이런 과정 없이 바로 자기가 갈 곳으로 직행하기도 한다)」(최준식, 죽음의 미래, P.39).

스베덴 보리의 천당, 지옥에 관한 이야기는 다음에 좀 더 자세히 다루기로 한다. 그런데 그의 주장, 특히 예수를 믿음과 관계없이 자기의 쌓은 덕에 따라 천국과 지옥이 결정된다는 주장은 비기독교인이 볼 때는 환영할 소리지만, 우리 기독교인이 볼 때는 이단적 소리다. 그런 점에서 볼 때 그의 영계 여행도 의심받을 수 밖에 없다.

영계를 논한 사람은 스베덴 보리 외에도 동서양에 많이 있다. 특히 기독교 안에 직접 체험했다는 많은 간증자들이 있다. 그리고 대부분의 사람들은 거기에 대하여 많은 호기심을 가지고 있다.

③ 영계, 환생까지 연구하는 자들

환생(윤회)은 과연 있는가? 기독교에서는 환생을 정신없는 자의 잠꼬대로 생각하지만 환생을 믿는 자는 의외로 많다. 힌두교, 불교는 물론이고 많은 동양의 종교들, 뉴에이지까지 환생을 믿는다. 수많은 사람들이 환생을 조금도 의심하지 않고 받아들인다.

환생을 주장하는 자들 중에는 먼저 신비가들이 있다. 신비주의는 너무 신비한 것들을 추억하고 강조하는 것이다. 그것은 '기성 종교의 도그마적인 교리를 거부하고 절대적 실재와 직접 조우하기를 꾀하는 사상이다.'

환생을 주장하는 신비가들 중에는 다스컬로스와 마르티누스가 있다. 다스컬로스(1912-1995)는 지중해의 키프로스(Cyprus) 사람이다. 그는 영혼의 형태로 영계에 자유로이 드나들었고 수많은 불치병 환자를 치료했다. 그는 기독교 계통의 신비주의자다.

「그의 사상은 어떤 때는 기독교 편향적인 자세마저 엿보일 정도로 기독교에 깊이 뿌리박고 있다. 그러나 그의 사상에는 기독교적인 요소만 있는 것은 아니다. 다스칼로스의 인종적 배경이 그리스인 관계로 그의 사상에는 그리스 철학적인 요소가 눈에 많이 띈다. 예를 들어 인간이 나타나게 되는 과정에서 플라톤적인 사고가 엿보이는 게 그렇다. 그에 따르면 인간은 절대 영(프뉴마, pneuma)이 인간의 이데아를 통과하면서 생겨나고 이를 통해 영구 인격이 형성된다. 이 영구 인격은 인간이 수많은 환생을 하는 동안 가장 기본적인 인격이 되고 각 생을 맞이할 때마다 그 생의 인격-현재 인격-이 그 위에 형성된다고 한다. 이 설명 가운데 절대 영이 존재하고 이것이 인간 이데아를 거쳐 인간이라는 인격이 생겨났다고 하는 것은 매우 플라톤적인 사고로 생각된다. 그런데 이렇게 생겨난 인간의 영구 인격이 수많은 환생을 거쳐 자기완성을 향해 나아간다고 하는데 이것은 얼핏 보면 인도 사상에 가까운 것처럼 보인다」(최준식, 앞의 책, P.54).

그 다음으로 환생을 주장하는 자들로 최면가들이 있다. 그 대표적인 사람으로 에드가 케이시와 마이클 유턴을 들 수 있다.

에드가 케이시(1877-1945)는 미국 사람으로 '잠자는 예언자'(Sleeping Prophet)라는 별명이 있다. 그는 최면으로 40여 년간 수 만 명의 병을 고쳤다. 그는 최면상태에서 환자의 증상을 설명하고 치료법을 알려주었다.

그런데 그가 최면으로 치료하는 중에 인간이 윤회한다는 사실을 발견했다. 그는 최면상태에서 어떤 병은 전생의 카르마와 관련되어 있기 때문에 약과 함께 반드시 환자가 전생에 행한 일을 참회하든지 참고해야만 고칠 수 있다고 말하였다.

「예를 들어, 어떤 비만증 환자의 전생을 살펴보니 전생에 언젠가 뚱뚱한 사람을 아주 모질게 창피를 준 적이 있었다고 한다. 그에 대한 과보로 그가 이번 생에 비만이 되었는데 이런 경우 그의 비만증은 참회를 했을 때에만 고칠 수 있다는 것이다. 그러나 이런 비만증이 반드시 전생에 행한 악업과 관계되는 것은 아니다. 케이시에 의하면 전생에서 굶어 죽었을 경우에도 그럴 수 있다. 굶주린 기억이 너무 강렬하게 남아 그것이 다음 생으로 이어지고 그 때문에 그 반사 작용으로 막 먹다보니 비만증에 걸린 것이다. 이런 경우 전생의 상황을 잘 이해하면 비만증을 고칠 수 있다. 즉 이해가 해방을 가져오는 것이다.

최면에서 인간이 윤회한다는 리딩이 나오자 독실한 개신교 신자였던 케이시는 화들짝 놀랐다. 기독교 교리에는 인간이 윤회한다는 것이 없기 때문이다. 사실 기독교는 인도 종교가 설하는 윤회전생을 반대하는 입장에 있다. 인간이 죽으면 천당이나 지옥으로 가서 영원히 사는 것이지 다시 태어나는 것은 있을 수 없다는 것이다. 따라서 케이시는 자신이 발견해 낸 윤회 개념을 공개해도 될지 판단이 서지 않았다. 그는 독실한 기독교인이어서 기독교의 울타리를 넘는 것이 싫었다. 이 문제를 해결하기 위해 그는 다신 한 번 『기독경(Bible)』을 구약부터 신약까지 정독했다고 한다. 그러곤 쾌재를 불렀는데 그것은 경전에 '인간은 윤회하지 않는다' 고 명시되어 있지는 않다는 것을 발견했기 때문이다. 그의 해석에 의하며 기독교는 윤회 개념에 대해 아무 말도 하고 있지 않으니 반대하는 것이 아니라는 것이다. 자신의 이러한 해석에 근거를 두고 케이시는 일생 동안 윤회와 카르마 개념을 가지고 환자들을 고쳤다(최준식, 앞의 책, pp. 72. 73).

그런데 케이시의 성경 해석은 엉터리고 아전인수 격이다. 성경은 인간이 한번 죽으면 심판이 있고(히9:27) 심판 후에는 천국과 지옥으로(요3:36) 갈 수 밖에 없음을 말한다. 그것이 바로 윤회하지 않는다는 사실을 말하지 않나?

케이시 다음으로 볼 사람들은 역행 최면으로 영계나 전생을 탐색하는 사람들이다. 이런 접근법에서 효시를 이룬 것은 모리 번스타인(Morey Bernstein)이다. 그는 '사자와의 대화(The Search for Bridey Murphy)라는 책에서 많은 사례를 소개했다.

그리고 마이클 뉴턴은 '영혼들의 여행' 이라는 책에서 역행 최면에 관해서 밝힌다. 그는 역행 최면에 대하여 아주 구체적으로 연구하였다. 와이스나 휘튼 같은 사람들은 정신과 의사로서 역행 최면으로 사람들을 치료한다. 그것은 전생요법이라 불리는데 한국에서는 김영우의 '전생여행' 이 유일하다.

「이들이 전생 요법을 통해 환자 혹은 내담자들을 치유하는 방법은 어찌 보면 대단히 간단하다. 환자가 원인을 잘 알 수 없는 병의 증상으로 괴로워할 때 의사는 환자에게 최면을 걸어 그 증상을 유발한 전생의 사건으로 가라고 지시한다. 그러면 그는 그 전생이 언제였든 그때의 사건을 찾아내 다시 한 번 그 사건을 체험한다. 예를 들어 앞에서도 잠깐 보았지만, 원인을 알 수 없는 이상 비만 환자들을 전생으로 역행해 보니 아사한 적이 있거나 장기간 음식을 못 먹고 고통 받은 것으로 판명 나는 것이 그것이다. 또 어떤 약도 듣지 않은 편두통 환자를 역행시켰더니 전생에서 곤봉으로 머리를 아주 세게 맞은 경험이 있는 사람이었다. 전부 이런 식이라 더 이상 그 예를 열거할 필요가 없을 것이다(그러나 물론 인과의 법칙이 이렇게 단순하게만 가는 것은 아니다). 이렇게 전생의 기억을 한 번만 되살려 주면 많은 경우 그 증상들이 살아지곤 했다고 보고하고 있다. 이것은 아마 아주 깊은 무의식 속에서 억압되어 있던 것을 의식화시킴으로써 자동적으로 증상이 치유된 것으로 생각된다. 이렇게 심층에 억압되어 있는 욕구를 끄집어내어 의식화해 그 증상을 고치는 것은 정신과에서는 아주 흔한 치료 방법이다.

그런데 전생 요법을 쓰는 사람들이 모두 전생이나 윤회 이론을 믿는 것은 아니다. 단지 그 요법이 효력이 있기 때문에 이용하고 있는 경우가 많았다. 그런데 우리가 주의 깊게 보아야 할 것은 이들이 환자들의 전생을 탐구함으로써 전하는 메시지가 모두 같다는 것이다. 흡사 짜고서 같은 이야기를 하는 것처럼 느껴질 정도로 그들은 같은 이야기를 하고 있었다. 그래서 처음에는 전생 요법을 믿지 않고, 혹은 전생의 존재 여부에 대해 관심이 없던 전생 요법가들도 나중에는 인간이 윤회한다는 것을 믿지 않을 수 없게 된다」(최준식, 앞의 책, P.79).

④ 환생을 믿는 자들의 인생관

이것은 최준식(한국죽음학회 회장)씨가 그의 저서 「죽음의 미래」에서 내린 결론이 아주 잘 밝히고 있으므로 그것을 축약하여 보이므로 설명을 대신코자 한다.

「이제 대단원의 막을 내리면서 우리의 생과 사에 대해 가장 잘 정리한 경전 문구가 있어 그것으로 결론을 대신할까 한다. 원불교 경전 중 소태산 대종사의 어록을 정리한 『대종경』 제9장 「천도품」 6조에 나오는 것인데, 이 내용만 잘 숙지하면 생사 문제에 대한 식견을 충분하게 얻을 수 있을 것으로 생각된다.

소태산이 서울 박람회에 와서 화재보험사의 광고를 보고 이렇게 말한다. 우리는 생사고락을 넘어 해탈을 추구하는데 그러기 위해서는 생사원리를 잘 알아야 한다. 그런데 만일 죽음 뒤의 삶이 없다면 죽음을 당했을 때 얼마나 섭섭하고 슬프겠는가? 이것은 마치 화재보험에 들지 않은 사람이 졸지에 화재를 당해 모든 재산을 한꺼번에 잃는 것과 같다. 그러나 원리를 아는 사람은 이 몸이 한 번 나고 죽는 것은 옷 한 벌 갈아입는 것과 조금도 다름이 없음을 알 것이다. 그래서 몸은 죽으면 없어진다 해도 "변함이 없는 소소(昭昭)한 영식(靈識)은 영원히 사라지지 아니하고, 또 다시 다른 육신을 받게 되므로 그 일점의 영식은 곧 저 화재보험 증서 한 장이 다시 새 건물을 이뤄내는 능력이 있는 것같이 또한 사람의 영생을 보증하고 있나니라." 그래서 이 이치를 아는 사람은 생사에 편안하겠지만 그렇지 못한 사람은 초조하고 경거망동할 것이다.

소태산의 그 다음 이야기도 좋다. 이 원리를 아는 사람은 정당한 고통과 즐거움을 겪으면서 무궁한 낙을 준비하는데 그렇지 않은 사람은 준비가 없어 희망이 없고 따라서 이 생사고해에서 벗어날 수가 없다. 그러니 어찌 가련하지 않겠는가 하는 걱정으로 그는 말을 맺고 있다.

소태산의 이 가르침은 내가 이 책에서 내내 주장한 것과 정확하게 일치한다. 아니 이런 가르침은 깨달은 이들이 공통적으로 내놓는 것이다. 소태산은 불교 사상가답게 윤회 환생을 인정하는데 그에 따르면 우리는 수많은 생을 산 것이 틀림없다. 그렇게 보면 지금 우리가 살고 있는 이생은 아주 짧은 것에 불과할 것이다. 이러한 상황에 대해 그는 이렇게 말했다고 전해진다. 우리가 부부가 되어 한 생을 사는 것은 수많은 생을 산 것에 비하면 남녀가 한 밤을 여관에서 동숙한 것과 다름없다고. 우리는 수십 년 동안 부부생활을 하면서 참으로 긴 세월이라 생각하겠지만 자신이 지금까지 살아온 전(全) 생에 비교하면 하룻밤에 불과하다는 것이다. 그런데 우리는 이렇게 수도 없이 환생하는 것을 모르고 이번 생만 있는지 알고 이생에 결박되어 살고 있는 것이다.

내가 주장하는 것은 아주 간단하다. 이런 '현생 유일주의'에서 벗어나 생을 전체적으로 보자는 것이다. 그리고 환생하는 것을 인정하고 어떻게 하면 환생하는 횟수를 줄일 수 있을까 생각하자는 것이다. 우리들 대부분은 지금까지 엄청나게 많은 카르마를 지었기 때문에 다음 생에도 이 지상에 다시 내려와야 한다. 또 이 고해에 와야 한다는 것이다. 그런데 만일 소태산이 말한 것처럼 이 원리를 모른다면 계속해서 태어나 고통 받는 일 이외에 다른 여지가 없다. 그러나 카르마의 법칙을 알게 된다면 적어도 다시 지상에 오는 횟수는 줄일 수 있다. 다음 생부터 지상에 안 와도 될 정도로 고도의 진화를 이룬다면 제일 좋겠지만 우리들은 지은 업보가 많아 그렇게는 안 될 게다. 그러나 이와 같이 꾸준히 학습하고 이웃에 대한 사랑을 실천한다면 환생하는 기회를 현저하게 줄일 수 있지 않을까하는 생각이다. 우리가 이생에서 가장 진력해서 해야 할 일은 바로 이 일이다」

⑤ 성경적 비판

전생(환생)을 믿는 인생관에 대하여는 본인의 저서 「최면술의 실체와 그 종교적 이용」의 "전생"부분을 요약하여 제시하므로 대신코자 한다.

「고대로부터 많은 종교들은 영혼의 윤회와 환생에 대해 가르쳐 왔다. 그것은 인도에서 시작된 힌두교와 불교의 한 중요한 교리이다. 그것은 고대 이집트, 바빌론, 아시리아, 그리스에서도 발견된다.

> 「윤회사상이란 인간의 영혼은 오랜 세월 동안 여러 모습의 다양한 생을 거치며 성숙되어 마침내 슬픔과 미망에서 벗어날 수 있다는 믿음이다. 윤회사상에서는, 죽음은 영혼의 세계에 이르는 하나의 통로에 불과하기 때문에 전혀 두려워 할 대상이 아니며, 인간은 죽음을 이해해야만 삶도 이해할 수 있다고 가르치고 있다. 윤회를 결정하는 가장 중요한 힘은 각자의 영혼이 살아있을 때 행한 행위들인 업(業, Karma)의 법칙이다. 이것은 바꿔 말하면 영혼의 진화론이라고 할 수 있다. 세상의 수많은 모순과 불의한 모습들을 이해하고 운명을 설명하는데 있어서 가장 논리적이고 타당한 이론이기 때문에 독선적 철학과 종교에 질린 많은 서양의 지성인들도 이제는 진지하게 윤회의 이론을 받아들이고 있다」(김영우, 전생여행, pp. 20,21).

그런데 환생이 사실이라면 누구나 전생이 있기 마련이다. 요즘 많은 사람들이 전생에 대한 관심을 가진다. 과연 전생이 있는 것인가? 환생의 지지자들은 많은 사람들이 전생의 회상을 경험해 오고 있기 때문에 환생이 사실이라고 주장한다. 소위 말하는 전생의 회상은 여러 가지다(월터 마틴은 4가지로 말하였다) (그의 '뉴에이지 이단운동', pp. 106~108).

㉠ 직관적 회상

직관적 회상 또는 기시(既視, deja vu)는 어떤 사람이 어떤 일을 처음 보거나 또는 어떤 사람을 처음 만났는데도 불구하고 전에 같은 일을 보았다거나 또는 같은 사람을 보았다고 하는 감정 또는 강한 느낌의 경험이다. 환생론자들은 이것이 그 사람이 전생에 그곳을 방문했거나 또는 그 사람을 실제로 만났다는 증거라고 주장한다.

㉡ 자연발생적 회상

자연발생적 회상은 늘 그런 것은 아니나 대개 자신이 전생에 살았던 어떤 다른 사람이라고 주장하는 어린이들에게 나타난다. 환생론자들은 이 경우 실제 과학적으로 증명되는 것들도 있기 때문에 반박할 수 없다고 주장한다.

㉢ 심령술적 회상

심령술적 회상은 교령회(交靈會), 중매(mediums) 또는 초감각적 지각(ESP)의 경험들을 통해 전생을 기억하는 것이다. 환생론자들은 이 수단들을 통해 얻는 지식이 초자연적이므로 분명히 진실하다고 주장한다.

㉣ 최면술적 복귀

최면술적 복귀는 최면술을 통한 전생의 회상이다. 환생론자들은 어떤 사람이 최면술에 걸려 자신의 전생을 기억한다면 전생을 경험한 것이 틀림없다고 주장한다. 이것이 전생의 기억을 입증하기 위해

제시되는 가장 통속적인 주장이다.

그런데 이상의 주장들은 한 가지도 성경의 지지를 받거나 합리적이지 않다. 그러나 일일이 비판하는 것은 지면 관계로 생략한다. 단지 최면술적 복귀에 대하여는 비판적으로 논하고자 한다.

그런데 윤회사상을 믿고 있는 불교와 이슬람과 힌두교 그리고 뉴에이지 운동이, 최면을 통해 전생을 기억할 수 있다고 하면서 그것을 근거로 기독교 신앙을 부인하려고 한다. 사회 깊숙이 침투해 있는 뉴에이지 운동은 환생교리를 이런 최면술을 이용하여 정당화 하려고 한다.

원종진은 최면상태의 만남에서, 1회-조선시대의 비구니의 삶, 2회-스페인과 인도네시아의 삶, 3회-조선, 고구려, 스코틀랜드의 삶, 4회-아프리카의 삶, 죽은 후의 세계와 미래의 예언, 5회-여덟 번째의 삶, 예언, 6회-김영우의 전생, 원종진과의 관계, 교훈과 예언, 7회-제3의 방, 빙의현상과 예언, 8회-동물의 영혼 사랑, 정치가의 비밀, UFO, 정신병원의 원인, 9회-이집트에서의 삶, 인구증가와 심판에 대한 교훈, 10회-고통의 의미, 수행, 전쟁과 평화에 대하여 말한다. 원종진은 한 때 김영우와 형제였음을 말한다. 그리고 김영우는 그것을 받아들인다.

윤회, 환생, 그에 따른 전생은 과연 있는 것인가? 최면상태에서 생생히 기억되는 전생은 사실인가? 그렇게 선명하게 재현되는데 사실임이 틀림없지 않은가? 하는 문제에 대하여 말하고자 한다.

이 문제는 아주 심각한 문제다. 우리 인생, 나아가서 모든 생명체의 근본을 파악하는 요체가 되는 문제다. 그리고 우리 기독교와 여러 주요 종교 중 어느 종교가 참된 것인가를 결정짓는 문제다. 이 문제의 답에 따라 인생의 철학, 윤리, 도덕, 예술 등이 달라질 수밖에 없다.

그런데 이 문제에 대한 답은 아주 간단하다. 하나님이 주신 유일한 진리인 성경 말씀이 전생 따위는 없다고 하기 때문이다.

그러면 뉴에이지가 주장하고 최면상태에서 나타나는 전생회상은 어떻게 설명할 것인가? 그것은 우리 앞에 나타나는 현상이지 않은가?

ⓐ 그것은 어릴 때나 이전의 기억의 회생일 수 있다.

우리는 지난 일에 대하여 극히 일부만 기억한다. 그것의 대부분은 기억하지 못한다. 특히 어릴 때의 일은 거의 기억하지 못한다. 그러나 그 모든 것은 우리의 잠재의식 속에 남아 있다. 심지어 태중에서 들은 음악도 남아 있다고 한다.

그러한 기억이 최면상태에서 되살아날 때 마치 그것이 전생인 것처럼 착각하게 된다. 어쨌든 전생을 설정하고 믿으려는 사람에게는 그렇게 생각될 수 있다.

ⓑ 그것은 평소에 전생이 있다고 생각하고 자기 나름대로 상상으로 생각한 것들의 회상일 수 있다.

많은 사람들은 전생에 대하여 듣고, 그것이 헛된 망상이나 우매하여 맹신한다. 그러면서 자신의 전생을 알고자 한다. 그러면서 많은 상상을 한다. 수없이 자신의 과거에 대한 그림을 그린다. 필자가 아는 어떤 여인은 자기가 승려가 못된 것을 아쉬워하였다. 그러다가 자기의 전생이 인도의 어떤 절의 중이었음을 알았다. 그 후 그 여인은 이곳의 생활을 정리하고 인도로 가겠다고 하였다.

우리가 상상으로 하는 모든 생각도 우리의 잠재의식 속에 저장된다. 그것이 최면상태에서 되살아날 때 마치 그것이 전생인 것처럼 착각하게 된다. 아주 신기하게 느껴지면서 틀림없다고 생각하게 된다.

ⓒ 그것은 우리가 알지 못하는 어떤 심령작용일 수 있다.

우리는 우리 자신의 심령에 대하여 극히 작은 지식만 가지고 있다. 그 존재 자체, 성질, 작용 등에 대하여 극히 부분적이 추상적인 지식만 가지고 있다. 그리고 그것에 대한 탐구는 극히 미약하다. 또 그것의 많은 부분, 아주 깊은 부분은 우리의 연구대상 밖이다. 과학적으로 연구할 대상이 아니다.

예를 들어 우리가 꿈을 한 번 생각해 보자. 우리는 모두 꿈과 친숙하다. 꿈은 다른 깊은 심령작용보다 우리가 체험하고 대부분 의식적으로 기억한다. 우리는 꿈속에서 현실성이 있는 어떤 행동도 한다. 또 어떤 경우에는 전혀 현실성이 없는 환상적인 일을 겪기도 한다. 그야말로 전생이라 할 수 있는 신기한 체험을 하기도 한다. 이러한 꿈에 대하여 요셉, 다니엘은 하나님이 주신 지혜로 잘 해석하였다. 세상에 꿈 해몽가도 더러 있다. 그러나 보통 사람들은 잘 알지 못한다. 그런데 그 꿈이 어떻게 생기는지는 더욱 모른다.

최면상태에서의 전생 회상은 꿈과 비슷한 심령작용의 하나로 볼 수 있다. 우리가 알 수 없고 해석할 수 없는 어떤 신비한 심령작용의 하나일 수 있다.

ⓓ 그것은 사탄의 술수일 수 있다.

마인드 콘트롤이나 최면은 겉으로 볼 때 종교와는 아무런 상관이 없는 것 같이 보인다. 그들 스스로도 종교가 아닌 과학이요, 차원 높은 정신학문이라고 주장하고 있다.

그리고 그것들은 우리가 살아가는데 유익을 주는 것도 많다. 최면의 유익한 활용에 대하여는 앞에서 이미 말하였다. 많은 사람들이 최면에 매력을 느낀다.

그런데 최면은 고도의 심령문제에 속하는 것으로 사탄의 공략대상이 되기 쉽다. 사탄은 우는 사자와 같이 두루 다니며 삼킬 자를 찾아 헤맨다. 그러면서도 성도라 할지라도 틈만 나면 공략한다. 특히 최면 같은 심령문제를 취급하는 것을 공략하는 도구로 삼기 쉽다.

예수님께서 마귀에게 이끌리어 광야에서 시험을 받으실 때 마귀가 천하만국과 그 영광을 보여주었다(마 4:8). 그 때의 천하만국은 환상이었다. 이런 능력을 가진 마귀가 최면상태에 빠진 자를 전생인 듯한 환상의 세계로 인도하는 것은 어려운 일이 아닌 것이다.」

최면으로 전생을 회상하는 많은 경우에 사탄의 장난이 있다고 본다. 아무리 성도라 할지라도 전생을 회생하여 체험한다면 믿음이 흔들릴 것이다. 특히 전생회생 도중 간혹 있게 되는 예언-그 내용은 비기독교적, 반성경적이다-은 아무리 신통하게 들려도 마귀의 주술임에 틀림없다.

"한 번 죽는 것은 사람에게 정하신 것이요 그 후에는 심판이 있으리니"(히 9:27).

우리 기독교는 죽음에 대한 연구가 너무 부족하다. 우리는 성경 말씀을 굳게 믿은 나머지 그 이상 생각하지 않는 경향이 강하다. 우리는 성경 말씀을 믿는 토대 위에서 인생의 가장 중대사인 죽음에 대한 연구를 활발히 해야 한다. 그리하여 사람들에게 많은 정보를 제공하고 준비된 죽음을 맞이하게 해야 한다.

그리고 불신자와 다른 종교인이 연구하는 죽음에 대한 이론도 잘 연구하고 비판해야 한다. 그리하여 사람들이 거짓된 것에 끌리지 않도록 해야 한다.

2. 천국과 지옥 관중

근래에 와서 일반 사회에서는 임사체험 이야기가 많다. 한국에서는 그것에 대하여 조사된 바가 없기 때문에 체험자가 얼마나 되는지 잘 모른다. 그런데 미국에서는 조사와 연구가 활발하다.

1970년대 중반에 무디에 의하여 임사체험에 대한 관심이 높아진 후에 1982년에 갤럽에서 조사를 했더니, 전 미국인 가운데 800만 명이 임사체험을 했다는 결과가 나왔다. 1997년에 'US News & World Roport'가 조사한 바에 따르면 1500만 명이라는 엄청난 숫자가 임사체험을 했다고 증언하였다.

전에는 그런 사람들이 여러 가지 제약을 받아 감추고 있었으나 이제는 드러내놓고 말하는 사람들이 많다. 교회서는 천국과 지옥 간증이 대유행이다. 그것은 태풍처럼 세차게 몰아친다. 그러나 그것은 옛

날부터 있어온 일이다.

단테의 '신곡'은 1300년대의 작품으로 그의 천국, 지옥 간증이며 세계적인 명작이다. 그리고 1700년에 스베덴 보리는 많은 영적 신비서를 저술하면서 '천국, 지옥여행기'를 썼다. 그것은 교회 안에서 뿐 아니라 교회 밖에서도 큰 관심을 끄는 작품이다. 그것은 사후생을 연구하는 사람들에게 필독서가 되어 있다.

근래에 와서 온 세계적으로 천국과 지옥 간증이 성행하고 있다. 여러 사람이 계속적으로 일어나서 직접 간증하거나 책을 내서 주장하고 있다. 구순연 집사는 그런 간증 주자로 최고 스타가 되어 있다. 한 주도 쉬지 않고 연중무휴로 수년 동안 전국 교회를 순회한다. 그런 집회는 구름처럼 모이고 은혜가 충만하다고 한다. 이제는 국내뿐 아니라 해외로 원정을 가기까지 한다. 신성종 목사는 자신이 목회자, 신학자이면서 그런 대열에 끼어들었다. 그런 그에 대하여 생각 있는 사람들은 눈살을 찌푸린다.

천국, 지옥 간증은 사람들에게 큰 인기가 있다. 그것이 성경에 나와 있는 천국, 지옥에 관한 내용에 비하여 견줄 바가 못 되고 비성경적인 것도 많지만 사람들은 열광한다. 말씀으로 하는 정상적인 설교에는 은혜를 못 받으면서 그런 간증에서는 많은 은혜를 받는다고 한다.
이제 여러 천국, 지옥 간증서들을 성경적인 입장에서 살펴보고 전체적으로 평가(비판)해 보고자 한다.

(1) 단테의 신곡

① 저자 단테

단테 알리기에리(Durante degli Alighieri, 1265~1321)

이탈리아의 가장 위대한 시인. 서유럽 문학의 거장. 두란테 델리 알리기에리가 본명인 단테는 이탈리아 중부의 피렌체에서 귀족 가문의 아들로 태어났다. 계모 밑에서 자란 탓에 모성애에 대한 만연한 그리움과 동경을 품고 성장한다.

아홉 살에 동갑내기 베아트리체를 처음으로 멀리서 보고 애정을 느끼는데, 이 진귀한 유년 시절의 경험은 단테의 인생행로를 좌우하게 된다. 그러나 1277년 젬마 도나티Gemma Donati와 약혼을 하고 베아트리체가 죽은 후, 1291년에 그녀와 결혼하게 된다.

단테는 피렌체에서 1275년부터 약 20여 년간 신학을 비롯하여 다방면에 걸쳐 교육을 받았는데, 중세의 스콜라 철학뿐 아니라 스콜라 철학의 근간을 이루는 아리스토텔레스 철학까지 섭렵했다.

정치 입문 5년 만인 서른 다섯에 도시국가 최고의 지위인 통령에 선출되는 등 화려한 정치 생활을 하기도 한다. 그러나 이후 당파 싸움에 휘말려 지위를 박탈당하고 국외 추방을 당하고 만다. 그러나 1301년 11월 단테와 뜻을 함께한 정당이 정권을 잡으면서 돌아갈 기회를 얻지만 끝내 돌아갈 것을 포기하고 방랑생활을 계속하며 〈신곡〉의 집필에 몰두했다. 말년에 고향 피렌체가 아닌 라벤나에 머물며 집필하다 숨을 거뒀다. 향년 56세였다.

그가 남긴 작품으로는 《신곡 La Divina Commedia》 외에도 《향연 Convivio》, 《새로운 삶 La Vita nuova》, 《토착어에 관하여 De vulgari eloquentia》 등과 중세 정치철학의 주요 논문으로 일컬어지는 〈제정론 De monarchia〉이 있다(단테, 단테의 신곡, 앞 날개).

② 내용 개요

'단테의 신곡' 머리말에서 신곡을 소개하는 내용을 발췌하여 소개한다(단테, 단테의 신곡, pp.4,5).

단테는 호메로스, 셰익스피어, 괴테와 더불어 세계 4대 시성詩聖이라 일컬어진다. 그런 그가 조국 이탈리아에서 추방당해 방랑을 하던 시기에 무려 19년에 걸쳐 완성한 작품으로 바로 《실락원》, 《천로역정》과 더불어 최고의 기독교 문학작품 중 하나로 일컬어지는 신학적 장편 서사시, 《신곡神曲》이 있다.

《신곡》은 르네상스의 요람이며 유럽 중세학의 중심지였던 피렌체에서 귀족의 아들로 태어났으나 계모의 손에 키워지면서 모성애에 대한 막연한 동경을 품었던 단테가 평생을 두고 사랑했던 베아트리체와 그녀의 죽음이 준 충격을 종교적 차원으로 승화시켜 작품화한 것이다. 그녀의 죽음 이후 10년 동안에 걸친 단테의 타락한 생활을 작품 속에서 캄캄한 숲을 방황하는 것으로 표현했고, 그런 그를 천국으로 안내하는 역할을 베아트리체의 몫으로 그린 것이 바로 그 증거라 할 수 있다.

이렇게 숭고한 사랑에서 시작한 《신곡》의 구성은 단순하다.

작품 인물로 등장한 '단테'가 서른다섯 살이 되던 해 성聖 금요일

전날 밤 어두운 숲에서 길을 잃고 헤매고 있을 때 마침 나타난 로마의 시인 베르길리우스의 안내로 지옥地獄과 연옥煉獄을 방문해 천태만상의 인간들의 죄와 벌을 목격하게 한 다음 구원의 여인인 베아트리체에게로 가고, 다시 그녀를 따라 천국에 이르러 성 베르나르의 안내로 천상 속에서 삼위일체의 신비를 맛보게 된다는 내용으로 7일 6시간 동안의 이야기다. 여기에는 단테의 해박한 지식, 그의 자서전적인 이야기, 당대의 정치 상황뿐 아니라 기독교가 삶의 틀이었던 중세의 세계관이 총체적으로 집약되어 있다.

또한 《신곡》은 성서와 그리스·로마의 모든 고전, 토마스 아퀴나스의 신학, 플라톤파의 우주론, 프톨레마이오스의 천문학, 오거스틴의 신학 등의 영향을 받아 중세 사상을 총체적으로 정리했다.

목차를 보면 그 내용이 어떻게 구성되어 있는지 짐작할 수 있다(단테, 앞의 책, pp. 7,8).

1. 지옥편

숲속의 방황 … 지옥문 … 림보 … 지옥의 심판 … 탐욕과 분노의 늪 … 이교도의 성(成) … 피의 강과 비탄의 숲 … 괴물 게리온 … 망령의 도시 … 위선의 갑옷 … 기만과 모략의 불꽃 … 루키페르의 연못 …

2. 연옥편

정죄산 입구 … 그림자의 수수께끼 … 망향의 계곡 … 여명의 꿈

··· 오만한 자들의 짐 ··· 눈먼 영혼 ··· 분노의 연기 ··· 서두르는 게으름뱅이 ··· 탐욕의 악취 ··· 절제의 향기 ··· 정화(淨化)의 불길 ··· 베르길리우스와의 작별 ··· 이브의 동산 ··· 베아트리체의 영접 ···

3. 천국편

천체의 질서 ··· 천국의 순례 ··· 불완전한 서약 ··· 영예의 광채 ··· 사랑의 섭리 ··· 교부들의 면류관 ··· 십자군의 기사들 ··· 정의의 독수리 ··· 야곱의 사다리 ··· 구원의 열매 ··· 창조의 신비 ··· 천상의 모후 마리아 ···

그리고 중요한 일부 내용을 소개하므로 이해를 돕고자 한다.

지옥의 심판(지옥)

단테는 베르길리우스에게 이끌려 림보인 제1옥獄에서 제2옥으로 내려왔다. 그곳은 전보다 훨씬 비좁았고, 울부짖는 소리와 고통스런 비명이 메아리쳤다.

정문에는 크레타 섬의 왕이었던 신화적인 인물인 미노스가 무서운 이빨을 드러낸 채 버티고 서 있었다. 미노스는 그곳을 지키면서 들어오는 자마다 하나하나 심판해 어디로 보낼 것인지를 결정했다.

그의 앞에 와서 벌벌 떨며 고백하는 자의 죄가 얼마나 무거운가를 헤아려 지옥의 자리를 지정해 주는 것이다. 이때 미노스가 그의 꼬리를 휘감아 그 휘감은 횟수로 몇 옥으로 떨어뜨릴 것인지를 결정, 지옥의 자리를 선고하는 모습이 보였다.

그때 단테는 끝없는 통곡이 그의 귀를 갈가리 찢는 비탄의 골짜기의 벼랑으로 오게 되었음을 알았다. 그곳은 폭풍에 시달리는 바다가 울부짖는 곳으로, 죽어도 쉬지 않는 지옥의 태풍이 휘몰아치면서 죄 많은 영혼들을 억세게 후려쳐 괴롭히고 있었다. 그 죄 많은 무리들은 허물어진 벼랑 끝에 다다랐을 때 비명과 한탄 통곡을 하면서 하느님의 권능을 저주했다.

단테는 이들이 욕망에 사로잡혀 이성理性을 저버리고 사음邪淫을 일삼은 자들임을 알아보았다.

이들은 마치 겨울철 하늘에 찌르레기들이 무리지어 날아가듯이 지옥의 태풍이 몰아쳐 아래위로 쫓고 후려치므로 휴식도 없이 고달픔에 시달리고 있었다. 단테는 이들이 마치 슬픈 노래를 부르며 하늘에 기다란 선을 그리고 날아가는 학들처럼 슬피 울면서 폭풍에 실려 가는 모습을 보고는, 그들에게는 그들을 위로할 만한 털끝 같은 희망도 없음을 느껴 스승에게 물었다.

"스승이여, 저기 저 캄캄한 질풍에 시달리고 있는 자들은 도대체 누구입니까?"

"맨 앞에 있는 여인이 아시리아의 여왕 세미라미스라네. 그녀는 음란함으로 가득 차 쾌락을 법으로 허용하기까지 했지. 그 다음이 남편 시타이우스의 시체 위에서 육욕을 불태운 디도, 그 뒤를 따르는 자가 클레오파트라일세. 자, 보게. 저기 헬레네가 보이지 않는가? 또 그녀 때문에 오랜 싸움을 하여 사랑 때문에 몸을 망친 아킬레우스도 있네."

베르길리우스는 그 밖에도 파리스와 트리스탄 등 수많은 망령을 가리키면서 사랑과 애욕 때문에 고통 받는 그들의 사연을 들려주었다.

단테는 그 무수한 망령들의 슬픈 이야기를 들으면서 그의 마음이 짓눌려 잠시 정신을 잃었다.

마음의 안정을 되찾고 정신을 차린 단테는 어느새 자신이 제3옥獄에 와 있음을 알게 되었다. 그곳은 처음부터 끝까지 변함없이 비가 퍼붓고 있었다. 그 저주스런 빗속에는 큰 우박덩어리가 섞여 있었으며, 더러운 물과 암흑의 대기大氣에서 쏟아지는 눈이 휘몰아쳐 바닥은 악취로 가득했다(단테, 앞의 책, pp. 32~35).

탐욕의 악취(연옥)

단테가 베르길리우스와 함께 다섯 번째 언덕에 올라가 보니 거기 있는 사람은 모두 땅에 머리를 조아리며 울고 있었다.

"내 영혼은 티끌 속에 처박혔도다."

그들은 한숨을 쉬고 있어 그 소리는 들릴락말락 했다. 베르길리우스가 그들에게 길을 묻자, 그들은 오른쪽으로 돌아가라고 대답했다. 단테가 그 가운데 한 사람에게 다시 물었다.

"어찌하여 당신은 땅바닥에 엎드려 울고 계신가요? 당신은 누구십니까? 나는 아직 살아있는 몸입니다만, 내가 돌아가 당신을 위해 해 주기를 바라는 것이 있나요?"

그러나 그 사람은 재빨리 대답했다.

"나는 성 베드로의 후계자인 교황 아드리아노 5세라오. 살아 있을 때 그만 지나치게 탐욕스러워져 하느님을 떠나고 말아 지금 이같이 용서를 받을 때까지 보속하고 있는 것이오. 탐욕의 죄는 이 언덕에서 가장 엄한 보속을 받고 있습니다."

단테는 그가 교황이었던 것을 알고는 황급히 무릎을 꿇으려 했다.

"그러지 마오. 나는 그대와 마찬가지로 하느님의 종일 뿐이오. 여기서는 세상과 달리 차별도 없으니, 그대의 길을 가시도록 하오."

그가 단테를 말리면서 마태복음 22장 29절에서 30절까지의 말씀을 들려주었다.

베르길리우스와 단테는 다시 그곳을 따라 앞으로 나아갔다. 그러자 돌연히 부르짖는 소리가 들렸다.

"당신의 거룩하신 아기를 눕히신 그 마구간을 통해서 알 수 있듯이 당신은 그토록 가난하셨습니다."

첫 번째 소리는 성모 마리아를 찬미하는 말이었다.

"오, 어진 파브리키우스여, 그대는 악덕과 함께 큰 재산을 누리기보다 차라리 가난과 더불어 있는 덕을 원하였도다."

두 번째 소리는 옳은 정치를 폈던 로마의 정치가를 찬양하는 말이었다. 또한 세 번째 소리는 이런 내용이었다.

"니콜라스 주교님은 가난해서 시집조차 보내지 못한 딸이 있는 집 창문으로 몰래 돈을 넣어주셨다."

단테는 이런 귀감이 되는 말들을 계속 읊으면서 보속하고 있는 영혼을 보고 감탄해 마지 않았다.

"그처럼 좋은 이야기를 계속하면서 보속하고 있는 당신은 대체 누구십니까? 내가 다시 세상으로 돌아가면 꼭 보상을 해드리겠습니다."

단테의 말을 들은 사람이 사연을 쭉 이야기하기 시작했다.

"나는 루이 5세의 뒤를 이어 프랑스 왕이 되었던 위그 카페라오. 여기 다섯 번째 언덕에 있는 망령들은 낮에는 빈곤과 인색함의 이야기들을, 그리고 밤에는 탐욕의 표본이 되었던 사람들의 이야기로, 탐욕으로 인해 살인한 피그말리온, 손대는 것마다 모조리 금으로 변해 굶주려 죽은 미다스, 여리고의 저주를 받은 노획물인 금과 은을 땅속에 감추어두었던 아간, 사도들을 속이려다 죽은 삽비라와 아나니아, 예루살렘의 성전에서 약탈하려다 쫓겨난 헬리오도로스, 폴리도로스를 살해해 폴리메스토르, 황금에 눈이 멀었던 크라수스 등에 대한 내용의 이야기를 듣지요. 이러한 이야기를 제가 큰 소리로 외치며 말하고 있지만, 여기 있는 모든 영혼은 저마다 크게 또한 작게 이에 대해 이야기를 하며 되새기는 것이랍니다."

단테는 자신이 가졌던 의문을 베르기릴우스가 대신 말해주는 것이 고마웠다.

"이 정죄산의 성스러운 법규는 어떤 경우에도 파괴되는 법이 없답니다. 그리고 연옥의 문을 들어선 후 지진을 겪거나 태풍이나 우박을 맞는 경우도 있을 수 없지요. 다만 그 요란한 소리는 이 정죄산에서 열심히 회개해 깨끗해진 영혼이 천국으로 올라가게 될 때 모두 감격해 부르짖는 소리일 뿐입니다. 더구나 지진처럼 느껴지는 움직임이란 그가 깨끗해져 의지가 자유로워졌음을 의미하는 것입니다. 나는 5백년 이상이나 이 괴로움 속에서 누워있었는데, 이제야 그 자유로운 의지의 참된 의미를 깨우쳤다오. 좀 전에 그처럼 진동하는 소리와 경건한 영혼들의 찬미 소리가 들렸으니, 이제 자유로워진 영혼들이 천국에 들게 되도록 허락하신 주님의 자비에 감사하는 기도를 드려야겠습니다."

단테는 그의 설명을 듣고 갈증을 풀게 된 즐거움을 느꼈다. 베르길리우스는 그가 왜 5백 년간이나 연옥에 있어야 했는지, 그리고 그는 과연 누구인지 다시 물었다. 그러자 그는 자기도 시인이었다고 밝혔다.

"나는 기원전 70년 무렵에 시인으로 명성을 떨쳤던 스타티우스랍니다. 그러나 그때는 나의 신앙이 불완전했기에 이곳에 와 있는 것이지요. 내가 생전에 명성을 얻은 것은 에네아의 노래를 배워 불렀기 때문이지요. 그것은 오로지 베르길리우스 선생 덕인데, 만약 내가 에네아의 노래를 배우지 못했더라면 나의 시는 한 푼의 값어치도 없었을 것이오. 아, 내가 만약 그분과 같은 시기에 태어나 만날 수 있었다면 이곳 연옥에서 좀 더 있어야 한다 해도 여한이 없을 것입니다."

스타티우스의 고백을 들은 베르길리우스가 단테에게 잠자코 있으라는 눈짓을 했다. 그러나 단테는 곤혹스런 표정을 지으면서 미소를 띠지 않을 수 없었다. 스타티우스는 단테가 미소 짓는 이유를 물었다. 단테가 그와 함께 있는 분이 바로 베르길리우스라고 대답하자, 그는 금방 베르길리우스를 포옹하려 했다. 그러나 그들은 모두 그림자 없는 영혼들이었기에 포옹은 할 수 없었다.

어느덧 천사가 그들 뒤로 날아와 날개로 바람을 일으켜 단테 이마의 상처를 또 하나 지워주었다. 그때 그들 뒤에서 축복의 노랫소리가 들려왔다.

"정의를 목말라 하는 자는 행복하도다"(단테, 앞의 책, pp. 185~193).

천상의 모후(母后) 마리아

이 거룩한 노인은 단테에게 나머지 순례를 잘 마칠 수 있도록 눈을 순백의 장미로 돌리라고 깨우쳐주었다. 그렇게 해야만 하느님의 빛에 더욱더 가까워질 수 있는 직관을 얻을 수 있다고 말하면서, 자신은 천상의 모후이신 성모 마리아의 충직한 종인 성 베르나도라고 밝혔다. 그 이름을 들은 단테는 경애와 경이감에 사로잡혔다. 성 베르나도는 단테에게 장미꽃 저 높은 곳에 계시는 성모님을 우러러 보라고 전했다. 이에 단테는 장미 첨단에 찬란히 빛나는 그녀를 보게 되었다.

성 베르나르는 하얀 장미 속 복 받은 영혼들이 어떻게 자리 잡고 있는지 설명해 주었다. 성모님의 발치엔 원죄의 원인이 된 이브가 있고, 이브 밑에 있는 셋째 둘레에 라헬과 베아트리체가 있으며, 그 아래 사라, 리브가, 유딧, 그리고 다윗의 증조모인 룻이 있으며, 일곱째 층계 아래 헤브라이 어린이들이 있다고 했다.

노인은 다시 단테에게 마리아의 얼굴을 바라보라고 했다. 단테는 동정녀 마리아의 머리 위에 크나큰 기쁨이 내려오는 것을 보았다. 그 문 앞에는 날개를 활짝 펼친 채 '은총이 가득하신 마리아여, 기뻐하소서' 라고 노래를 부르고 있는 가브리엘 대천사가 있었다.

성 베르나르는 단테에게 천상의 그 장미꽃 속에 있는 지복자들에 대해서도 설명해 주었다. 성모님 왼편에는 아담, 오른 편에는 사도 성 베드로, 베드로 곁에는 사도 요한, 아담 곁에는 모세가 있었다.

성 베르나르는 이제 주어진 시간이 끝나려 하니 지복자들에 대해 말하는 것을 멈추고 하느님의 빛 안에 용납될 수 있도록 두 눈을 들어 하느님을 바라보라고 전했다.

"저 원초의 사랑으로 눈을 곧바로 돌리마. 그리하여 그를 바라보면서 그대가 가능한 한 그의 빛살을 꿰뚫을 수 있도록 해야 한다. 그러나 날개를 퍼득이며 앞으로 나아간다고 믿으면서 행여나 그대가 뒷걸음질 치지 않도록 기도하면서 성모 마리아의 은총을 간구해야 할 것이다. 그리고 나의 말로부터 네 마음이 떨어지지 않도록 애정을 지니고 나를 따르라."

그러고는 성 베르나르 역시 천상의 모후이신 성모 마리아께 기도를 드렸다.

"동정녀 어머니시여, 다른 어떤 피조물보다 겸허하시고 고귀하신 당신은 인류의 구원을 위해 예정된 분이십니다. 당신의 가슴속엔 하느님과 인간들 사이의 불같은 사랑이 있고, 그 사랑의 힘으로 이 신비스런 장미꽃이 피어날 수 있었습니다. 당신은 여기 천국에선 찬란한 사랑의 빛이시고, 저기 지상에선 마르지 않는 희망의 샘이십니다. 오, 능하시고 위대하신 동정녀시여."

이렇게 계속되는 기도를 통해 성 베르나르는 단테로 하여금 하느님을 완전히 깨달을 수 있도록 이끌어주는 힘을 갖게 해달라고 마리아께 간구했다. 그의 기도가 받아들여지면서 단테는 하느님께로 향했다. 최상의 행복이신 하느님을 완전하게 인식한다는 것, 이것이야말로 단테가 갖고 있는 소망 중의 소망인데, 그는 이제 소망의 실현에 직면해 있었다.

그때 성 베르나르가 그에게 높이 바라보라고 말하며 미소를 지었다. 단테는 시선을 들어 하느님께로 향하면서 하느님의 빛 속을 바라보았다. 그 순간 단테는 자신의 존재가 하느님을 바라보는 동안 명상의 열정이 넘쳐나는 것을 느꼈다. 의지의 목표인 모든 선이 하느님 안에 모여 있기 때문이었다.

"이제부터 나의 말은 내가 기억하는 것에 비유한다면, 엄마의 젖무덤에 아직도 제 혀를 적시는 어린애의 것보다 더 짧으리라. 그러기에 내가 바라보던 그 살아있는 빛, 언제나 예전의 모습 그대로인 그 빛, 지고하신 빛의 깊고 투명한 본체 속에 빛나시는 삼위일체의 신비를 말로 다 표현할 수 없도다. 지존하신 환상 앞에 나 여기 힘을 잃었으나, 이미 나의 열망과 의지는 같은 방향으로 움직이는 바퀴와 같이 해와 별들이 움직이는 사랑을 통해 새롭게 움직이고 있노라."

단테는 말을 맺었다(단테, 앞의 책, pp. 299~304).

③ 평가 (비판)

㉮ 천국, 지옥 간증 중 가장 탁월한 걸작품이다.

신곡은 이 방면의 책 중에서 가장 고전이다. 물론 단테 이전에도 이런 유의 이야기는 있었을 것이다. 그러나 단테가 맨 먼저 체계화한 종합적인 작품을 만들었다.

그 당시에 이러한 내용을 발표한 것은 대단한 용기가 필요한 일이었다. 이 내용을 접하는 사람들은 많은 의문을 제기하고 비난하기도 했을 것이다.

그런데 단테는 해박한 신학, 철학, 역사학, 천문학 등의 지식으로 참으로 그럴듯한, 대단한 작품을 만들었다. 그 조직, 스케일, 내용 등은 타의 추종을 불허한다. 지옥의 참혹함, 천국의 영화로움을 묘사하는 것이 참으로 리얼하다. 인간으로는 더 이상의 표현을 하기는 어려울 것 같다. 요즘 간증자들이나, 듣기 좋아하는 자들은 신곡을 꼭 보기 바란다.

㉯ 그 내용은 실제 체험이 아니라 상상으로 지은 작품이다.

단테는 로마의 시인 베르길리우스, 죽은 애인 베아트리체, 마리아의 종 베르나르 등의 안내로 7일 6시간 동안 지옥, 연옥, 천국을 둘러보고 온 내용을 서술하였다고 한다.

그러나 그것은 그의 작품이다. 그가 갔다 왔다고 주장함은 신비감을 주어 사람들을 끌기 위함이다. 그것은 그가 정치적 망명생활을 하면서 수년에 걸쳐 심혈을 기울여 지은 상상의 산물이다 (그러나 그 내용 중에는 부분적으로 꿈이나 환상을 본 것은 있을 수 있다).

㉠ 그 내용이 너무 조직적이다. 의도적으로 구성한 것임이 드러난다.
㉡ 비성경적 내용이 너무 많다. 그 대표적인 것이 '연옥'이다.
㉢ 가는 곳마다 역사의 실제 인물이 등장한다. 과연 그럴까? 그는 지옥, 천국의 자리까지 정하니 하나님의 자리에 서는 것이다(이상의 내용은 차례대로 자세하게 설명할 것이다).

㉮ 내용이 너무 조직적이다. 의도적으로 구상한 것이다.
 단테가 묘사하고 있는 지옥계는 원추형을 뒤집어 세어놓은 깔대기 모양을 하고 있다. 위에서부터 차례로 제1옥獄, 제2옥 … 식으로 점점 깊어져 제9옥까지 이른다. 여기서 제1옥을 림보Limbo라고 하는데 지옥에 속하는 곳은 아니며, 제2옥에서부터 제5옥까지를 상부 지옥上部地獄, 제6옥에서 제9옥까지를 하부 지옥으로 구분한다. 죄가 무거울수록 깊은 곳으로 떨어져 가는데 제9옥에는 지옥의 마왕인 루치페르가 군림하고 있다(단테, 앞의 책, pp.26~28).

 단테는 우리의 마음이 구원의 소망인 하느님께 가까워지면 기억이란 것이 도저히 작용하지 못할 만큼 깊게 빠져들기에 그에 이르는 과정에서 본 바를 묘사할 수밖에 없다고 생각했다. 또한 그는 천국을 지구에 싸고도는 큰 둘레로 생각했다. 이처럼 지구를 겹겹이 싸고 있는 하늘을 아홉 개로 구분했으며, 그 밖을 하느님이 계신 정화천淨化天으로 묘사했다.
 첫째 하늘은 지구에서 가장 가까운 곳으로 달이 그 상징이 되어

월천月天이라 불린다. 여기에는 안젤리라 불리는 천사들이 있으며, 일종의 불완전한 영혼들이 자리 잡고 있는 것으로 본다. 이 세계를 파악하게 하는 학문의 특징을 문법으로 표현하고 있음은 가장 기본적인 학문의 원리를 강조하는 것이기도 하다.

둘째 하늘은 달 다음에 있는 수성이 상징이 되어 수성천水星川이라 불린다. 여기에는 아르칸젤리라 부르는 대천사들이 있으며, 활동적인 영혼들의 모습이 두드러지게 표현된다. 논리학의 세계를 여기에 대비시킨 단테는 그리스도의 죽음과 인류의 구원, 그리고 육신의 부활을 규명하는 신학적 문제를 제기한다.

셋째 하늘은 금성천金星川으로 불리며 프린치파티라는 권품천사權品天使들이 자리 잡고 있다. 여기에 있는 영혼들의 특징은 사랑의 축복으로 묘사되고 있으며 수사학이 이를 아름답게 묘사해 준다.

넷째 하늘은 태양천으로 지혜로운 영혼들이 자리 잡고 있으며, 그곳에는 능품천사能品天使들이 있다. 인간의 판단이 가져오는 오류를 저울질하는 산술학이 의미 있게 제시되며, 솔로몬의 지혜가 칭송된다.

다섯째 하늘은 화성천火星川으로 믿음을 위해 싸웠던 용감한 영혼들이 칭송을 받는다. 비르트티(力)라 불리는 힘의 천사들에 둘러싸여 있으며, 이웃에 대한 사랑의 덕이 묘사된다. 음악이 학문적 관련성을 대변한다.

여섯째 하늘은 목성천木星川이다. 의로운 영혼들의 안식처로 묘사된 목성천에는 주품천사主品天使들이 있으며, 하느님의 정의를 사랑하는 덕이 묘사된다. 기하학이 학문적 관련성으로 등장해

하느님 정의의 불가해성不可解性을 기하학으로도 풀 수 없음이 강조된다.

일곱째 하늘은 토성천土星川으로 관조하는 영혼들의 모습이 묘사된다. 좌품천사座品天使들이 자리하고 있는데, 운명의 신비를 관조하는 천문학이 등장한다.

여덟째 하늘은 항성천恒星川으로 게루빔 천사들이 승리의 덕을 칭송하는데 형이상학이 언급된다.

아홉째 하늘은 원동천原動川이라 불리며 천사들의 합창이 메아리치는 곳으로 세라핌 천사들이 하느님의 위대하심을 노래한다. 학문적 관련성으로는 윤리학이 언급된다.

마지막 하늘은 엠피레오라고 불리는 정화천淨化川이다. 천체를 움직이시는 하느님의 빛이 넘치는 곳으로, 이를 아는 것은 오로지 신학을 통해서만 이루어질 수 있다는 것이다(단테, 앞의 책, pp. 234,235).

이러한 주장은 아무런 성경적 지원을 받을 수 없다. 이것은 어디까지나 그의 상상의 산물이며, 거기에는 그의 천문학 지식이 많이 작용하였다고 본다. 이렇게 그 기본 틀이 상상의 산물이며 허구이니, 전체 내용도 그런 차원을 벗어날 수 없다.

㉣ 비성경적인 내용이 너무 많다.

그 대표적인 것이 연옥편이다. 연옥은 성경에 없는 것이다. 중세 교회가 만들어낸 허구이다. 그런데 단테는 참으로 그럴듯하게 연옥을 구성했다. 연옥을 지옥, 천국 못지않게 방대하게, 자세하게 다루었다.

그 다음에 나오는 것은 마리아에 관한 것이다. 제목부터 '천상의 모후 마리아'라 함으로 신격화한다. 마리아는 가장 존귀한 곳에서 높임을 받는다. 영혼들은 마리아에게 기도한다. 이것은 너무도 비성경적인 천주교의 교설을 늘어놓은 것이다.

천국편에서 천국의 주인이신 하나님, 예수님, 성령님에 대하여 제목 잡아 말하지 않는다. 이것은 요한계시록과 너무 다른 차원이다. 이런 사실은 단테의 근본신앙이 어떠함을 짐작케 한다. 그는 하나님에 대하여 좀 묘사하기는 하나 마리아에 대한 묘사에 크게 못 미친다. 그리고 예수님, 성령님에 대한 묘사는 아주 단편적이고 몇 구절이 있을 뿐이다.

㈓ 가는 곳마다 역사의 실제 인물이 등장하는데 그것은 단테가 배치한 것이다.

제2옥에는 훨씬 비좁고 울부짖는 소리와 고통스런 비명이 메아리쳤다. 거기에는 아시리아의 여왕 세미라미스, 디도, 클래오파트라, 헬레네, 아킬레우스, 파리스, 아킬레우스 등의 음란한 자들이 있다고 한다.

마리아의 발치에 이브, 이브 밑에 라헬과 베아트리체, 그 아래 리브가, 유딧, 룻, 그리고 왼편에 아담, 오른편에 베드로, 베드로 곁에 요한, 아담 곁에는 모세가 있다고 한다.

그런데 클레타 섬의 왕 미노스가 지옥을 지키면서 들어오는 자마다 심판해 어디로 보낼지를 결정한다고 한다. 미노스가 그의 꼬리를 휘감아 그 휘감은 횟수로 몇 옥에 갈지를 결정한다는 것이다(단테, 앞의 책, pp. 32,33).

이 얼마나 거짓된 말인가? 심판은 하나님의 손에 달렸고, 하나님의 심판에 따라 지옥과 천국의 자리가 결정되는 것이 성경의 주장이다.

단테는 미노스란 이름을 빌려 자신이 재판관이 되고 실제 인물을 심판해 배치시킨 것이다. 이 얼마나 참람한가?

(2) 스베덴보리의 "천상여행기" "지옥연행기"

① 저자 스베덴보리(Emanuel Swedenborg)

생애

스베덴보리(1688~1772)는 1688년 1월 29일 스웨덴의 수도 스톡홀름에서 둘째 아들로 태어났다. 아버지 예스퍼 스베덴보리는 스웨덴의 유명한 성직자로서 궁정신부, 웁살라 대학교 신학교수를 지냈고 후에는 스카라의 주교가 되었다.

그의 가문은 1719년 귀족 서열에 오르면서 스베덴보리라는 이름을 얻었다. 아버지가 경건하면서도 열정적인 성격이었던 반면 어머니는 광산 산업으로 오랫동안 이름난 집안의 딸로서 온유한 성품이었던 것 같다. 도덕적이고 지적이며 사변적인 분위기 안에서 어린 시절을 보낸 스베덴보리의 마음 안에는 사물에 대한 어머니의 실질적 태도와 아버지의 영성이 고스란히 녹아들었다. 이는 그가 어떻게 방대한 자연과학탐구를 해 내면서도 심오한 내면의 세계를 탐험할 수 있게 되었을까 하는가를 설명해 준다.

스베덴보리는 1709년 웁살라 대학교를 졸업한 뒤 5년을 외국에서 보냈다. 어릴 때부터 수학과 자연과학을 좋아한 그는 영국·네덜란드·프랑스·독일을 찾아다니면서 새로운 과학을 대표하는 여러 학자들을 만났으며 기계를 조작하는 구체적인 기술들을 배웠다.

바로 이 시기에 기계 발명과 관련한 그의 천재적인 재능이 활짝 피어났으며, 아울러 그의 사색은 달을 관측하여 지구의 경도를 발견하는 방법, 부두를 건설하는 방법, 심지어 잠수함과 비행기 발명을 위한 가설적인 제안을 하는데 이를 정도로 광범위했다.

그러나 스베덴보리는 자연과학에 대한 연구가 성과를 낳으면 낳을수록 지적 자만심, 즉 위대한 과학자로 인정받고자 하는 자신의 열렬한 야망에 대해 큰 죄책감을 느끼고 있었다. 암스테르담에서 쓴 2권으로 된 방대한 분량의 책 《영혼 세계의 질서 Oeconomia Regni Animalis》 (1740~41)는 스베덴보리의 과학 연구가 새로운 단계에 들어섰음을 보여준다. 이전에 피조물의 '영혼'을 순수한 운동에서 찾으려고 했던 그는 이번에는 사람의 영혼을 이해하고 그 자체의 왕국, 즉 사람의 신체에서 찾으려고 했다.

그러던 1744년 4월 7일 그는 처음으로 그리스도의 환상을 보는 심령적 체험을 하게 된다. 그 후 그는 영적인 감각이 열려서 마치 물질세계에서 그런 것처럼 또렷한 의식으로 영적 세계에 접근할 수 있었다고 고백했다. 그리고 그는 하나님이 주신 소명에 대한 응답으로, 영계 체험을 낱낱이 기록으로 남기는 일을 시작했다.

남은 긴 생애 동안 그는 성서를 해석하고 자신이 보고 들은 것을 영(靈) 및 천사들의 세계와 관련짓는 일에 몰두했다. 1749~71년에 30권 가량의 책을 썼는데, 모두 라틴어로 씌었다. 그의 저서는 출간 당시 큰 화제를 불러일으켰고, 이후로도 여러 언어로 번역되어 오노레 드 발자크, 샤를 보들레르, 랠프 왈도 에머슨, 윌리엄 버틀러 예이츠 등 수많은 작가들에게 영감을 제공했다. 그의 대표적인 저서로는 《천국의 놀라운 세계와 지옥에 대하여》(1758), 《신지(神智)와 신애(神愛)》(1763), 《신려론(神慮論)》(1764) 등이 있다.

1772년 스베데보리는 런던에서 죽었으며, 그곳 스웨덴 교회 뜰에 묻혔다. 그러나 그의 유해는 1908년 스웨덴 정부의 요청으로 웁살라 성당으로 이장되었다. 그의 사후 1780년대에 최초로 스베덴보리 학회가 생겼고, 1980년대 말 런던에 다양한 새예루살렘 교회 조직의 기원이라고 할 수 있는 최초의 독립회중이 생겼다.

스베덴보리는 설교자로는 활동하지 않았지만, 그의 저서는 베스트셀러로 자리매김하여 오늘날까지도 많은 사람들에게 감동과 희망을 전하고 있다(스베덴보리, 스베덴보리의 천상여행기, pp. 2,3).

신비체험

㉠ 1759년 7월말 토요일 오후 4시에 영국에서 고텐불그(Gottenburg)에 도착하여 300마일 떨어진 스톡홀름에 화재를 영안으로 보고 자기 집 셋째 번 옆집까지 타고 자기 집은 무사한 것을 말했다.

㉡ 요한 웨슬레도 1772년 2월 스베덴 보리에게서 자기의 마음을 알아낸 한 통의 편지를 받고 놀랐다. 즉 스베덴 보리를 만나고 싶어하는 웨슬레의 마음을 알고 만나주겠다는 내용이었다. 웨슬레는 6개월간 전도여행 계획이 있으므로 6개월 후로 미루자 스베덴 보리는 3월 29일에 하나님 앞에 가게 되므로 그때 보면 늦는다고 하더니 과연 3월 29일 별세하였다.

그밖에도 황제 피터 3세(Peter Ⅲ)의 죽음과 친구의 죽음 시간을 정확히 예언했으며 자신의 죽음을 예언한 시각에 1772년 3월 20일 84세로 임종했다.

역사가 토마스 칼라일은 두말할 것도 없이 위대한 영계의 사람으로 세월이 갈수록 더욱 빛날 사람이라 했고, 신학자 헬리워드 비쳐(Hellyword Beecher)는 누구든지 스베덴 보리를 읽지 않고 18세기의 신학을 논하지 말라 하였다.

그런데 그가 체험한 가장 특별한 신비체험은 영적 세계에 접근한 것이다. 그는 물질세계에서 그런 것처럼 또렷한 의식으로 영적세계에 접근할 수 있었다. 그는 수시로 천국과 지옥을 드나들며 천사들과 대화를 나누었다. 그리고 그것을 다 기록으로 남겼다.

② 내용 개요

스베덴보리의 "스베덴보리의 천상여행기"는 지옥편, 천국편 2권으로 되어 있다. 이 책들의 내용이 그의 여러 저서에 산재해 있는데 레너드 폭스, 도널드 폭스가 엮은 것이다. 그 내용은 그의 전집 여러 권에 나오는데 그중 중요한 것이 그가 천국의 본질을 주제로 천사와 대화를 나눈 '부부애'에 있다.

먼저 그 내용의 큰 제목을 소개한다.
(지옥편) ㉠ 지옥에 대한 잘못된 생각들
㉡ 악마를 만난 스베덴보리
㉢ 악마와 지옥의 진짜 모습
㉣ 교활한 자들의 세계
㉤ 광기와 악령의 조정을 받는 사람들
㉥ 예수 그리스도 사역 안의 마귀 정복
(천국편) ㉠ 천사를 만난 스베덴보리

   ⓛ 천국에 대한 잘못된 생각들
   ⓒ 천사들과의 행복한 대화
   ② 영원한 안식을 얻고 싶은 사람들
   ⑩ 영적 본질을 찾아가는 길
   ⓑ 천국의 비밀, 사랑과 지혜 그리고 쓰임

 이제 천국편의 내용을 개략적으로 살펴보고자 한다.

환상체험

 1744년에서 1945년까지, 스베덴보리는 그의 삶에 지대한 영향을 끼친 일련의 환상을 체험했다. 그는 영적 오관이 완전히 열려 의식적으로 자연계와 영계 모두에 동시에 존재할 수 있는 능력을 얻었다. 그는 자신이 인류에게 새로운 계시를 전해주라는 신의 소명을 받았다고 믿었기에 84세의 나이에 런던에서 사망 할 때까지 영계에서 보고 들은 것을 적은 30권에 이르는 신학 저작물을 집필하는데 생애의 대부분을 바쳤다(pp. 19, 20).

영계란 무엇인가?

 우주 전체는 영계와 자연계 두 세계로 나뉜다. 영계는 천사와 영이 있고 자연계에는 인간이 있다. 외관으로 보면 이 두 세계는 구별할 수 없을 정도로 매우 똑같아 보이지만 내적인 모습은 전혀 다르다. 천사와 영인으로 불리는 영계에 사는 사람들은 영적인 존재로, 영적이기 때문에 생각도 말도 영적으로 한다.

그러나 자연계에 사는 사람들은 자연물이기에 생각도 말도 자연적으로 하는데, 영적인 생각이나 말은 자연스러운 생각이나 말과 아무런 공통점이 없다. 이러한 까닭으로 영계와 자연계는 서로 완전히 구별되는 별개의 세계이기에 어떤 면에서도 함께 일 수 없다(pp. 21, 22).

천국과 지옥은 사람과 가까이, 아니 그 사람 안에 있다. 지옥은 악한 사람 안에, 천국은 선한 사람 안에 있다. 모든 사람들은 사후에 자신이 지상에 있는 동안 속해 있던 천국이나 지옥으로 간다. 그러나 그 상태는 바뀌어 지상에서 느낄 수 없었던 천국과 지옥이 감각을 통해 느껴진다(P. 30).

중간영계: 첫 번째 상태

영계와 자연계의 외양이 이토록 비슷하다 보니 금방 죽어서 영계에 들어간 이는 혼란을 일으킬 정도다. 그러나 《하늘의 비밀》 320~322항에서 나왔듯이 중간영계에 갓 들어간 영은 곧 인간의 능력을 훨씬 뛰어넘는 생각과 감각의 힘을 경험한다(P. 22).

… 사람이 사후세계로 갈 때 자신이 사후세계에 왔다는 사실을 깨닫지 못하고 아직도 육신의 옷을 입고 이승에 있다고 여긴다는 경험담이 많다. 감각이나 욕망이나 생각이 여전히 살아 있을 때와 똑같다는 이유로, 이승에 사는 동안 영혼의 존재를 믿지 않았다는 이유로, 영체가 되었다는 말을 들으면 그들은 크게 놀란다. 자신이 지금 보고 있는 것이 영혼이라는 생각에 경이로움에 사로잡힐 때도 마찬가지다.

일반적으로 나타나는 두 번째 사실은, 영체는 육체로 살 때보다 감각 능력이 훨씬 뛰어나고 생각하고 말하는 능력이 탁월하기 때문에 영체와 육체는 비교를 용납하지 않는다. … 빛 가운데 사는 영체들은 처음부터 시력을 갖고 있다. 선한 영과 천사의 영, 그리고 천사들은 이승의 한낮의 빛과는 비교도 안 될 만큼 밝은 빛에서 산다. … 영체들은 들을 수도 있는데, 육신의 귀와는 비교할 수 없을 정도로 예민한 청각을 갖고 있다. 오랫동안 영체들은 거의 끊임없이 나와 대화를 나눠 왔다. … 그들은 냄새도 맡을 수 있다. … 그들은 촉각도 매우 예민한데 지옥에서 오감은 모두 촉각과 관련이 있으며, 오감은 촉각의 한 종류이거나 변종에 불과하기 때문이다.

 영체들은 육체였을 때 가졌던 것과는 비교도 안 되는 욕구와 애착을 갖고 있다. … 영체들은 육체를 입고 살던 때보다 훨씬 더 명확하고 뚜렷하게 생각한다. 이승에서 했던 천 개의 생각보다 영체의 한 개의 생각 안에 더 많은 것이 들어 있다. 그들은 매우 정확하고, 현명하고, 유별나게 대화를 나누었다. 영체들의 모습 중 어떤 모습이든 감지한 사람이 있다면 그는 대단히 놀랄 것이다. 즉 영체들은 사람이 소유한 모든 것을 다 갖고 있되, 육신과 그에 따른 결점만 제외하면 더 완벽한 형태로 가지고 있다. 육체로 사는 동안에도 오감을 느끼는 것은 영혼이며, 육체도 오감을 뚜렷하게 느끼지만 오감은 육체의 감각이 아니다. 따라서 육체를 벗고 나면 오감은 훨씬 더 예민하고 완벽해진다. 감각 없이는 생명이 없기 때문에 생명은 오감의 활동으로 이루어진다. 오감 능력과 생명이 그러하다는 것은 누구든 관찰할 수 있는 사실이다(pp. 22~24).

사람이 죽은 뒤 영계에 도착하면 … 이승에 있을 때와 비슷한 집과 방과 침실에서 비슷한 옷을 입고 비슷한 식구들과 살기 때문에 그는 스스로 생각해도 살아 있는 것 같다. … 죽음을 맞은 뒤 모든 사람에게 이런 일이 일어나는 이유는 죽음은 죽음처럼 보이면 안 되며 삶의 연장으로 보여야 하기 때문이다. 또 자연계에서의 삶의 마지막 장은 영계에서의 삶의 첫 장이며 거기서부터 그는, 천국에서건 지옥에서건 자신의 목표를 향해 전진해야 하기 때문이다(P. 27).

사람의 영의 상태가 이승에서와 같기 때문에 이승에서 그가 알았던 모든 사람들과 친구들은 그를 알아본다. 그것은 영들은 사람의 얼굴과 말뿐 아니라 가까이 다가갔을 때 그의 생활권을 감지하기 때문이다. 내세에서는 그 누구든 어떤 사람을 생각하면 그 사람의 얼굴이 떠오름과 동시에 그의 생의 많은 것들도 같이 떠오른다. 그렇게 할 때 그 사람은 마치 누구의 부름이라도 받은 것처럼 그 자리에 나타난다(P. 29).

중간영계, 즉 첫 번째 상태에 대한 이와 같은 소개는 임사체험 경험을 들려준 사람들이 본 것과 같다. 그러나 그것은 영원한 삶의 시작에 불과하며 천국이나 지옥에서 살 영원한 집을 준비하는 두 개의 상태가 더 이어진다(P. 30).

중간영계: 두 번째 상태

본질적으로 둘째와 셋째 상태가 개인적인 '마지막 심판'을 구성하지만, 우리를 심판하는 것은 하나님이 아니라 자신의 참된 성격이나 '사랑' 하는 대상(이타적인 사랑, 물질적인 사랑, 자기에 대한 사랑)으로, 각 영이 직접 하는 것이다. 《천국과 지옥》에서 스베덴보리는 자신의 참된 본성을 깨닫는 영에 대해 다음과 같이 설명한다(P. 32).

외면의 상태인 첫 번째 상태를 지나면 영인(靈人)은 내면의 상태로 들어가게 된다. 내면의 상태란 지상에서 자유롭게 생각하고 아무런 구속이 없었던 때처럼 의지와 생각을 가진 상태다. 그는 이 상태에 무의식적으로 빨려 들어가게 되는데, 지상에서의 말과 생각을 떠나서 온전히 자신의 내면으로 들어가 그 안에 깃드는 것과 같다(P. 31).

죽으면 모든 사람들이 예외 없이 이 상태로 들어가는데 그것이 영 자신의 본연의 상태이다. 이 두 번째 상태에서 영들은 지상에 있었을 때는 비밀리에 했던 행동과 말을 밖으로 드러내면서 자신의 본 모습을 찾아간다. 이제 외적인 고려사항들에 의한 제약을 받지 않으므로 비밀리에 말하고 행동했던 것들을 공개적으로 하기 때문이다. 사회적 제약이나 남의 이목 때문에 숨기고 있었던 악의 마음들이 드러나고, 천사와 선한 영들도 그 모습을 분명히 알게 된다 … (P. 32).

이 두 번째 상태에서는 선한 영으로부터 악한 영이 분리된다. 첫 번째 상태에서 영은 지상에서 그랬던 것처럼 자신의 외면 안에 있기 때문에 선한 영과 악한 영이 함께 공존한다. 그런 식으로 악인도 선한 영과 악한 영을 함께 가지고 있다. 그러나 자신의 내면 안으로 들어가 자신만의 성질이나 의지로 남게 되면 그들은 분리된다(P. 33).

악한 영들을 보면 선한 영들은 돌아선다. 동시에, 이끌려 다니는 악한 영들도 선한 영들을 외면하고 자신이 곧 가게 될 지옥 공동체가 있는 방향으로 얼굴을 돌린다 … (P. 33).

중간 상태:세 번째 상태

사후에 사람의 영이 가는 세 번째 상태는 가르침을 받는 단계다. 이 상태는 천국에 들어가서 천사가 되려는 이들을 위한 단계다. 악한 영들은 가르칠 필요가 없기 때문에 그들을 위한 세 번째 단계는 없다. 악한 영들은 둘째 상태로 모든 과정을 마치면서 그들 자신의 사랑, 즉 같은 사랑이 있는 지옥 공동체로 완전히 방향을 돌린다(P. 33).

반면에 선한 영들은 둘째 상태에서 셋째 상태로 인도 받는다. 세 번째 단계는 교육을 통해 천국에 갈 준비를 하는 단계다. 선과 진실에 대한 지식을 갖추어야만 천국의 삶을 준비할 수 있기 때문이다. 영적 선과 진리가 무엇인지, 그것과 반대되는 악과 거짓은 무엇인지는 교육을 통해서만 알 수 있다(P. 34).

세 번째 상태인 교육의 상태가 끝나면 영인은 천사의 공동체에 합류할 준비가 된 것이다. 즉 천사가 될 준비가 끝난 것이다. 스베덴보리에 따르면 '모든 천사들은 사람으로 태어났기에' (하나님의 사랑과 지혜 231항) 천사들은 인류와 별개로 창조된 영적 실체가 아니다(P. 35).

천국

(집 찾기)

새로이 자격을 부여받은 천사들은 천국에서 자신의 영원한 집을 어떻게 발견할까? 천국에 갓 들어온 천사는 자신이 속한 곳, 즉 자신의 주된 사랑이 다른 사람들의 주된 사랑과 일치되는 곳을 찾는 과정을 거친다(P. 38).

따라서 그들은 자신의 기호와 완전하게 부합하는 집을 찾을 때까지 한 공동체에서 다른 공동체로 난 길들을 돌아다닌다. 그리고 자신의 기호에 맞는 집을 찾으면 그것은 영원히 그의 집이 된다. 이는 마치 취향이 같다는 이유로 좋아하는 친구와 친척들 사이에 집을 마련하는 것과 같다. 집을 찾은 영들은 영혼의 평화에서 오는 마음의 기쁨과 삶의 행복을 누린다. 천국의 빛과 열 아래에 거하는 모든 이들은 동료들과 표현할 길 없는 기쁨을 나누게 된다(P. 103).

따라서 모든 사람은 자신이 그 구체적인 형상을 대표하고 있는 천국 공동체로 가는 것입니다! 결과적으로, 공동체에 들어가는 사람은 자신과 같은 생각 속으로 들어가는 것이기에 공동체의 무리와 일심동체가 됩니다(P. 123).

(결혼생활)

스베덴보리가 누차 강조했던 것처럼 영계는 여러 모로 자연계와 비슷한데, 그 이유는 천사들이 모두 인간으로 태어났기 때문이다. 이와 같은 유사함은 결혼 상태에도 똑같이 적용된다. 영적 · 정신적 · 육체적으로 완벽한 조화를 이루는 배우자를 지상에서 찾아서 참된 사랑을 이루었던 사람들은 천국에서 그 배우자와 재회하여 영원히 결혼관계를 유지한다. 스베덴보리는 이를 '진정한 부부애'라고 부른다. 'Conjugial(일반적으로 결혼이라 지칭 한다)'이라는 단어는 한 남자와 한 여자의 완전한 연합관계를 설명하기 위해 스베덴보리가 사용하는 말이다.

"부부애는 본질적으로 둘이 하나가 되고 싶은 소원, 즉 그 둘의 생명이 하나의 생명이 되고자 하는 의지에 다름 아니다"(부부애, 215항). 자연계에서 살 때 일평생 그런 행운을 누리지 못한 사람들은 영계에서 영원한 배우자를 찾는다. 스베덴보리의 신학 저술에는 혼인관계와 그 의미에 관한 훌륭한 가르침이 매우 많다. 다음에 소개하는 많은 설명들이 그것을 나타내 준다(PP. 39, 40).

부부애가 만들어 내는 상태들은 순수하고, 평화로우며, 평온하고, 가슴 깊이 우러나오는 우정이며, 완전한 신뢰이고, 상대방에게 좋은 것은 모두 해 주고 싶은 마음과 정신에서 나오는 상호간의 욕구이다. 천국 부부는 이 모든 상태들이 어우러진 결과인 환희, 지복(至福), 기쁨, 쾌락을 느끼고 이와 같은 상태들이 주는 영원한 즐거움으로 천국의 행복을 만끽하게 된다.

이 모든 상태들은 선과 진실의 결혼에서 시작되기 때문이다. 이 결합은 주님에게서 연유한다. 뿐만 아니라 가슴 깊이 사랑하는 대상에게 기쁨을 주기 위해 그 사람과 감정을 공유하고, 그렇게 함으로써 자기 자신의 즐거움도 추구하려는 의지는 사랑의 본성이다. 주님의 의지에 담긴 신령한 사랑은 주님으로부터 나오는 사랑과 지혜를 전달하고, 인간에게 기쁨을 준다(PP. 40, 41).

참된 부부애에 거하는 이들은 사후에 천사가 되면 초기 성년과 청년 시절로 돌아간다. 나이가 아무리 많아도 남편은 젊은 남자가 되고 나이가 아무리 많아도 아내는 젊은 여자가 된다. 각 배우자는 새로운 기쁨을 주는 부부애 덕분에 인생이 만개하기 시작하던 한창 때인 청춘으로 돌아간다. … 나는 그 자체로 기쁨의 삶이라고 밖에는 설명할 수 없는, 그런 식의 사랑의 삶을 천사로부터 들었다(P. 41).

사랑이 심장 위로 올라갈 때 남자 천사들은 말로 설명하기에는 너무나 내밀하고 행복으로 가득한, 상대편 성에 대한 사랑의 즐거움과 함께 젊은 여성의 아름다움에서 즐거움을 찾을 수 있습니다.
천사들에게도 부부의 사랑이 있기 때문에 천사들도 성애를 가지고 있습니다. 그 사랑은 반대편 성에 대한 음란한 사랑과는 공존하지 않습니다. 진정한 부부의 사랑은 순수한 사랑이며 순수하지 못한 사랑과는 아무런 공통점이 없습니다(P. 79).

이 말을 들은 세 명의 신참들은 천국에서도 결혼한 배우자들 사이에 지상의 사랑과 같은 사랑이 존재하는지 물었다.
놀랍게도 천사의 영들은 완전히 똑같다고 대답했다. 신참들이 묻고 싶어 하는 것이 지상에서와 같은 육체적인 쾌락이 존재하는지의 여부임을 간파한 그들은 이렇게 대답했다.

훨씬 더 만족스럽다는 것 말고는 똑 같습니다. 천사의 감정과 촉각은 인간의 그것보다 훨씬 더 예민하기 때문입니다(P. 81).

이 부부들은 모두 젊고, 부부애 외에 다른 성애는 알지 못합니다. 거기다 믿을 수 없게도 내가 들은 바로는 남편들의 성 능력이 끝도 없다고 합니다! 정말 놀랍지 않습니까!(P. 87).

나는 그러한 능력과 성적 에너지와 남성다움을 천년 동안 간직해 왔다는 사실을, 성 능력의 상실에 관해서는 아무것도 모른다는 사실을 장담할 수 있습니다(P. 89).

"우리는 부부입니다. 사람들이 황금시대(Golden Age)라고 부르는 최초의 때부터 오늘 우리는 당신이 보는 것과 같은 절정의 청춘의 모습으로 천국에서 지금까지 행복하게 살고 있답니다"(P. 136).

우리가 가까이 왔을 때, 봄 같은 온기가 당신을 덮친 것은 천국에서 부부애와 봄의 온기는 같은 것이기 때문입니다. 우리의 열은 사랑이고 그 열과 연합하는 빛은 지혜이며 우리가 하는 일은 둘을 둘러싸는 공기와 같습니다. 공기없이 열과 빛이 어떻게 존재하겠습니까?(P. 136).

나는 인간의 정신에는 세 단계의 수준이 있으며 세속적인 사랑이 최하위를, 영적인 사랑이 그 다음을, 천국의 사랑이 최고의 위치를 차지한다는 사실을 알았다. 그리고 각 수준마다 선과 진리의 결혼이 있다는 사실도 알고 있었다. 선은 사랑이고 진리는 지혜이기에 각 수준에 맞는 사랑과 진리의 결혼이 있다(P. 147).

눈에서는 사랑에 대한 지혜로 번쩍이는 빛이 뿜어져 나왔는데 그 빛 때문에 그의 얼굴은 속에서부터 광채가 일었고 피부도 환하게 빛나서 얼굴 전체가 광채 나는 장신구 같았다. 그는 발목까지 오는 가운에 그 속에는 푸른색 옷을 입었고 세 개의 보석(띠 양쪽은 사파이어, 가운데에는 빨간 석유석)이 박힌 황금띠를 매고 있었다. 양말은 은실을 짜 넣은 반짝이는 아마천이었고 신발은 비단신이었다. 그것은 남편 안의 부부애를 상징하는 모습이었다(P. 130).

쓰임(봉사)

"기쁨, 쾌락, 행복 이런 것들이 놀고먹는 것과 무슨 상관이 있습니까? 아무 활동도 하지 않으면 정신은 부패하고 자라지 않습니다. 즉 생명을 얻는 것이 아니라 죽게 됩니다(P. 157).

'쓰임'이라는 개념은 스베덴보리의 신학 저술 전체를 통틀어 매우 중요한 취급을 받고 있는데, 《부부애》 183항에는 다음과 같은 간단명료한 정의가 실려 있다. '쓰임은 지혜를 활용하여 사랑에서 우러나는 선한 일을 하는 것이다. 쓰임은 선함 그 자체다.' 천국은 그 자체로 '쓰임의 왕국'이라 불린다. 쓰임을 받고자 하는 진심어린 의지는 천사가 되기 위한 필수 전제조건이다(P. 44).

적극적인 삶을 제외하고 행복이란 없다. 천사의 삶은 쓰임으로, 그리고 사랑의 선으로 이루어져 있다. … 천사들은 주님의 형상이기 때문에 자기 자신보다 이웃을 더 사랑하며 그렇기 때문에 천국이 천국인 것이다. 따라서 그러한 천사의 행복은 쓰임을 받는 데 있고, 쓰임에서 비롯되며, 쓰임에 따라 다르다. 즉 천사의 행복은 사랑과 자비에서 비롯된 선에 달려 있다(P. 45).

어떤 공동체는 어린이를 돌보는 일을 맡고, 어떤 공동체는 그 아이들이 자라면 가르치고 훈련하는 일을 맡으며, 어떤 공동체는 지상에서 교육을 받아 좋은 성품을 지니게 되어 천국에 들어온 소년과 소녀들을 가르치고 훈련하는 일을 맡는다. 하늘의 진리를 가르치고 하늘의 진리에 무지한 사람들을 천국으로 인도하는 공동체도 있다. … (P. 46).

영원한 안식이란 게으름이 아니라 적극적으로 일하는 것에 대한 기쁨이라는 사실을 세 신참들이 납득하게 되자 젊은 여자들이 바느질로 만든 자신의 작품을 가지고 와서 신참들에게 주었다. 신참 영들이 떠나가자 여자들은 노래를 불렀다. 도움을 주는 활동과 그것이 주는 기쁨에 대한 사랑을 표현하는 천사의 선율이 담긴 노래였다(P. 162).

천국에서는 자신이 얼마나 유용한 일을 하느냐에 따라서 육신에 공급할 음식을 제공받습니다. 유용한 일을 많이 하는 사람들에게는 좋은 음식이, 일반적인 수준으로 유용한 일을 하는 사람들에게는 평범하지만 매우 맛있는 음식이, 일상적인 평범한 일을 하는 사람들에게는 일상적인 음식이 주어집니다. 하지만 아무런 일도 하지 않는 사람에게는 아무것도 주어지지 않습니다(P. 174).

기쁨과 행복

"천국의 기쁨과 영원한 행복은 왕족과 귀족의 그것을 넘어서 최강의 권력과 호화로운 보물, 그러니까 지극한 호사를 누리는 것입니다. 지상에서 그러한 호사를 누렸던 사람들을 보면 그것이 천국의 기쁨이요 그것을 영원히 누리는 것만이 영원한 행복임을 알 수 있습니다 (P. 70)

"천사의 사랑, 그러니까 온전한 천국의 사랑은 내적인 즐거움으로 충만합니다. 그것은 완전한 마음, 완전한 가슴의 즐거운 확장입니다. 마치 가슴 안의 심장과 폐부가 연극을 하는 것과 같습니다. 호흡과 소리와 말이 들리는 연극 말입니다. 이러한 연극은 성과 성, 남자와 여자 간에 교류를 만드는데 그 자체가 순수하면서 달콤하기 그지 없습니다(P. 77).

나는 그들이 처음에는 벌거벗은 어린 아이로, 그 다음에는 화환으로 장식한 어린 아이로 보이다가 마지막에는 꽃이 새겨진 옷을 입은 성인으로 보였으며 이내 봄이 그 즐거움과 함께 온기를 풍겨주었다고 말했다(P. 135).

그녀의 눈은 천국의 빛으로 반짝거렸다. 그 빛은 지혜에 대한 사랑으로 불타오르는 빛이었다. 천국의 아내들은 남편의 지혜 때문에 그리고 그 지혜에 대한 반응으로 사랑하고, 남편들은 아내를 그 사랑 때문에 그리고 자신들에 대한 관심에 대한 반응으로 사랑한다. 이 지혜와 사랑으로 남편과 아내는 하나로 연합한다. 이로 인해 아내는 그 어떤 화가도 그 모습을 담아낼 시도조차 할 수 없는 아름다움을 가지게 된다. 화가는 그러한 활력을 표현할 색깔이 없고 그러한 아름다움을 표현할 기술이 없기 때문이다(P. 131).

그 다음에 지옥편의 내용을 조금 이야기 하고자 한다.

(지옥이란?)
그런 사람들의 거주지는 우리가 밟고 선 땅의 밑, 즉 지옥에 있었다. 천사와 나는 밑으로 내려가는데 동의했다. 지옥의 입구가 나타나자 통로가 보였고 우리는 그 통로로 내려갔다. 우리는 동쪽으로 접근해야 했는데, 그렇지 않으면 착각의 안개 속으로 들어가 정신과 눈이 온통 구름으로 덮이게 된다(P. 64).

태고에는 지옥이 존재하지 않았다. 스베덴보리의 신학으로 보면 지옥과 악의 시작은 동시에 이루어졌고 지옥과 악은 동의어이다. '사람 안의 악은 그 안의 지옥인데, 악이나 지옥이나 똑같은 말이다. 그리고 사람의 악의 원인은 자기 자신이기 때문에 사람이 지옥에 가는 것은 주님 때문이 아닌 자기 자신 때문이다(천국과 지옥 547항)' (P. 25).

스베덴보리의 저서를 읽다보면 천국과 지옥, 선영과 악령, 천사와 악마와 같은 이원론 경향을 발견할 수 있다. 그러나 더 깊이 살펴보면 이와 같은 비유를 통해 표현하고 있는 것은 천국과 지옥은 사실상 그 사람의 마음의 상태 안에 있다는 도덕적 이원론이다(P.27).

천국과 지옥은 사람의 가까이, 아니 그 사람의 안에 있다. 악한 사람의 안에는 지옥이, 선한 사람의 안에는 천국이 있다. 사후에 모든 사람들은 자신이 지상에 살 때 거했던 천국이나 지옥으로 간다. 그러나 그때 상태는 변한다. 지상에서는 느낌으로 감지할 수 없었던 지옥과 천국이었지만 이제 천국은 온갖 행복으로, 지옥은 불행으로 가득한 곳이 된다.

(지옥은 하나님의 형벌이 아닌, 스스로 선택한 것이다.)
스베덴보리는 '주님은 그 누구도 지옥에 던져 넣지 않는다. 영들이 스스로 들어갈 뿐이다'라며 매우 담담하게 설명한다. 만약 '지옥'이 고통의 장소라면 우리는 당연히 피하고 싶기 때문에 지옥을 선택하는 사람이 있다면 이상하게 보일 것이다. 그러나 스베덴보리가 말하는 지옥은 본질적으로 마음과 영혼의 상태이다. 즉 사람의 마음이나 내면의 영혼을 반영하는 것이다. 만약 사람이 사악하고 복수심으로 가득한 마음 상태를 선택한다면 그는 '지옥에 있기'를 선택한 것이다(pp. 120,121).

스베덴보리는 '심판'은 있으며, 사람들을 심판하는 '생명책'이 있다고 말한다. 하지만 '생명책'은 종이에 쓰인 게 아니라 우리의 마음과 영에 쓰여 있다(P. 123).

그래도 지상에서 저지른 악행의 결과로 지옥행을 선고받지는 않는다. 그 이유는 악을 회개하고 선을 택할 수도 있기 때문이다. 지옥으로 간 영들은 선을 선택하지 않은 영들이다(P. 125).

지옥을 하나님의 복수나 형벌이라고 생각하는 사람들이 있다. 그러나 스베덴보리는 하나님은 되갚거나 형벌을 주는 분이 아니라고 한다. 하나님은 모든 사람에게 자비를 베푸는데, 이는 지옥의 모든 영들에게도 해당된다(P. 135).

(악령)
"그런 체험은 내게 해가 되지 않았습니다. 그보다 당신은 내세에서 악마인 존재들도 한때는 인간(지상에서 미움과 복수와 간음으로 가득한 인생을 살았던)이었다는 사실을 기억해야 합니다. 그들 중에는 세상 그 누구보다 평판이 좋았던 사람도 있습니다. 사실 그들 중에는 지상에서 내가 알던 사람도 있었습니다. '악마' 란 말은 지옥에 사는 그런 사람들의 무리를 뜻할 뿐입니다. 따라서 이런 종류의 인간이 아닌, 창세 때 부터 존재해 온 악마가 있다는 생각은 잘못된 것입니다"(pp. 42, 43).

악령들의 옷차림은 그들의 추한 외관과 일치한다는 말을 덧붙여야 겠다. 《천국과 지옥》 182항에서 스베덴보리는 다음과 같이 적고 있다. '진리가 부족한 지옥 사람들은 찢어지고, 더러우며, 눈에 거슬리는 옷을 입고 있는데 하나같이 그의 우매함과 일치한다. 그들은 다른 옷은 입을 수 없다(P. 27).

③ 평가 (비판)

㉮ 천국. 지옥 간증 중 단테의 '신곡'에 버금가는 탁월한 걸작품이다. 앞서 말한 대로 이 방면에서 단테의 신곡이 가장 고전이고 가장 탁월하다. 그런데 스베덴보리의 이 작품도 그 신곡에 버금가는 걸작품임에 틀림없다.

그는 자신의 말대로 하면 영계를 끊임없이 드나들며 온갖 것을 직접 체험했다고 한다. 그는 그 주장에 손색이 없을 정도로 아주 멋진 이야기를 만들었다. 아주 신비하게 꾸몄다는 점에서는 단테를 능가한다.

이 신비한 미지의 세계에 대한 이야기는 많은 신비적인 기독교인들에게 호재가 된다. 그리고 사후세계를 연구하는 비기독교적인 많은 전문가들에게도 큰 관심과 연구의 대상이다. 아마 인류역사상 사후세계에 대한 가장 풍부한 정보를 제공하는 작품이 아닌가 생각된다. 그런데 그것이 정통 기독교의 입장과 거리가 멀다는 점에서 더욱 인기가 있다.

신비한 것, 천국과 지옥에 대하여 말하는 자들은 스베덴 보리의 작품을 꼭 읽어야 한다. 그렇지 않고는 말하기를 멈추는 것이 좋다. 건전한 입장이든 불건전한 입장이든 마찬가지다.

㉯ 그 내용은 실제 체험임을 강조하나 상상으로 지은 작품이며 자신의 신념을 피력하는 것이다.

스베덴보리의 '천상여행기'를 읽으면 누구나 처음에는 흥미진진하게 읽으나, 성경을 아는 건전한 교인이면 얼마 가지 않아 위와 같은 생각을 하게 될 것이다.

그러한 사실을 미리 간파한 스베덴보리는 그의 저서 곳곳에서 진실임을 강조한다. 그 지나친 강조는 그것이 허구인 사실을 은폐하기 위함이다.

그가 죽던 달에, 친구들 서너 명이 스베덴보리에게 그가 쓴 작품들의 진실성에 관해 마지막으로 한마디 해 줄 것을 부탁했다. 그는 이렇게 대답했다.

'나는 오직 진실만을 썼으며, 이는 하루하루 살아갈수록 자네들에게 더욱 큰 확신으로 다가오게 될 것이네. 자네들이 주님을 계속 가까이 한다면 말이네' (천국편, P. 20).

'나는 이 이야기를 읽는 많은 사람들이 이것을 꾸며낸 이야기로 여길 거라는 사실을 예견 할 수 있다. 그러나 진실로 단언컨대 이 이야기들은 지어낸 이야기가 아니라 정말로 보고 들은 이야기다. 잠을 자는 상태가 아니라 완전히 깨어 있는 상태에서 보거나 들은 것이다. 왜냐하면 내 정신이나 영혼의 내면을 여는 것을 주님이 허락하셨기 때문인데, 그것 때문에 나는 지상에서 사람들과 함께 지내면서 동시에 영계에서 천사들과 함께 지내도록 허락을 받았고, 그렇게 지낸 지 올해로 27년째다'(이 말이 천국편의 결론이다.)(천국편, P. 235).

그런데 '천상여행기'를 엮은 도널즈 로즈는 그것이 진실임을 주장하지 않고 그 사실을 독자의 판단에 맡긴다고 하였다.
'이제 여러분들이 읽게 될 이 책에 나오는 모든 악령들의 말을 기록한 사람은 에마누엘 스베덴보리다. 스베덴보리가 들었다는 말들이 상상에 불과한 게 아니냐는 의문이 많다. 그 물음에 대한 답은 독자 여러분에게 맡기고 싶지만, 중요한 것은 에마누엘의 이야기가 내세로부터 들은 것인지(스베덴보리의 주장대로) 상상했거나 꾸며낸 이야기든지 간에 그의 이야기는 인간의 상황을 이해하는 하나의 희망적인 관점을 제공해 준다는 것이다'(지옥편, P.5).

우리는 그의 작품을 아주 재미있게 읽을 수 있고, '참 그렇겠다. 그러면 참 좋겠다' 하는 생각이 들기도 하나, 정신을 차려 생각하면 그것이 너무도 황당한 지어낸 이야기임을 알 수 있다. 왜냐하면 그 내용은 시종일관 비성경적이고 기독교의 전통과 다르기 때문이다. 거의 모든 내용이 성경의 지지를 받을 수 없기 때문이다. 하나님은 자기의 말씀과 완전히 다르고 그 말씀을 파괴하는 어떤 환상도 보여주시지 않을 것은 틀림없는 사실이다. 만일 그가 어떤 환상을 보았다면 그것은 성령이 아닌 악령이 보여준 것이다.

㉰ 비성경적인 내용이 대부분이다.

그의 이야기는 대부분 성경에 근거하지 않은, 성경과 다른 내용이다. 그것은 상상으로 꾸민 허구이다.

㉠ 하나님이 보이지 않는다. 천국의 주인, 왕은 하나님이신데 왜 보이지 않는가? 하나님 아버지, 아들 예수님, 성령님에 대한 말이 거의 없다. 이러한 사실은 사도 요한이 전하는 천국의 모습과 너무 다르다.

㉡ 그가 말하는 중간상태는 연옥과 유사한 점이 많다. 그중 첫 번째 상태에서는 죽었으나 살아있을 때와 거의 같다. 그래서 자신이 죽은 줄 모른다. 두 번째 상태에는 악한 자에게서는 선이 빠져나가고 완전 악인이 되고, 선한 자에게서는 악이 빠져나가고 완전 선인이 된다. 악인은 악마가 되어 지옥으로 향한다. 그러나 성경에는 연옥, 그와 유사한 어떤 중간상태도 없다.

이것은 윤회설과도 유사점이 있다. 자꾸 다른 생이 있다고 한다. 물론 그것은 횟수가 제한적이나 윤회설을 뒷받침 하는 측면이 있다. 기독교인이 아닌 사후생의 연구자들은 스베덴보리가 기독교인인 입장에서 윤회를 인정하고 주장할 수는 없고 그런 정도 표현한 것이라고 본다. 그러나 인간은 한 번 죽으면 심판을 받고 그 결과 영원한 처소가 결정된다(히9:27).

㉢ 천국과 지옥은 하나님이 만든 것이 아니다. 그것은 사람이 자기 스스로 만든 것이다. 하나님은 아무도 심판하지 않는다.

사람은 이 세상에서 살면서 스스로 마음속에 천국이나 지옥을 만든다. 하나님은 그런 것을 만들지 않는다. 사람은 사후에 그 자기가 만든 지옥이나 천국에서 산다. 거기서는 완전히 그런 상태 속에 처한다. 하나님은 아무에게도 심판하지 않는다. 벌을 내리시지 않는다. 이것은 완전히 허구이며 날조다. 스베덴보리에게 하나님은 있는가? 그는 하나님을 믿는 자인가?

㉹ 지옥에 천사들을 파송하여 그곳의 소란과 광기를 누구터뜨린다. 주님은 과도한 형벌을 제한하기 위하여, 지나친 소란, 광기, 처참함, 악이 넘침을 억제하기 위하여 천사들을 파송한다 (지옥편, p. 130). 하나님이 지옥의 형벌을 제한하는가? 천사가 그런 일에 동원되는가?

그 외에도 비성경적인 내용은 너무 많이 일일이 다 열거할 수 없다.

㉺ 가장 영적이라 하면서 가장 세속적이다.

스베덴보리는 가장 신비주의자이며 가장 영적인 사람으로 온 세상에 소문이 나 있다. 그러나 그의 천국 이야기는 참으로 가장 세속적인 것이다.

㉠ 그는 '부부애'에서 천국 생활의 진수를 밝힌다. 천국 간 사람 (천사)은 결혼생활을 한다. 땅에서 지극한, 완전한 사랑을 나눈 자는 천국서 같이 영원히 행복을 누린다. 그렇지 못한 자는 새

로 배우자를 찾는다. 거기서 부부애의 주된 것은 성애다. 서로 성적 교제를 나누는데 가장 젊은 때의 정력으로 절정의 쾌감을 누린다. 그것은 언제나 계속된다. 천국편에서 천국생활 설명의 대부분은 부부간의 성적 사랑 이야기다. 물론 그것은 영적 의미가 많이 첨가된 것이기는 하다.

그런데 주님은 부활이 없다 하는 사두개인들에게 말씀하실 때 천국에서는 결혼생활이 없다. 시집도 아니 가고 장가도 아니 간다고 하셨다. 그런데도 불구하고 스베덴보리의 이야기는 세상 사람들이 세속적으로 바라는 욕망을 승화시킨 것이 아닌가? 사람들은 얼마나 그렇게 되기를 소원하는지 모른다. 그리고 이슬람교도들이 땅에서 잘 믿은 자는 천국 가서 많은 아내를 거느리고 부귀영화를 누린다는 것과 거의 유사한 내용이다. 가장 신령하다 하면서 가장 세속적인 차원에 머물러 있다.

㉡ 그 외의 생활도 이 세상 생활이나 비슷하다. 천국에도 관리와 운영, 재판소가 존재한다(천국편, P. 157). 많은 도서관이 있다(천국편, P. 158). 박물관, 학교, 세미나, 문학경연대회도 있다(천국편, P. 160). 통치자, 행정가, 관리, 상인들이 영적 방법으로 활동한다(천국편, P. 160). 여자들이 매력에 대해 이야기 하는 방, 각종 주제로 토론하는 방, 교회와 종파에 관한 대화를 나누는 방도 있다(천국편, P. 164). 천국은 각기 세상에서와 같이 재능에 따라 쓰임 받는 곳이다. 천국에서도 활동은 있을 것이다. 그런데 그것은 하나님께 영광 돌리는 것이 주가 되고 거기

에 맞추어 여러 가지 영적 활동이 이루어짐을 계시록은 밝힌다. 우리는 그 구체적인 것은 모른다. 그러나 그 일들이 세상의 일들과는 다를 것이다.

ⓒ 하는 일에 따라 육신에 공급할 음식을 제공받는다. "천국에서는 자신이 얼마나 유용한 일을 하느냐에 따라서 육신에 공급할 음식을 제공받습니다. 유용한 일을 많이 하는 사람들에게는 좋은 음식이, 일반적인 수준으로 유용한 일을 하는 사람들에게는 평범하지만 매우 맛있는 음식이, 일상적인 평범한 일을 하는 사람들에게는 일상적인 음식이 주어집니다. 하지만 아무런 일도 하지 않는 사람에게는 아무것도 주어지지 않습니다"(천국편, P. 174). 천국에 육신이 있는가? 육신의 음식과 같은 음식이 있는가? 부활체도 육신의 음식을 먹지는 않을 것이다. "하나님의 나라는 먹고 마시는 데가 아니다"(롬14:17).

마지막으로 스베덴보리에 대하여 전반적으로 비판한 백성호의 글을 인용하므로 이 글을 끝내고자 한다.

"스베덴보리는 ① 성경에다 자신의 신비적 체험에 의한 것들을 첨가하고 범신론적이며 강신술적 직관으로 성경을 풀어가며 초대교회의 이단 노스틱주의와 오늘날의 접신파 경향으로 기울어졌다. ② 자신의 경험과 이성에 너무 치중한 나머지 불건전한 신비주의, 합리주의에 치우쳐 성경은 마땅히 이성과 조화를 이루어야 한다는 잘못을 범하였다. ③ 그는 삼위일체설을 부정하는 가운데 하나님은 성부 한 인격이시라는 주장을 한다. 이 성부가 인간을 구원하기 위하여 성육하였으며, 성령은 하나님으로부터 인간에게 미치는 힘에 불과하다고 주장한다. ④ 죄에 대한 정의에 있어서도 정통적 성경교리에 위배되는 두 가지 잘못을 범하고 있다. 그는 말하기를 죄란 도덕적으로 없이 할 수 있으며, 비록 죄인일지라도 자발적으로 깨달을 때 회개할 수 있다고 말하며, 또 사회문제에 있어서 만인구원설, 또는 러셀적인 무형벌설에 기울어졌다. ⑤ 예수 그리스도의 재림에 대해서는 주님은 인격체로 나타내실 수 없으므로 인간을 통하여 이를 행하게 되는데, 스워든버그 자신에게 나타나셔서 모든 사람에게 성경의 영적 의의를 밝히기 위하여 자신을 택하셨고, 이 목적을 위하여 기록한 것을 주님이 직접 가르치시리라는 사명적 부름을 받았다고 말함으로서 자신을 메시아적 사명을 수행하는 자임을 주장함으로 신비적 이단주의로 흐르는 잘못을 범하였다"(바른신앙, 10호, pp. 57,58).

(3) 펄시 콜레의 "내가 본 천국"

① 저자 펄시 콜레

저자 펄시 콜레는 1902년 Edoehill이라는 영국 시골의 큰 저택에서 태어났다. 그의 아버지는 영국 국교회(Anglican) 교인이었고, 어머니는 토마스 콕스 목사의 딸이었다.

그는 18세가 될 때까지 수차례의 천사 방문을 받았다고 하였다. 그는 "우리는 지상에 사는 동안 우리를 지켜주는 수호천사(Guardial Angel)가 누구나 있음을 믿어왔다"고 하였다. 그는 텍사스에서 어떤 부흥사의 천막집에서 불세례를 받았으며, 당시에 "나는 며칠간 방언만 계속했다"고 하였다.

그는 소명을 받아 여러 부흥사들과 같이 집회를 인도했다. 그는 뒤에는 아마존 원주민들을 상대로 선교활동을 하였다. 그는 어려운 여건 속에서 많은 역경과 고난을 극복하면서 복음을 증거 하는 중 많은 이적과 기사를 체험하였다. 그는 "나는 정글 안에서 곧잘 천사를 만나 같이 음식을 먹기도 하였다"고 하였다.

그러던 중 그는 어떤 방법으로든 천국에 가게 되리라는 예감을 느끼기 시작하였고, 어느날 천사가 천국에 가게 되리라는 힌트를 주면서 준비하라고 하였다. 그는 천국 체험을 위해 7년을 밤낮없이 결사적으로 계속 기도하였다.

1979년 3월 어느 날, 그는 어느 집회에서 기도하는 중에 자신의 영이 육체를 빠져 나오는 체험을 하였다. 그때에 그는 천국을 방문하게 되었다(이상은 그의 저서에서 자신을 소개한 것을 요약한 것이다).

그런데 펄시 콜레의 간증 집회의 바람이 지나간 후, 그의 여비서(그는 한국인이었다)가 전하는 소식은 펄시 콜레는 제대로 기도도 하지 않는 인물이라는 것이었다. 그 소식을 들은 그에 대하여 열광한 많은 사람들이 크게 실망하였다.

② 내용 개요

펄시 콜레는 자기의 영혼이 몸을 빠져나가자 자신의 육체를 내려다보게 되었다고 한다. 그 육체는 식물인간과 비슷하였다.

그는 헬리콥터가 떠오르듯이 지면으로부터 떠오르기 시작하자, 매우 빠른 속력으로 지구의 북극 쪽으로 순식간에 날아갔다고 한다. 그것은 무서운 속력이었다. 불과 3, 4분 지났을 때에 사탄의 나라에 도달했다. 그리고 계속 위로 치솟아 달과 태양을 지나게 되었다. 그 다음에 더욱 올라 목성과 화성 등을 벗어나게 되었다. … 그런 여정 끝에 번개와 뇌성이 울리고 구름과 불로 둘러싸인 층(천국을 보호하는 층)에 도달했다. 이를 통과하고서도 수천마일이나 지나 천국의 외곽에 도착했다고 한다. 지구에서 천국까지는 수 조(兆)마일로써 어마어마한 거리며 지상의 시간으로 6시간이나 걸렸다고 한다. 천국은 지구의 80배나 되는 성(星, Planet)이다. 이 문을 지나 수천 마일 더 가야 내부의 문(Inward Gate)에 이르게 된다. 그리고 이 두 문 사이를 변두리(Outer Perimeter)라고 부른다. 이곳은 영적으로 채 정화되지 못한, 즉 부끄러운 구원을 받은 사람들이 천사장들에 의해 영적 훈련을 받는 장소라고 한다.

펄시 콜레는 천국에서 제일 먼저 사도 바울을 만났다. 그는 사도 바울을 즉시 알아보았다. 바울에게는 천국의 계시를 나타내는 것이 허락되지 않았으나, 자기에게는 허락되었다고 한다. 그 다음에 아브라함과 사라를 만났는데, 그들은 영혼의 형체를 가지고 있었다. 사라는 아주 미인이었다. 그 다음에 예수님과 그 모친 마리아와 자기의 모친을 만났다고 한다. 그는 그분들로부터 극진한 영접을 받았다.

펄시 콜레는 맨션으로 인도를 받았다. 천국에는 맨션이 하나님의 보좌를 향하여 3열로 지어져 있었다. 맨션의 공사는 지금도 계속 진행되고 있었다. 예수님도 큰 맨션을 갖고 계셨다. 그리고 콜레 자신의 맨션도 이미 준비되어 있었다. 그 외에 그는 다윗과 솔로몬도 만났다고 한다.

펄시 콜레는 성전도 보았다. 성전은 가로, 세로, 높이가 모두 일천 마일이나 되고, 10마일 넓이의 문이 사방으로 12문이나 있었다. 예수님은 자기 사무실이 7백마일 높이에 있다고 하시면서, 데리고 가 보여주셨다. 그렇게 높아도 엘리베이터로 순식간에 도달했다고 하였다.

펄시 콜레는 광대한 유리 바다와 수정바다를 보았다. 거기서는 수백만의 무리들이 춤을 추고 있었다. 그는 모친과 함께 춤을 추었고, 마리아와도 춤을 추었다고 한다.

펄시 콜레는 하나님의 보좌에 대한 묘사도 했다. 그는 하나님은 영이시만 우리 인간의 형상을 가지고 계시더라고 하였다. 하나님 아버지의 오른편에는 예수님이, 왼편에는 성령님이 계셨다. 보좌의 주위에는 네 생물과 24장로와 수많은 그룹과 스랍이 지키고 있었다고 한다.

예수님은 펄시 콜레를 보좌 오른편 천국의 가장자리로 데리고 가

"펄시야, 영생의 세계를 보여주겠다"고 하셨다. 그러자 그에게 수 조 마일 멀리 영생의 세계가 보였다. 그 다음에는 지옥을 보여주셨다. 지옥에서는 계속하여 유황불이 타오르고 있었다.

천국에는 아주 거대한 게시판이 있어 매일 지상에서 구원받은 인간의 숫자가 기록되고 있었다. 구원받은 영혼이 천국으로 들어오면 천국시민들이 일손을 멈추고 박수와 환호성으로 영접하였다. 그런데 그 영혼들은 자신들의 영적 상태에 따라 일정한 영적훈련 및 준비를 거쳐야 하나님의 거룩하신 영광의 보좌 앞으로 나아가게 된다고 하였다.

콜레는 예수님께 휴거가 언제 일어나는지 물었다. 그때 주님은 매우 가깝다고 하셨다. 그리고 엘리야는 콜레가 이 세상에 돌아와서 죽기 전에 휴거된다고 하였다 한다.

천국은 수많은 거대한 도시들로 구성되어 있고, 크고 작은 맨션들이 있었다. 수많은 공원들이 있고, 거기서 수많은 어린이들이 기쁨에 넘쳐 놀기도 하고, 노래도 하면서 하나님을 찬미한다고 하였다. 또 천국에는 도서관 같은 데서 천사와 영혼들이 하나님의 지식과 지혜만을 공부하는 곳도 있다고 하였다.

펄시 콜레는 천국을 떠나 다시 지구로 돌아오게 되었다. 주님은 그에게 "펄시, 우리는 너를 위하여 기도한다. 이 천국의 메시지를 전 세계의 구석구석까지 전해다오"라고 하셨다. 그리고 주님은 "교회에 대해서는 상관하지 말아라. 지금은 교리를 논할 시간적 여유조차 없다. 다만 나의 진실한 사랑만을 보여 다오"라고 하셨다 한다.

펄시 콜레는 입신상태(入神狀態)에서 깨어났다. 그리고 그는 다음과 같이 말했다.

"나의 영혼이 천국을 방문하는 동안 나의 볼품없는 육신은 하나님의 권능에 의하여 잘 보존되어 있었습니다. 그러니까 나는 5일 반 동안 천국에서 예수님과 함께 걸었고, 천국에로의 여정 및 귀환의 시간을 포함해서 6일이 걸린 셈입니다. 그것은 6일 일하시고, 7일째 쉬시는 하나님께서 특별히 나의 여행을 위해 그렇게 스케줄을 짜신 것이었습니다…."

그리고 그는 이어서 "예수님으로부터 계시 받은 100가지 사항 중에 많은 것들이 영적으로 깨어 있는 사람들에게도 받아들이기에는 벅찬 것들이어서 아직은 나타낼 시기가 아니며, 때가 되면 계속 전 세계로 전파하는 사명을 다할 것입니다"라고 말했다(펄시 콜레, 내가 본 천국, pp. 121, 122).

그 내용 중에서 이해를 돕기 위해 "금수레의 여행" 일부를 소개하고자 한다.

> 엘리야와 엘리사가 금수레를 타고 왔습니다. 자동차의 헤드라이트 대신 아름다운 그룹 천사의 모습이 양쪽 앞에 새겨져 있는 금수레는 순금으로 만들어졌고, 다이아몬드로 장식되었으며 정말 훌륭했습니다. 지상에서 롤스로이스나 벤즈, 캐디락을 타며 으스대는 것은 부끄러운 일입니다. 나는 엘리야에게 금수레를 탈 수 있느냐고 물었더니, 하나님께 허락을 받아야 한다면서 즉석에서 펄시를 태우고 천국을 한 바퀴 돌아도 되겠느냐고 묻는 것이었고 즉시 허락이 내렸습니다. 보좌와 수만 마일 떨어져 있음에도

불구하고 대화가 즉시 왔다 갔다 하는 것은 정말 놀라운 일이었습니다.

나는 엘리야와 엘리사의 사이에 앉았습니다. 좌석은 아름답고도 부드러운 쿠션이었습니다. 엘리야는 Glorified Body(영광화 된 육체)를 갖고 있었습니다. 천국에서는 엘리야나 에녹처럼 들림을 받아 Glorified Body를 갖고 있는 사람들을 150여 명 보았는데, 얼마 전 지상에서 의문의 실종을 했던 노르웨이 선교사, 영국의 어느 귀족 신앙인 등도 천국에 와 있음을 알게 되었습니다. 지상에서 순교당한 세례 요한이 Glorified Body를 갖고 있었는데, 그것은 예수님께서 육체로 부활하실 때에 소수의 성인들도 동시에 육체 부활하였으며, 세례 요한이 이중에 한 분이었기 때문이었습니다.

금수레는 높이 솟아올랐습니다. 엔진이나 아무런 자체의 동력이 없어도 하나님의 권능으로 하늘을 마음대로 날았고, 고장도 없고 사고도 없습니다. 금수레에서 내려다 본 천국은 아래에서 볼 때보다 더욱 어마어마하게 광활하면서도 눈부시게 황홀한 세계였습니다. 지구의 80배나 되니 그 크기가 얼마나 엄청난가를 상상해 보십시오.

그러나 천국의 어떠한 존재도 하나님이 좌정해 계시는 보좌보다 더 높이 날을 수는 없습니다. 2천마일 높이로 뻗쳐 있는 보좌는 미국의 서부에서 중동까지 이르는 엄청난 거리로써 점보 비행기를 타고도 4, 5시간 가야 하지만, 금수레는 수 십초에 날을 수 있었습니다.

천국에는 수백만의 금수레가 있으며, 몇 사람이 타는 것도 있고, 수백명 또는 수천명이 타는 것도 있습니다. Saint(성인)들은 자기의 금수레를 갖고 있기도 합니다. 나의 금수레도 예비되어 있다고 하였습니다. 천국의 공중에는 금수레 뿐만 아니라 수천만, 수억의 천사들과 인간의 영혼들이 날아다닙니다(앞의 책, pp. 97, 98).

③ 평가(비판)

펄시 콜레가 자기의 천국 방문은 6일간 걸린 틀림없는 사실이라고 하나, 그것은 말 그대로 인정해도 임사체험자들의 경우와 매우 유사하다. 그는 "바닥에 쓰러지는 순간 영이 육체를 빠져 나왔다" 하였고 그의 수호천사가 안내하였다고 하였다. 그리고 여러 신비한 소리들을 한다.

그 모든 체험 내용들은 평소의 상상의 사실이 잠재의식에 입력되었다가 나온 것일 수 있다. 그렇지 않으면 어떤 심령작용일 수도 있다. 우리의 심령은 아주 복잡하고 신비하여 이해하기 어렵다. 꿈만 해도 그것은 너무 난해하다. 또 그것은 사탄의 술수일 수 있다. 사탄이 주님을, 성령을 가장하여 신비한 환상을 얼마든지 줄 수 있다.

왜 이렇게 말할 수 있는가? 그것은 그의 간증 중에서 사람들의 호기심을 자극하면서 하나님의 계시인 성경 말씀과 다른 것들이 너무 많기 때문이다.

㉮ 정화를 위한 중간 장소(Outer Perimeter)가 있다고 한다. 이곳에서 부끄러운 구원을 받은 영혼들이 천사장들에 의해 훈련을 받는다고 한다. 그리고 천국에 들어온 영혼들도 그 영적상태에 따라 일정한 영적 훈련 및 준비를 거쳐서 하나님의 거룩한 영광의 보좌 앞으로 나가게 된다고 한다.

이 Outer Perimeter의 담에는 도합 12의 문이 일정한 간격으로 나 있습니다. 이 Outer Perimeter에는 수백, 수천만의 영혼들이 거하면서 하나님 아버지의 보좌 앞에 나아갈 수 있는 완벽한 영적 훈련을 받으며 대기하고 있습니다. 그러나 일단 지상에서 정화되고 성숙되지 못하면 이곳에서 천년 내지 천 오백년의 영적 훈련을 받아야 보좌 앞에 나아갈 준비를 갖추게 된다고 합니다.

사랑하는 여러분! 물론 예수님의 보혈을 믿음으로서 천국에 갈 수 있는 티켓은 따게 됩니다. 그러나 티켓을 땄다고 모두 하나님의 영광의 보좌 앞에 나아가는 것은 아닙니다. 그러므로 지상에 머무는 동안 성령님으로 충만하여 하나님의 말씀으로 성숙하고 또한 마음속의 어떠한 Controversy(감정이나 갈등)가 없도록 용서하고, 용서 받음으로써 정화되어야 합니다. 그러면 천국에 가서도 하나님 아버지의 보좌 앞에 직접 나아갈 수 있는 영광을 얻게 되는 것입니다. 성경에서도 "마음이 청결한 자는 복이 있나니 저희가 하나님을 볼 것임이요"(마5:8)라고 하셨던 것입니다.

Outer Perimeter에서 안으로 들어가는 두 번째의 문은 넓이가 2마일이고, 폭(길이)은 20마일이나 되며 화염검을 든 천사들이 양쪽에 늘어서서 지키고 있기 때문에 하나님의 허락 없이는 아무도 감히 여기를 통과할 수는 없는 것입니다(앞의 책, P. 44).

우리는 Outer Perimeter를 한 바퀴 돌았습니다. 부끄러운 구원을 받은 수많은 영혼들이 여기에서 영적 훈련을 받고 있었습니다. John F. Kennedy 대통령도 이곳에서 대기하고 있었습니다(앞의 책, P. 101).

이러한 주장은 연옥설과 비슷하다. 가벼운 연옥설이라고 할 수 있다. 우리는 예수님의 보혈의 공로를 믿음으로 단번에 완전한 구원을 받는다.

㉮ 천국과 영생세계가 다르다고 한다. 그는 하나님의 보좌 오른편,

> 천국의 가장자리에서 영생세계를 보았다. 그곳은 길고 긴 터널을 지나 수조 마일 멀리 떨어져 있었다. 그곳은 천국보다 더 황홀하였다고 한다.

예수님은 나를 보좌의 오른편 천국의 가장자리로 데리고 가셨습니다. 예수님께서는 "펄시야, 영생의 세계를 특별히 너에게 보여 주겠다"하시고는 나의 눈에 손을 대시고 비비어 주시었습니다. 하나님 보좌의 오른쪽으로 아득히 바라보니 길고 긴 터널을 지나 수 조 마일 멀리 영생의 세계가 보였습니다.

영생의 세계는 천국보다 더 황홀하였습니다. 그러니 천국을 표현하기에도 인간의 언어로는 불가능한데 어찌 영생의 세계를 표현 할 수 있겠습니까? 나는 영생이 관념일 뿐이지 천국처럼 실존하는 세계라고는 상상할 수도 없었던 것이었습니다. 예수님께서는 하나님의 삼위일체가 저 영생의 세계로부터 나와 이 천국과 우주만물과 인간을 창조하셨다고 하시었습니다. 나는 영생의 세계 속으로 탐험해 보고 싶은 강한 충동이 느꼈으나, 예수님은 다음에 내가 오면 금수레로 같이 여행을 하자고 약속하시는 것이었고, 우주의 역사가 모두 끝나면 하나님의 삼위는 그의 모든 창조물을 데리고 영생의 세계로 돌아간다고 하시었습니다(앞의 책, P.74).

천국은 바로 영생세계다. 달리 영생세계가 있는 것이 아니다. 그의 말대로 하면 천국은 영생세계가 아닌 중간세계가 아닌가? 하나님은 영생세계도 아닌 중간세계에 보좌를 두시는가? 이러한 것을 체험이라고 말하는 그의 성경 지식을 알만하다.

㉓ 그의 천국묘사는 그 표현이 너무나 세속적, 물질적이다. 그래서

마치 어떤 세속 도시의 인상을 준다. 영혼도 물질적으로 말한다. 수많은 맨션이 건립되어 있고, 지금도 맨션의 건축공사는 계속되고 있다는 것과 예수님도 큰 맨션을 갖고 계시며, 맨션의 크기는 영혼을 구한 수에 따라 차별이 있다는 것이다. 또 천국에도 육체적 노동이 있어 천사들이 천국민들이 먹는 각종 과실을 따기도 하고 주스와 포도주를 만드느라 바쁘게 일한다느니, 다이아몬드 에메랄드 등의 각종 귀한 보석을 엄청난 양으로 제조해 내는 공장이 있다는, 또 천국민이 입을 의복을 만드는 건물도 있어 수만의 천사들이 바쁘게 일하고 있다는 표현이 그렇다. 또 영혼도 형체가 있고 혀, 눈이 있고, 날씬하다, 영혼도 음식을 먹고 옷을 입는다고 한다.

이러한 사실은 진정한 천국체험이기 보다는 그의 상상이거나 꿈같은 심령작용임을 여실히 드러내는 것이다. 인간의 상상이나 심령작용은 이 세상적인 것들의 차원을 벗어날 수 없다.

㈘ 그는 교리를 완전히 무시한다. 주님이 그에게 "교리에 대해선 상관하지 말라… 지금은 교리를 논할 시간적 여유조차 없다"고 하셨다 한다(앞의 책, P. 118).

주님이 과연 그렇게 하실까? 주님은 우리가 성경을 연구하여 거기에 나타난 교리를 알아내어 믿는 것을 무시하실까? 말세가 임박하면 교리 같은 중대한 것도 상관없이 신비한 소리들만 하면 되는 것인가?

그런데 더욱 한심한 것은 콜레 자신이 많은 새 교리를 만들어낸 것이 아닌가? 아무 성경적 근거도 없이 직접 체험한 것이라 하면서 순진한 성도들에게 이상한 교리를 주장하는 것이 아닌가?

㉮ 그의 증언도 일종의 시한부 종말론적 예언에 속한다. 그는 자기가 죽기 전에 성도의 휴거가 있을 것이라고 엘리야가 말해 주었고, 예수님도 확인해 주셨다고 한다(앞의 책, pp. 101,102).
그는 이미 죽었다. 그러나 휴거는 이루어지지 않았다. 우리는 이때까지 이러한 예수님의 재림과 성도의 휴거에 대한 많은 예언들이 실패한 사실을 알고 있다. 콜레도 그런 자들의 대열에 끼어들었다.

펄시 콜레는 성경과 맞지 않은 자기의 사적 체험을 하나님의 직접적인 계시로 오인하였다. 그리고 자기가 그것을 온 세상에 전할 사명을 받았다고 과대 선전하였다. 이것은 자기의 불건전하고 비성경적인 체험을 성경과 동일시하는 것이다. 이것은 성경에 다른 것을 추가 하는 이단이다. 이러한 행위는 계시록에 기록된 재앙들을 받을 일이다(계22:18).

(4) 메어리 캐더린 백스터의
"정말 지옥은 있습니다", "정말 천국은 있습니다"

① 저자 메어리 캐더린 백스터(Mary K. Baxter)

백스터 여사는 미국, 테네시주 차타누가에서 태어났다. 그녀는 믿음의 가정에서 자랐다. 그녀는 어머니의 영향을 많이 입었다.

19세시 거듭난 후 신앙생활을 잘 하였다. 그러나 얼마 후 시험에 들어 믿음에서 떠났다. 그러나 성령의 도움으로 다시 신앙생활을 잘 하였다.

1960년 중반에 캐더린은 미시간주 디트로이트시로 이사하였다. 구 후 같은 주에 있는 벨빌로 이사하였다. 그녀는 거기서 주님과 깊은 교제를 가지며 여러 이상을 보게 되었다. 캐더린 여사는 빌 백스터와 결혼하여 4명의 자녀와 6명의 손자들을 두고 있다.

그녀는 1983년에 미시간주 테일러시에서 하나님의 성회 순복음 교단에서 목사 안수를 받았다. 지금은 워싱턴 디시에 있는 하나님의 성회 내셔널교회(The National Church Of God)에서 사역하고 있다.

1976년, 그녀가 벨빌시에 살 때, 여러 번 꿈, 환상, 이상을 보았다. 그녀는 지옥(30일), 천국(10일)을 보았고 이것을 세상에 알리라는 명령을 받았다고 주장한다.

② 내용 개요

백스터는 40일에 걸쳐 지옥과 천국을 보았다고 한다. 그녀의 책에서 그녀는 지옥의 실상과 위치, 그리고 천국의 실상과 위치를 자세하게 말한다. 참으로 그럴듯한 이야기를 흥미진진하게 한다. 그러면서 철저하게 성경 구절을 인용하여 설교식으로 교훈을 주려고 강조한다.

그 내용을 일일이 말하기는 너무 복잡하다. 그래서 그 목차를 통하여 짐작케 하고자 한다.

(지옥)

1장 - 지옥으로, 2장 - 지옥의 왼편다리, 3장 - 지옥의 오른편 다리, 4장 - 수많은 불구덩이들, 5장 - 공포의 터널, 6장 - 지옥에서의 활동, 7장 - 지옥의 배 부위, 8장 - 지옥의 감방들, 9장 - 지옥의 공포들, 10장 - 지옥의 심장부, 11장 - 바깥 어두운데, 12장 - 뿔들, 13장 - 지옥의 오른팔, 14장 - 지옥의 왼팔, 15장 - 요엘의 날들, 16장 - 지옥의 중심부, 17장 - 하늘들에서의 전쟁, 18장 - 지옥에 대한 이상들, 19장 - 지옥의 입구, 20장 - 천국, 21장 - 가짜 종교, 22장 - 짐승의 표, 23장 - 그리스도의 재림, 24장 - 하나님의 마지막 부탁, 25장 - 천국에 대한 이상들, 26장 - 예수님의 예언

(천국)

제 1장-천국 문으로…제 2장-하나님의 보좌…제 3장-과거, 현재 그리고 미래…제 4장-천국의 보물창고들…제 5장-천국의 질서…제 6장-어린이들에게 일어나는 일…제 7장-보좌에서의 경배…제 8장-하늘나라 네 생물들…제 9장-하늘나라에서의 영

광…제10장-천사의 사역…제11장-하나님의 말씀…제12장-새로운 세계…제13장-그리스도의 재림…제14장-주님의 마지막 요청: 준비하라!

그리고 그녀가 직접 지옥을 체험하였다고 하는 내용을 발췌하여 소개한다.

나는 예수님의 이름을 부르며 주님을 찾기 위해 언덕 아래로 내려갔다. 큰 쇠사슬을 든 악령이 내게 다가와 나를 멈춰 세웠다. 그는 나를 비웃으며 말했다.
"네가 도망할 만한 곳은 아무데도 없다. 여자여, 너를 구하러 예수님은 여기 오지 않는다. 네가 지금 있는 곳은 영원한 지옥이다."
"오, 주님! 안 됩니다. 저를 나가게 해 주세요."
나는 그 악령과 있는 힘을 다해 싸웠다. 그러나 그 악령이 나를 쇠사슬로 묶어 땅에 곤두박질 시켰다. 내가 땅에 쓰러졌을 때 끈적끈적한 비닐이 악취를 풍기며 나를 덮어왔다.
나는 속이 울렁거렸다. 무슨 일이 벌어지려는지 알 수가 없었다. 다시 살점들이 내 뼈에서 떨어져 나가고 있었다.
나는 너무 아파서 비명소리를 질러댔다.
"오, 주 예수님, 어디 계세요?"
나는 내 자신을 내려다보았다. 뼈의 구멍들이 드러나고 있었다. 뼈 색깔은 더러운 회색으로 변하였고 내 살은 계속 뼈에서 도려내지고 있었다. 피가 터지고 힘줄들이 끊어져 나갔다. 옆구리에도, 다리에도, 손에도, 팔에도 구멍들이 수없이 나 있었다. 나는 외쳤다.
"오, 안 돼, 이럴 수가. 내가 다시 지옥에 남게 되다니! 안 돼! 안 돼!"하며 울었다.

구더기들이 내 안으로 기어들어오고 있었다. 살들로 채워졌던 신체부위들이 벌레들로 채워지기 시작했다. 비록 그들을 볼 수 없었지만, 그것들이 내 몸 안에 있는 것을 알 수 있었다. 나는 그것들을 떼어내려고 애썼으나 벌레들의 숫자는 증가되고 있었다. 내 살은 점점 썩어가고 있었다.

나는 모든 것을 다 기억할 수가 있었다. 지구상에서 일어났던 모든 것들이 지옥에서도 기억 속에 살아 있었다. 지옥에서도 분명히 나는 느낄 수 있는 감각이 있었고 보고, 냄새 맡고, 듣고, 맛을 보고, 지옥의 모든 고통을 느낄 수 있는 감각과 감정은 그대로였다. 나는 내 안을 볼 수가 있었다. 남은 것이라고는 뼈밖에 없었다. 다른 이들도 나하고 똑같은 형상을 하고 있었다. 이 입구에는 수많은 영혼들로 가득차 있었다.

나는 아파서 도저히 참을 수가 없었다.

"예수님, 저를 도와주세요, 제발!"

나는 죽고 싶었다. 그러나 죽고 싶어도 죽을 수가 없었다.

발밑에는 불길이 솟아오르는 것을 느꼈다. 나는 비명을 질렀다.

많은 영혼들이 살려달라고 아우성이었다. 지옥 입구가 열릴 때마다 영혼들이 빠져 들어가는 소리가 났다. 내 손은 동물의 뒤쪽으로 묶여져 있었다. 아픔이 항상 있지는 않았다. 갑자기 아파왔다가 갑자기 사라졌다. 고통이 전해 올 때 있는 힘을 다해 비명을 질러댔다. 그리고 무서운 마음으로 그 고통이 가라앉을 때까지 기다려야 했다.

나는 생각했다. 어떻게 여기를 나가지? 앞에 뭐가 있을까? 이대로 끝난단 말인가? 내가 무얼 잘 못 했길래 여기를 왔을까?

"오, 주님! 어디 계세요?" 하며 아파서 고통 속에서 나는 울었다.

울면서도 눈물은 나오지 않았다. 대신 몸이 심하게 떨렸다. 어디에선가 동물이 멈추었다. 위를 올려다보니 너무나 아름다운 여자가 사치스러운 부와 빛나는 보석으로 치장하고 있었다. 여왕 의상을 한 아리따운 여인이 방한 가운데 있었다. 이 여자는 누구인가?

내가, "여인이여, 저를 도와주세요." 하자 그녀가 가까이 오는 듯 하더니 내 얼굴에 침을 뱉는 것이었다.

"오, 주님!" 하며 나는 울었다. 기분 나쁜 웃음소리가 흘러 나왔다.

내 눈 바로 앞에서 그녀는 모습을 바꿔갔다.

남자로, 고양이로, 말로, 뱀으로, 박쥐로, 젊은 남자로 바꾸어 갔다. 그녀 마음 내키는 대로 변할 수가 있었다. 그녀는 굉장한 능력을 가지고 있었다. 그녀의 방 문패에는 '사탄 사모님' 이라고 쓰여 있었다.

"오, 주님! 저를 구해 주세요." 하고 계속 주님을 불렀다.

나는 하나님께 나를 구해 달라고 수없이 불렀지만 그러나 그를 볼 수도 느낄 수도 없었다. 다른 이들과 같이 나는 분명히 지옥에 와 있는 것이다. 나는 너무나 아파서 바닥에 주저앉았다. 영원토록 이제 다시는 가망성이 없을 것 같았다.

큰 소리가 날 때마다 주님을 불러 보았다. 그러나 그 소리는 영혼들이 지옥에 떨어지는 소리였다. 아무리 주님을 불러도 응답은 없었다. 구더기들이 내 영혼을 타고 들어왔다. 나는 그것을 느낄 수가 있었다.

죽음의 냄새는 어디에나 있었다. 내게는 육체도, 각 기관도, 피도, 살도, 희망도 없었다. 뼈에서 징그럽게 기어 다니는 구더기들을 하나씩 끄집어 냈다. 이제 내게 일어나고 있는 일들을 조금 알 수 있을 것 같았다. 차라리 죽어 버리고 싶었다. 구더기들이 내 온 몸을 기어 다니는 것을 도저히 참을 수 없었다.

나는 나를 죄에서 구할 수 있는 예수 보혈의 생명과 권능을 노래했다.

이때 덩치가 큰 악령이 창을 들고 나타났다.

"조용히 해!" 하며 창으로 심하게 나를 찔러대기 시작했다. 뾰족한 창끝이 나를 찌를 때마다 불처럼 뜨거운 느낌이 전해왔다. 한 번, 두 번, 계속하여 나를 계속 찔러댔다.

그들이 한마디 했다.

"여기서는 사탄이 왕이란 말이야, 우리는 예수를 미워해! 그가 가진 모든 것을 미워한단 말이야!"

그 큰 박쥐가 다시 내게 달려들었다. 그리고 사정없이 물었다. 나는 비명을 지르며 박쥐를 잡아 당겼다. 너무나 아팠다.

불이 어디에서 오는지는 모르나 서서히 내 쪽으로 오고 있었다. 수초, 수분, 수시간이 지나갔다. 나는 분명 죄인이었다.

내가 지금 있는 곳은 지옥이 분명했다.

"오 죽음아, 제발 내게로 오렴!" 하고 나는 울었다. 내 울음소리는 '지옥의 입구' 전체를 쩌렁쩌렁 울리고 있는 것 같았다. 지옥에 다른 이들도 나의 울음소리에 동참해 줬다. 우리는 같이 울었다. 지옥에 온 것 때문에 울었고 빠져나갈 구멍이 없어서 울었다. 나는 너무나 죽고 싶었다. 지옥에서는 죽고 싶어도 죽을 수가 없었다.

나는 너무 아파서 바닥에 주저앉았다. '지옥의 입구'가 열리는 소리가 났다. 더 많은 영혼들이 계속 들어오고 있었다. 불길은 나를 계속 뜨겁게 태우고 있었다. 내 마음이 독해지고 있는 것을 알았다. 지구상에서 예수를 믿지 않으면 그들이 어떻게 되는 것인가도 확실히 알았다.

나는, "오 나의 하나님, 제발 저를 구해 주세요. 제발 여기 있는 우리 모두를 구해 주세요"하며 울었다(지옥, pp. 215~226 요약).

③ 평가 (비판)

㉮ 그녀는 자기가 지옥으로 갈 때 유체이탈 같은 과정을 거쳤음을 말한다.

「순식간에 내 영혼이 육체에서 분리가 되었다. 나는 내 방을 벗어나 위로 하늘을 향하여 주님과 함께 올라갔다. 비록 영적인 상태였지만 진행되어 지는 모든 상황을 알 수 있었다. 저 아래로 나의 남편과 아이들이 집에서 잠들어 있는 것이 보였다. 집 지붕을 통과해서 위로 주님과 함께 올라가면서 내 육체가 침대 위에 누워있는 것이 보였다. 마치 육체가 죽은 것처럼 보였다. 지붕이 완전히 벗겨진 것처럼 내 가족들의 잠자는 모습까지도 볼 수가 있었다」(지옥, pp. 20, 21).

유체이탈에 관해서는 이미 논하였으므로 더 말하지 않으려고 한다.

㉯ 자기가 본 것이 틀림없는 사실임을 너무 강조한다. 천국이 바로 그대로 임을 너무 강조한다.

"나는 내가 보고 들은 것을 하나도 빠뜨리지 않고 최선을 다하여 여기에 적으려고 노력했습니다. 여기에 있는 내용들은 모두 사실입니다"(지옥, P. 93).

"이 책은 제가 하나님과 함께 체험한 것들을 기록한 사실입니다. 상상이나 공상에서 나온 과장되고 꾸며낸 이야기들이 아님을 분명히 밝혀둡니다(천국, P. 13).

이 외에도 자기가 본 것이 사실임을 강조하는 내용은 너무 많다. 계속 반복적으로 강조한다.

이렇게 그녀는 자신이 보고 들은 것이라 하면서 지옥, 천국이 자기가 말하는 그대로 임을 강조한다. 그런데 보고 들은 것이 사실이라 해도 그것을 개인적으로 준 것으로 상징성을 띄고 있다. 그러므로 그것은 객관적 사실을 말하는 것이 아니다.

그녀의 전하는 것이 다른 사람이 간증하는 것과 많이 다르지 않은가? 사도 요한이 증거 하는 계시록과도 너무 다르지 않은가?

㉰ 자기가 본 계시를 간증하라는 사명을 받았다고 한다.
캐더린에게 보내는 예수님의 메시지

「내가 네게 보여주고 들려준 것들을 이 세상 사람들에게 전하고 기록할 목적으로 너는 태어났느니라. 내 말은 신실하며 사실이니라. 천국과 지옥이 실존하는 것을 이 세상에 알리기 위하여 너는 부르심을 받았느니라. 나, 예수는 영혼들을 구원하고 그들이 천국에 거할 처소를 준비하기 위하여 아버지께로부터 보내심을 받았다는 것을 너는 이 세상에 알려야 한다」(천국, P. 15).

그녀는 간증하는 곳곳에서 계속적으로 이 사실을 강조한다. 그러면서 자신이 전하는 것이 하나님의 계시임을 주장한다.

그런데 그녀가 보고 들었다는 것이 하나님이 보여준 계시라고 보기는 어렵다. 그것은 자신이 상상한 것이 잠재의식 속에 있다가 유체이탈 시 보여졌거나 꿈과 같은 것이라고 본다. 그 이유는 그 내용이 비성경적인 것이 너무 많기 때문이다.

그런데 그녀가 보고 들은 것이 하나님이 보여준 계시라 해도 그렇게 간증함은 옳지 않다. 그것은 바울의 자세에서 알 수 있다. 하나님은 사도 요한에게 천국과 종말에 대한 비밀을 알려주시고 그 계시를 밝혀 전하라 하셨다. 그 내용이 '요한계시록'이다. 그 내용은 가장 표준적이고 가장 심오하다. 그리고 그것만이 하나님이 보여준 확실한 참 계시다. 그런데 하나님은 바울에게도 천국의 모습을 보여 주시고 거기 대한 많은 말씀을 하셨다. 그러나 그것은 개인적인 것으로 주셨고 전하라 하지 않으셨다. 그래서 바울은 그것을 순전히 자기 개인 유익을 위하여 준 것으로 판단하여 그 내용을 밝히지 않았다. 만일 바울이 그 내용으로 간증하였다면 큰 인기가 있었을 것이다. 그러나 그것은 하나님의 뜻이 아니었고, 사도 요한이 전하는 내용과 비교되어 많은 혼란이 있었을 것이다. 교회시대에 성경과 같은 차원의 계시란 있을 수 없다. 그러나 그렇지 않은 어떤 차원의 보여줌은 있을 수 있다고 본다. 그렇지만 하나님은 거기 대하여 바울과 같이 하기를 바란다고 본다. 개인적으로 새길 일이지 간증을 일삼을 것은 아니다.

　그녀는 간증 사명을 누누이 강조하면서 자기 스스로 그것이 잘못임을 인정하였다. 예수님이 지옥의 어떤 남자에게 하는 말은 「땅 위에서 복음 전하는 자의 말을 듣고 믿지 않는다면 죽은 자가 살아서 간다 할지라도 듣고 믿지 않는다」는 것이었다(지옥, P. 35).

　이것은 '부자와 나사로' 비유에서 나온 말이다. 죽은 자가 살아서 간증하는 것보다 더 확실한 것이 어디 있겠는가? 주님은 그것도 별 의미 없는 일로 여기는데 왜 그리 간증에 열을 올리는가? 과연 그것이 주님의 뜻이고 명령인가?

　㉣ 비성경적인 내용들이 많다. 성경과 다르거나 맞지 아니한 것들이 너무 많다.

㉠ 영혼이 육체와 같다. 지옥, 천국에도 육체가 있다.

"나는 그때 처음으로 내 영혼의 모습을 보았다. 내 영혼의 모습은 지구상에 있는 육체의 모습과 똑같았다(지옥, P. 30).

그 청년의 울음소리는 그 후로도 며칠 동안 내 머리 속에서 메아리쳤다. 그가 후회하는 소리를 결코 잊지 못할 것이다. 살점들이 뼈에 매달려서 불에 타는 모습을 나는 지금도 기억한다. 썩어져 가는 육체, 그리고 시체의 썩은 냄새, 눈은 어디로 사라지고 뼈만 남은 구멍들, 뼛속에 갇혀있는 죽은 잿빛 색깔의 영혼, 그리고 뼈 사이 사이를 기어 다니는 불에도 타지 않는 지옥 구더기들을 잊을 수가 없다. 우리가 다음 장소로 발길을 옮길 때 이 젊은이는 예수님을 향해 손을 내밀며 애원하고 있었다(지옥, P. 71).

아기가 유산되고 죽자 연기와 같이 영혼이 빠져나왔습니다. 그러자 천사들이 그 아기의 영혼을 붙들어서 바구니 속에 넣고는 바구니를 닫았습니다(천국, P. 110).

지옥의 사자들은 계속해서 관 주위를 돌고 있었다. 그 남자의 심장은 뛰고 있었고 시뻘건 피가 그 심장에서 흘러내리고 있었다. 나는 그가 시련과 고통 속에서 울부짖던 소리를 잊을 수 없었다(지옥, P. 91).

예수님께서 세 번째 감방 앞에서 걸음을 멈추셨다. 밝은 빛이 그 감방을 비추었다. 그 안에는 나이 많은 여인이 흔들의자에 앉아 있었고 가슴이 찢어질 듯이 울고 있었다. 이유는 알 수 없었다. 정말 나를 놀라게 했던 것은 이 여자는 지구상에 있는 사람처럼 온전한 육체를 그대로 유지하고 있다는 점이다(지옥, P. 104).

남녀노소 나이에 상관없이 구원받은 사람들은 너무나 아름다워 보였고 영화롭게 보였습니다. 이들은 공간에 떠 있는 유령 같거나 연기가 아닌 지구상에 있는 우리와 똑 같은 사람들입니다(천국, P. 77).

천국에 지금 우리의 육체와 같은 육체가 있다고 할 수 없다. 그렇다면 부활은 왜 필요한가?

ⓒ 천국에서의 육체는 완전하다.

천국에서 보았던 사람들은 아름다워 보였습니다. 그들의 육체에는 어떤 흠이나 상처가 없었으며 모두 온전히 보였습니다. 그들은 빛이 났고 모두 미남이요, 미녀였습니다. 지상에서 사람들은 말합니다.
"글쎄, 우리가 죽으면 아마 연기나 수증기처럼 되겠지" 라고요. 그러나 아닙니다. 천국에 가면 우리의 육체는 완벽하고 온전하게 됩니다. 구약시대에 나오는 족장들도 천국에서 아름다운 모습으로 성도들 중에 있었습니다(천국, P. 100).

천국에서는 죄의 결과로 나타나는 흠이나 현상은 없습니다. 주님께서는 "천국에는 불량품이나 미완성의 작품은 없단다. 첫째 아담의 죄의 결과에 의해 일어난 병과 저주와 가난은 둘째 아담에 의해 완전해졌느니라"라고 하셨습니다.
지상에서는 평생 소경이었다 할지라도 천국에서는 정상인처럼 볼 수 있게 됩니다. 지상에서 신체가 불완전하거나 흠이 있었던 자들이라 할지라도 천국에 오면 모든 것이 온전하게 회복되어 집니다. 천국에서 흠이 있는 분이 한 분 계십니다. 다름 아닌 우리를 위해 손과 발에 못 박히고 찔리시고 십자가에서 죽으시고 부활하신 예수님이십니다(천국, P. 113).

마지막 부활시 부활체는 완전하리라고 추정할 수 있다. 그러나 지금 그런 육체로 존재한다는 것은 맞지 않다.

ⓒ 천국에서 어린 아기는 완전한 어른으로 자란다.

바구니에는 지상에서 죽은 아기 영혼이 들어있었으며 그 영혼을 바구니에서 꺼내시더니 제단 위에 올려놓으셨습니다. 하나님께서 아기 영혼 위에 두 손을 올려놓으시고 작업을 시작 하셨습니다. 일을 다 마치셨을 때는 가장 아름답고 잘 생긴 인간의 모습으로 변해 있었습니다. 그 영혼은 계속해서 자라기 시작하더니 지금까지 본 사람 중 가장 잘 생긴 남자의 모습으로 변해 있었습니다. 이 얼마나 놀라운 하나님의 창조의 능력이며 권능입니까!(천국, pp. 112, 113).

지금 어린이들을 위하여 내가 지은 곳을 보여 주겠노라. 나는 어린이들을 아끼고 사랑하노라. 엄마 뱃속에서 나오기도 전에 죽은 아이들, 유산되거나 사고로 죽은 아기들이 이곳에서 자라고 있느니라. 아기가 태중에서 잉태되는 순간 영혼이 생기느니라. 뱃속의 아기가 죽으면 천사들이 내려가서 죽은 영혼들을 천국으로 데리고 오느니라. 지상에서 버림받은 그들은 이곳에서 혼영을 받으며 온전한 육체를 가진 존재로 창조되느니라. 부족한 육체는 이곳에서 온전하게 회복되느니라(천국, P. 185).

역시 마지막 부활 시는 그러리라고 생각된다. 그러나 지금 그렇게 성장하여 완전한 어른 육체로 존재한다는 것은 맞지 않다. 또 어린 아기는 다 구원을 받는지도 의문이다.

ⓔ 지옥은 지구 속에 있고, 지옥은 불 못으로 들어간다.

'지옥 심장부' 주변에 있는 지구 속은 건조하며 갈색이었다. 심장부 주변에는 사방으로 30피트(약9m)지역은 이미 불에 태워져 녹슨 갈색으로 변해 있었다. 이 심장부 표면은 가장 검은 색깔을 띠고 있었으며 검은 뱀 피부 색깔과도 같았다(지옥, P. 128).

"여기 지옥에는 사람에 따라 받는 고통의 방법이 다 다르단다. 마지막 심판 때까지, 사망과 지옥이 불못에 던지울 때까지만 사탄은 지옥을 주관할 수 있단다. 앞으로 순식간에 이 지옥은 불못에 들어가게 되느니라"고 예수님이 일러주셨다(지옥, P. 104).

지옥은 하나님이 만든 별도의 형벌의 장소이며, 지옥이 바로 불못이다.

ⓜ 주님이 지옥에 있는 영혼에게 평강이 있으라고 축복하신다.

그녀의 영혼은 고통 중에 있었다. 그녀는 감방 쇠창살을 잡아당기며 울고 있었다. 예수님은 부드럽게 말씀하셨다. "잠잠하며 평강이 있을지어다." 예수님의 목소리에는 슬픔이 담겨 있었다. "여자여, 네가 여기 왜 왔는지 알지 않느냐"(지옥, pp. 183, 184).

그는 등을 우리에게로 돌리고 있었다. 뼈만 남은 온 몸에는 불이 붙어 있었으며 시체가 썩는 악취가 났다. 그는 손으로 허공을 치며, "도와주세요, 누가 절 좀 도와주세요!" 하며 외치고 있었다. 부드러운 음성으로 주님이 이르시기를, "잠잠하고 평강할지니라" 하셨다(지옥, P.186).

지옥의 영혼은 영원히 저주 받은 존재다. 그런 자들에게 평강의 복은 있을 수 없다.

ⓑ 지옥의 사탄, 귀신들은 지옥 간 사람들에게 고통을 주기만 한다. 그들은 지옥의 사자, 관리자다.

사탄, 귀신들도 하나님의 심판을 받아 지옥에 간다. 사람에 대한 형벌도 하나님이 주시는 것이고, 사탄 귀신들도 역시 하나님의 형벌을 받는다.

ⓢ 지옥의 고통을 직접 체험한다(앞에서 인용하였다). 무서운 고통을 직접 겪으면서 괴로워한다.

그러나 구원 받은 자가 어떤 경우에라도 그런 형벌을 받을 리가 없다. 하나님은 우리를 절대로 그렇게 하시지 않는다.

㉺ 너무 신비적이다. 아주 불건전한 신비주의자다.

천사들이 사람들 사이를 다니며 그들의 가슴을 치자 죄의 시커먼 연기들이 회오리바람처럼 위로 빠져나가며 사람들이 하나님 앞에 나아가 무릎을 꿇고 기도하기 시작했습니다. 어떤 사람들은 온 몸이 쇠사슬로 묶여 있었는데 회개하고 주님으로부터 죄 사함을 받자 천사들이 가서 그 쇠사슬들을 부수기 시작했습니다. 쇠사슬들이 산산조각이 나며 사람들의 몸에서 떨어져 나갔습니다. 사람들이 자신의 죄를 고백하고 두 손을 들어 하나님을 찬양할 때에도 죄의 사슬이 풀려 나가기 시작했습니다. 죄 사함 받은 영혼들 사이에서 부르짖음과 울부짖음이 터져 나왔습니다(천국, P. 165).

하나님께서 보여주신 이상 한 가지를 말하고자 합니다. 성경에 기록되어 있는 말씀이 스스로 움직이기 시작하더니 일어나서 걷기 시작했습니다. 그러다가 칼의 모양으로 바뀌었습니다. 그리고 사람들에게로 돌진해 가더니 문제가 있는 곳을 도려냈습니다. 결국 그 사람의 문제가 해결되는 것을 보았습니다(천국, P. 166).

어느 목사님이 단상에서 말씀을 증거하고 있는데 하나님께서 나의 영안을 열어 주셨습니다. 그 목사님의 머리 위에서 불이 섞인 기름을 천사들이 붓고 있는 모습이 보였습니다. 하나님께서 그 목사님의 마음속을 보여주셨는데 하나님의 말씀으로 가득 차 있었습니다. 성경 말씀이 목사님의 가슴에서 위로 식도를 타고 올라오더니 입을 통과하여 화살이 발사되듯 나가기 시작했습니다. 그 말씀이 사람들을 향해 공중으로 날아가더니 양쪽에 날이 선 칼로 변했습니다. 다른 천사들은 목사님이 하시는 말씀을 기록하고 있었습니다. 이 얼마나 놀라운 하나님의 말씀의 역사인지요!
목사님이 말씀을 증거 하실 때 성경에 있는 말씀이 움직이기 시작했습니다. 말씀이 성경책에서 일어서더니 설교하시는 목사님 심령으로 들어갔다가 다시 입으로 나오더니 양쪽에 날선 칼보다도 더 예리하게 변하는 것이었습니다. 목사님이 병든 자들을 위하여 기도할 때 주님께서 보여주시는 것이 있었는데 병든 부위에 검은색 점이 있는 것이 보였습니다. 어떤 이는 폐에, 다리에, 가슴에, 다른 아픈 부위에 검은 색 점이 있었습니다.
양쪽에 날이 선 칼과 같은 말씀이 그 아픈 부위들로 날아가 꽂혔습니다. 그러자 그 부위가 불덩어리처럼 뜨거워지기 시작했습니다. 병 낫기를 기도하는 많은 이들이 공통적으로 하는 말들은, "아픈 부위가 굉장히 뜨거워집니다"라고 합니다. 주님이 병 낫는 장면을 보여주셨습니다.
사람 속에 있는 질병 부위가 타기 시작했습니다. 병으로 물든 세포와 살들이 타서 없어졌습니다. 그리고 그 자리에 새 살과 세포가 형성 되었습니다 (천국, P. 169, 170).

천사가 하나님의 말씀을 펴서 사단의 머리 위로 내밀었습니다. 그러자 귀신의 형상이나 뱀의 형상으로 역사하는 사단이 까무러칠 정도로 놀래며 혼비백산하여 소리를 지르고 도망가는 것이 보였습니다. 왜냐하면 천사는 검과 같은 하나님의 말씀을 사용하기 때문입니다(천국, P. 173).

귀신들이 사람 몸에서 쫓겨 나갈 때 천사들이 쇠사슬로 묶어 끌어내는 것을 보았습니다. 사람 몸속에서 역사하는 귀신들은 검은 그림자나 악령의 모습으로 보일 때가 많았습니다. 예수 이름으로 귀신을 쫓아낼 때 천사들이 끌어냈습니다. 이것이 하나님이 약속의 말씀이요, 예수 이름의 능력인 것입니다(천국, P. 174).

하나님께서 영안을 열어 주시어 집 위를 쳐다보니 하늘이 성경 말씀으로 기록되어져 있었습니다. 그리고 집 주위를 수많은 천사들이 지키고 있는 것이 보였습니다.
천사들은 네 그룹으로 나뉘어 우리 집을 지키고 있었습니다.
첫째 그룹들은 서로 이야기를 나누며 앉아 있었고,

둘째 그룹은 사방을 바라보며 경계를 서는 것 같았으며,
셋째 그룹은 날개들을 서로 세우고 집 사방을 둘러싸고 있었습니다.
마지막 넷째 그룹은 몸이 가장 컸으며 허리에는 큰 검을 차고 있었습니다.
어두움의 그림자가 포복하며 우리 집으로 기어 들어올 때 이 천사들이 어두움의 그림자를 물리치며 우리 집을 지키고 있었습니다.
기억하십시오! 하나님의 말씀은 성령의 검입니다(엡6:17).
말씀이 선포될 때 말씀이 불로 변하여 타는 듯이 적진에게로 돌진하는 것을 본 적이 있습니다. 적들이 불에 타서 결국에는 재로 변하고 말았습니다(천국, P. 178).

이러한 불건전한 신비주의자는 항상 극단적으로 나가고 자기가 받은 것을 성경과 같은 계시라고 한다. 그러면서 사람들을 유혹하여 자기에게로 끌어 붙인다.

그러나 성경과 같은 계시는 신약성경으로 끝났다. 우리는 호기심과 육신의 감각기관을 자극하는 이러한 신비주의에 현혹되지 되지 않아야 한다. 우리는 언제나 말씀과 예수님의 영적인 능력에 사로잡혀야 한다.

(5) 신성종의 '내가 본 지옥과 천국'

① 저자 신성종

신성종은 한국의 저명한 목회자요 신학자다. 그는 연세대 신학과를 졸업하고, 총신연구원을 졸업하였다. 그는 미국 웨스트민스터 신학대학원에서 신학 석사 학위를 받았다. 그리고 템플대학교 대학원에서 문학박사 및 철학박사 학위를 취득하였다.

신성종은 신학자로서 아세아연합신학대학원 조교수, 명지대학교 부교수, 총신대학교 대학원 교수 및 대학원장을 역임하였다. 그는 한국 보수주의 신학계에서 인정받는 실력 있는 신학자다.

신성종은 목회자로서도 그 활동이 대단하다. 그는 대전중앙교회, 충현교회 등의 대 교회를 담임하였고, 미국 성산교회, 대전 월평동산교회를 섬기다가 은퇴하였다.

신성종은 많은 저술 활동을 하였다. 그는 '구조적 성경연구' 외 64권의 신학 관련 서적을 집필하였다. 논문이 100여 편이나 된다. 자서전으로 '청와대 목회'가 있다.

그리고 시인으로 등단하여 '바람아 불어라', '말하는 나무', '아내의 두 얼굴' 등의 시집을 낸 바 있다. 그는 칠순을 넘기면서 죽음의 준비를 하는 중에 '내가 본 지옥과 천국'이라는 책을 내고 간증도 하고 있다.

② 내용 개요

먼저 지옥의 구조와 각 장소에 거하는 자들을 말한다.

강양욱 목사는 계속 설명했다. 지옥은 상층, 중층, 하층의 3층으로 나누어지는데 각층마다 방이 동서남북의 4개로 나누어져 심판을 받고 있단다. 각 방들은 원추형으로 되어 있는데 아래층으로 내려갈수록 방이 점점 작아진단다. 제1층이 지옥에서는 가장 넓고 편한 곳이고, 점점 아래로 내려갈수록 장소가 좁아지고 고통이 더 심해진단다. 나는 각층의 특징에 대해 관심이 갔다.
"강 목사님, 각층의 특징이 무엇입니까?"
강 목사는 자기는 가장 밑바닥 층인 3층 하층에 있기 때문에 각층을 다 보지는 못했지만 지옥에 갇힌 사탄을 통해 들은 바가 있다고 했다. 그래서 나는 사탄이 거하는 곳이 바로 지옥의 3층의 중심부에 있는 끝이 없는 무저갱이란 것을 알았다.
지하 3층의 중심부인 사탄이 있는 곳은 다른 사람들과 구별된 특별한 심판의 장소란다. 마치 끝이 없는 우물과 같은 무저갱인데 전신이 쇠사슬로 묶여 있고, 문 앞엔 하나님의 인으로 봉해져 있기 때문에 나올 수도 들어갈 수도 없는 그런 곳이란다.
강양욱 목사는 지옥의 각층의 특징(거하는 자들)을 이렇게 소개했다.
1층 하층의 동관은 선한 사람들이지만 믿지 않은 사람들이 머무는 곳이고,
서관은 소위 도를 닦았다는 여러 다른 종교를 가진 성직자들이 형벌을 받는 곳이고,
남관은 가난하고 배우지 못했으나 세상에서는 착하게 산 사람들이 머무는 곳이고,
북관은 남을 미워하고 시기하고 질투하며 살았던 보통 사람들이 있단다.
지하 2층 중층의 동관에는 거짓말 하는 자와 사기꾼들이 있고,

서관에는 음행하고 마약을 즐기던 자들이 있고,

남관에는 부모에게 효도하지 않고 가족들을 돌보지 않은 자들이 모여 있고,

북관에는 불의한 통치자들을 도우며 뇌물을 받고 지위를 누렸던 자들이 있는 곳이란다.

가장 고통이 심한 곳이 마지막 지하 3층 하층인데, 동관에는 세상에서 독재를 하며 수많은 생명을 빼앗은 자들과 유괴범들이 있고,

서관에는 자살자들과 살인자들이 있고,

남관에는 종교를 이용해서 많은 사람들을 착취하고, 그것을 빙자해서 존경을 받으며, 위선적으로 살았던 교황과 신부와 목사와 스님들이 있단다.

그리고 북관의 제일 끝에는 세상에서 그리스도를 배신한 자들과 이단자들과 기독교인들을 핍박하며 죽인 자들이 모여 있단다.

강양욱 목사는 이밖에도 지옥에는 열두 개의 깊은 구덩이가 있다고 했다. 그 구덩이의 이름은,

첫째가 거짓말의 구덩이, 둘째는 미움의 구덩이, 셋째는 시기와 질투의 구덩이, 넷째는 불평과 원망의 구덩이, 다섯째는 무관심의 구덩이, 여섯째는 두려움의 구덩이, 일곱째는 분쟁의 구덩이, 여덟째는 노여움의 구덩이, 아홉째는 절망의 구덩이, 열째는 탐욕의 구덩이, 열한 번째는 음란의 구덩이, 마지막 열두 번째는 배신의 구덩이란다.

나는 이 구덩이의 내용을 알고 싶어 물었다.

"그러면 12구덩이는 지옥의 12관과는 전혀 다른 곳인가요?"

그러자 강양욱 목사는 고개를 저으며 말했다.

"아닙니다. 지옥은 아파트처럼 전체가 하나이지만 서로 분리되어 있고, 그 사이사이에는 여기 저기 12구덩이가 있는데 그곳은 인간이 세상에서 지은 열두 가지의 죄를 심판하는 일시적 장소지요"(신성종, 내가 본 지옥과 천국, pp. 31~35).

"12구덩이는 세상에서 지은 죄의 종류에 따라 이곳에 잠깐 와서 특별 고문을 당하는 곳이랍니다. 말하자면 지옥 안의 또 다른 감옥과 같은 곳이지요"(앞의 책, P. 126).

그 다음에 지옥의 특징을 말한다.
첫째, 그 심한 불의 고통 속에서도 사람들이 전혀 표정이 없다는 것,
둘째, 사람들이 다 제 나라 말로 이야기 하는데도 듣는 사람에게는 남의 나라 말처럼 들려 알아듣지 못한다는 것,
셋째, 그래서 서로 대화를 전혀 할 수 없다는 것,
넷째, 먹을 것은 많으나 손과 발이 굽혀지지 않아 음식을 먹을 수 없다는 것,
다섯째, 남에게 음식을 먹여줄 수 있는 환경인데도 남을 배려하는 마음이 전혀 없다는 것,
여섯째, 옷을 입은 사람이 거의 없이 대부분 벌거벗고 있다는 것, 입었다고 해도 속이 다 보이는 그런 옷을 입고 있다는 것,
일곱째, 그래서 수치스러운 부분을 다 드러내놓고 있으나 아무도 부끄러움을 느끼지 못한다는 것,
여덟째, 한 사람도 집에서 자지 않고 불구덩이 속에서 쇠사슬에 묶여 있다는 것이었다(앞의 책, P. 56).

그 외에 다음의 특징도 말한다. 지옥에는 물이 전혀 없다. 강, 호수는 물론이고 나무나 풀도 없다. 계속 불이 타오르나 안개 낀 것처럼 항상 어둡다. 그러나 고통당하는 자들의 모습은 분명히 보인다. 그리고 천국의 구조를 말한다.

천국은 지옥처럼 층수로 구분되어 있지 않고, 보좌에 앉으신 하나님을 중

심으로 원형으로 생겼는데 12계단으로 되어 있었다. 하나님의 보좌 앞에는 어린 양 되시는 예수님이 계셨고, 그 주변에는 네 생물이 있었다. 그 네 생물을 자세히 보니 네 천사장들이었고, 맨 앞줄에 앉은 성도들 앞에 수많은 천군천사들이 영원토록 하나님을 찬양하고 있었는데, 그것은 세상의 어느 것과도 비교할 수 없는 새 노래였다(앞의 책, P. 137).

그리고 보좌에 계신 하나님과 그 주변에 있는 자들에 대하여 말한다.
나는 지상에서는 단 한 번도 하나님을 직접 본 적이 없었지만 천국에 와서 가브리엘 천사장의 소개로 제일 먼저 하나님을 만날 수 있었다. 그분은 흰 보좌 가운데 앉아 계셨는데 마치 정오의 해처럼 힘 있게 비춰서 구체적인 형상을 전혀 볼 수가 없었다. 그러나 그분의 음성은 분명했으며, 내게는 우리말로 말씀하셨다. 그의 앞에는 어린 양 되신 예수님이 앉아 계셨고, 천사장인 네 생물이 그 주변에 둘러서서 시중을 들며 엎드려 찬양하고 있었다. 또 24장로들도 함께 찬양하고 있었다(앞의 책, P. 140).

그 다음에 각 계단(줄)에 따라 거하는 자들이 정해져 있다는 것을 말한다.

천국의 첫 번째 맨 앞줄에는 주로 순교자들이 머무는 곳이었다. 그곳에는 예수님을 30세겔에 판 가룟 유다를 제외한 제자들과 내가 좋아하는 바울도 있었다. 또 1935년 만주에서 공산 비적들에게 예수를 믿는다는 죄목으로 잡혀 모진 고문을 당하다가 얼어붙은 오소리 강에서 생매장 당한 한경희 목사, 여순반란사건 때 두 아들 동인이와 동신이를 잃었을 뿐만 아니라 6.25때 순교한 손양원 목사, 끝까지 신사참배를 거부하고 순교한 주기철 목사 같은 분들의 모습이 빛나는 모습으로 있었다(앞의 책, P. 144).

두 번째 줄에는 이 땅에서 전도를 많이 한 성도들이 자리를 하고 있었다. 거기에는 스펄전이나 무디, 빌 브라이트 같은 분들이 보였다. 마태오 리치와 중국의 내지 선교를 시작한 허드슨 테일러의 모습도 보였다. 그러나 놀라운 것은 목회자들보다 평신도들의 모습이 더 많이 보였다는 점이다(앞의 책, P. 148).

세 번째 줄에는 주님으로 인해 많은 고난을 당하고 끝까지 변절하지 않은 성도들이 있었다. 놀라운 것은 여기에 나의 자리가 있었는데 아직 죽지 않았기에 흐릿하게 영상으로만 출렁거리며 보였다. 나는 당황해서 '적어도 두 번째 줄은 되어야 하는데' 하고 속으로 중얼거리자 가브리엘 천사장이 말했다(앞의 책, P. 151).

네 번째 줄에는 이름도 빛도 없이 주님의 사랑을 몸소 실천한 사람들이 있었다. 제일 잘 보이는 곳에 테레사 수녀가 평상시와는 달리 아름다운 얼굴과 옷으로 단장하고 있었으며 머리에는 금 면류관이 빛나고 있었다. 나이는 33세 정도 된 성숙하고 아름다운 모습이었다(앞의 책, P. 155).

다섯 번째 줄에는 가난한 사람들을 도와주고 목회자들과 성도들을 위로한 사람들이 쭉 서 있었다. 그 옆에는 그들이 이룩한 공로가 거울처럼 반짝이고 있었다. 나는 내 아내의 자리가 그곳에 있는 것을 영상으로 보면서 많은 성도들을 위로하고 봉사하던 아내의 모습을 새삼 떠올렸다. 그러나 나는 아내의 자리가 나와 함께 있지 않은 것을 못내 섭섭하게 생각했다(앞의 책, P. 159).

여섯 번째 줄에는 평생을 주일학교 교사와 성가대원으로 열심히 교회에서 봉사해 온 사람들이 있었다. 나는 내가 젊어서 주일학교 교사로 함께 봉사했던 동료들을 보면서 얼마나 기뻤는지 모른다. 거기에는 눈에 띄는 사람이 있었다. 미국의 카터 대통령을 그곳에 있는 영상을 통해 뚜렷이 볼 수 있었다. 그는 아주 젊은 모습으로 하나님을 찬양하고 있었다(앞의 책, P. 163).

일곱 번째 줄에는 교회를 많이 건축하고 세운 사람들이 머물고 있었다. 또 선교관과 봉사관 및 기도원을 지은 사람들도 보였다. 세상에서 그들이 지은 교회의 사진 영상과 함께 수고한 사람들의 명단이 기록되어 있었다(앞의 책, P. 168).

여덟 번째 줄에는 성경을 연구하며 신학교에서 신학생들을 가르쳤던 교수들과 선교 지역에서 수고한 선교사들이 있었다. 나는 처음에는 이들이 주일학교 교사들보다 뒤에 있는 것이 좀 의아했지만, 이들은 살아 있는 동안 그래도 이름을 날리고, 영광을 받았기 때문에 천국에서는 덜 인정받고 있었다(앞의 책, P. 170).

아홉 번째 줄에는 농어촌의 열악한 환경 속에서 목회를 한 목회자들과 이들을 협력한 수많은 성도들이 있었다. 그들은 불평도 없이 '할렐루야'를 부르면서 하나님을 찬양하고 있었는데 그 찬양이 얼마나 아름다운지 말로 다 표현 할 수 없었다(앞의 책, P. 172).

열 번째 줄에는 교회에서 직분을 받아 충성을 다한 장로들과 권사들과 집사들이 줄을 지어 서 있었다. 특별히 교회에서 목회자들과 시험에 처한 성도들을 위해서 기도를 많이 한 권사들이 가장 눈에 띄었다(앞의 책, p. 174).

열한 번째 줄에는 평생 믿기는 했으나 주님을 위해 아무것도 한 것이 없는 성도들이 있었다. 그들은 구원은 받았으나 부끄러운 구원을 받은 자들이라 의와 생명의 면류관을 쓰기는 했으나 그들이 두른 띠는 동으로 된 것이었다. 그들은 '아멘'만을 연발하면서 하나님을 찬양하고 있었다(앞의 책, p. 177).

제일 뒤편의 열두 번째 줄에는 예수님의 오른편에서 십자가를 졌던 강도와 또 죽기 전에 믿은 성도들이 있었다. 그들에게는 생명의 면류관 외에는 다른 아무런 상급도 없었다. 그럼에도 불구하고 그들의 얼굴에는 감사가 있었고, 입에서는 끝없는 찬송이 흘러 나왔다. 내가 가장 놀란 것은 평소에 저 사람은 지옥에 갈 것이라고 생각했던 사람들의 얼굴이 많이 보인 점이다. 지옥에서는 저 사람은 반드시 천국에 갈 것이라고 생각했던 사람들을 본 것처럼, 천국에서는 전혀 다른 사실을 보게 되었다(앞의 책, p. 179).

③ 평가 (비판)

㉮ "천국, 지옥을 보여주세요. 그래야 감동되고 믿을 수 있습니다"고 한다.

"하나님, 제게 천국과 지옥을 보여 주세요. 환상으로라도 좋으니 보여주세요. 사람들에게 감동을 줄 수 있도록 보여주세요. 성경만으로는 감동이 안 됩니다. 성경 말씀으로 지옥을 증거하면 동화를 들은 것처럼 그냥 못 들은 체하고 지나갑니다"(앞의 책, P. 21).

"성경만으로 감동이 안 된다"는 말은 작가가 말씀을 전하는 대상이 그렇다는 말이다. 그래서 보고 전해야 되겠다는 것이다. 그런데 이 말은 자신도 역시 그렇다는 것이다. 그는 자기를 '이의심'이라 하면서(앞의 책, P. 11). 보지 못했다면 믿기 힘들었을 것이라고 하였다. '나는 지금도 눈을 감으면 모든 것이 또렷하게 보인다. 사실 나처럼 의심이 많은 사람에게 이런 환상과 꿈이 없었다면 나는 지옥과 천국을 분명하게 믿기가 힘들었을 것이다' (앞의 책, P. 187).

성경이 하나님이 주신 유일한 완전계시다. 성경은 우리에게 큰 감동과 믿음을 준다. 그러니 우리는 성경을 보고 믿는다. 주님은 성경만으로 만족하고 "보지 못하고 믿는 자가 복되다"고 하신다(요20:21). 그런데 목사요, 신학자인 분이 이런 수준인가?

㉴ 자기가 듣고 본 것이 하나님이 준 것이라고 하지 않기도 하고, 하기도 한다. 그는 자기가 들은 것이 하나님이 들려준 소리인지에 대한 확신이 없다.

> 이렇게 나는 여러 날 동안 기도하다가 깊은 잠이 들었다. 그때 비몽사몽간에 어떤 음성이 내게 들려왔다. 나는 그 음성이 성령의 음성인지, 아니면 천사의 음성인지 아니면 상상의 의한 꿈속에서의 잠재의식 가운데 들린 나 자신의 소리인지 구별 할 수가 없었다. 그러나 그 내용은 분명했다(앞의 책, P. 22).

그는 솔직히 자기가 들은 것도 있지만 자기가 생각하고 느낀 것을 소설 형식으로 썼다고 하였다.

> 내 나이 칠순을 넘기면서 이제는 구체적으로 죽음을 준비해야겠기에 죽음과 관련된 수많은 책들을 읽고 또 기도하면서 그것을 정리해야 할 필요를 느끼게 되었다. 그렇다고 생각하고 느낀 것을 논문이나 일반 서적처럼 이론적으로 쓸 수도 없어서 생각다 못해 소설 형식으로 이 문제를 접근하기로 했다(앞의 책, P. 51), (187 P에도 언급).

또 그는 "나의 지식과 함께 기도 중에 본 환상과 나의 상상력을 동원해서 그 글을 쓰기로 한 것이다"라고 하였다(앞의 책, P. 7).

이렇게 솔직한 것은 다른 간증자보다 아주 신사적이다. 그러나 그는 이중적이다. 그는 다른데서 "지옥과 천국을 다 본 후에 나는 어떻게 할까? 하고 많이 고심했다", "나는 지금도 눈을 감으면 모든 것이 뚜렷하게 보인다"(앞의 책, P. 187) 고 함으로 전세를 뒤집는다. 또 제목이 "내가 본 지옥과 천국"이지 않은가? 이러한 태도는 지극히 비신사적이다.

그런데 그가 말한 대로 소설이라 해도 본 것처럼 말하므로 대부분의 사람들은 본 것에 대한 간증으로 받아들이게 된다. 그 결과 천국과 지옥에 대한 믿음을 심어주기도 하나, 많은 오해를 일으키기도 한다.

㉰ 주님이 자기가 본 것을 다 기록하여 알리라고 하셨다 한다.

가브리엘 천사장은 웃으면서 그 이유를 설명했다.

"주님께서 나를 이리로 보내셨네. 이렇게 내가 와서 자네를 안내하는 것은 자네가 본 것을 다 기록하여 다른 사람들에게도 읽게 해서 그들로 하여금 천국에 대한 믿음을 갖게 하려는 데 목적이 있다네."

나는 그 소리를 들으며 너무도 감격해서 눈물까지 났다. 영원히 죽을 수밖에 없는 나를 구원하실 뿐만 아니라 이렇게 지옥과 천국에 대한 증인이 되게 하시다니…(같은 책, P. 181).

바울은 천국을 본 것에 대한 간증을 중단하였다. 사도 요한을 통한 계시 외엔 다 개인적으로 준 것이다. 그러므로 개인적으로 간직하고 새길 일이다. 그것이 하나님의 뜻이다. 만일 그렇게 하지 않으면 많은 오해가 생기고 계시록과 다른 것 때문에 많은 혼란이 생길 것이다(이 문제는 앞에서 자세히 말한 바 있다).

그리고 본다는 것은 신성종 본인이 말한 대로 문제가 많다. 그러므로 쉽게 알릴 일이 아니다.

"본다는 것은 혹 잘못 볼 수도 있고 같은 것을 보면서 잘못 판단을 할 수도 있기 때문에 주관적일 수밖에 없다. 내용도 보는 사람에 따라 같은 것도 다르게 볼 수 있기 때문에"(같은 책, pp. 187, 188).

㉣ 그의 소설적 이야기는 단테의 신곡을 모델로 하여 현대적으로 기술하였다.

㉠ 그는 꿈에 단테를 만나 심한 논쟁을 한다. 그는 연옥에 대하여 강하게 부정하는 의견을 피력한다. 단테의 신곡에는 연옥이 지

옥과 천국 중간에 있기 때문이다. 그리하여 연옥을 뺄 명분을 삼는다(같은 책, pp. 11~17).

ⓒ 단테의 신곡은 고전인데 그의 소설은 현대적 감각을 살린다.

왜냐하면 단테가 쓴 지옥과 천국을 마치 고전을 읽는 것처럼 지루하고 전혀 현실로 느껴지지 않았기 때문이었다. 그것이 바로 내가 이 책을 쓰게 된 동기다(같은 책, P. 17).

현대적 감각을 살려 표현한 한 장면을 인용한다.

나는 강양욱 목사에게 예수님께 연락하여 궁금한 것을 물어보고 싶다고 했다. 그래서 그에게 주님의 전화번호를 물었더니 직통전화로 JN-316번(요한복음 3장 16절)이라고 대답했다. 나는 그곳에 설치된 전화를 돌리려고 전화기를 찾았다. 놀라운 것은 전화기는 보이지 않았고 믿음을 가지고 마음만 먹으면 전화가 저절로 걸리는 진동 장치로 되어 있었다는 것이다. 즉 지옥에는 핸드폰이란 것이 없고 마인드 폰만 있었다. 처음 보는 것이라 너무도 신기하고 이상했다(같은 책, P. 51).

ⓒ 둘은 유사한 점이 많다.

지옥과 천국으로의 인도:
　단테는 베르길라우스(로마 최대의 시인)의 인도로 지옥과 연옥을 방문한다. 그리고 자기의 옛 애인 베아트리체의 인도로 천국에 이른다.

그리고 성 베르나로의 인도로 삼위일체 하나님의 신비를 맛본다.

신성종은 강양욱(북한의 어용 목사)의 인도로 지옥을 구경한다. 그리고 그는 가브리엘 천사장의 안내로 천국을 견학한다.

구조와 거주자 배치:

구조는 상당히 유사한 점이 많다. 물론 신학이 완전히 다르니 내용상으로 맞는 것은 아니다. 그리고 역사상 실제 인물을 배치함은 거의 유사하다. 물론 인물 자체가 같다는 말은 아니다. 형식이 그렇다는 말이다. 신성종은 실명을 쓰면서 허구라 한다(같은 책, P. 7).

그러나 독자는 그대로 받아들이기 쉽다.

이것은 일종의 심판인데 하나님만이 하실 일이다. 누가 마음대로 소설의 등장인물처럼 정할 수 있나? 만일 그 인물들이 살아있다면 명예훼손죄로 수없이 고소당할 것이다.

㉮ 중대한 성경적 오류가 있다.

신성종은 목사요 신학자로서 지옥과 천국에 대한 간증서를 내는데 무척 고심하였다. 여러 가지 오해와 이단 시비에 휘말릴 것을 염려하였다(같은 책, p. 187).

그런 가운데 용기를 내어 출간하면서 교리적인 면에서 실수할까봐 매우 조심하였다. 신비한 이야기를 하면서도 불건전한 신비주의자란 비난을 안 받으려고 노력하였다.

그러나 그는 중대한 성경적 오류를 범하였다. 천국에는 중앙에 하나님의 보좌가 있고 그 주위로 계단이 있다고 하였다. 그리고 그 계단 마다 거하는 자들이 정해져 있는데, 보좌에서 가까울수록 더 영광스런 자리라는 것이다. 그런데 그 거하는 자들은 직종에 따라 구분된 다는 것이다. 첫줄에 순교자, 둘째 줄에는 전도자, 이런 식이다.

그러나 성경은 그리 말씀하지 않는다. 누구나 일의 종류에 관계없이 충성한 정도에 따라 상과 영광이 결정된다. 달란트 비유에서 5달란트 받은 자나 2달란트 받은 자가 최선을 다해 충성하여 다같이 배를 남겼을 때 꼭 같은 칭찬을 받았다(마25:). 이러한 원리는 전 성경에 흐르고 있다. 전도자는 앞자리에 가고 다른 봉사자는 뒷자리에 가는 것이 아니다. 누구나 무슨 일을 하였든지 간에 크게 충성하였으면 앞자리에 간다.

㉾ 그의 소설적 이야기는 교훈, 경고를 주려는 의도가 강하다.

> 지옥에 영상으로 흐릿하게 나오지만 아직 살아 있는 목회자들과 장로들의 이름을 기록해서 이메일로라도 경고하고 싶었지만 지옥에는 그것을 기록할 종이도 연필도 없었다. 할 수 없어 그 이름들을 하나하나 기억하고 외우려고 했다.
> 그런데 이상한 일이 일어났다. 내가 꿈에서 깨어났을 때 나는 그렇게 열심히 기억한 사람들의 이름을 다 잊어버렸다. 다만 그들의 얼굴이 희미하게 주마등처럼 어른거리고 있을 뿐이었다(앞의 책, p. 119).

이러한 의도는 그의 이야기 곳곳에서 드러난다. 그런데 이런 의도를 가지게 될 때 간증은 순수성을 잃게 된다. 나름대로의 각색이 이루어진다.

㈐ 그는 잘못된 간증 바람의 길을 열었다.

지금 한국 교회는 지옥과 천국 간증의 바람이 세차게 불고 있다. 이것은 잘못된 바람이다. 이것은 보기를 탐하는 자들의 불건전한 신앙의 한 단면이다. 그런데 이런 분위기에 맞추어 인기주의로 간증하는 자들이 많다. 인기에 영합하는 자들이 많다.

그러나 한편 건전한 교회는 그렇게 하지 않는다. 건전한 목회자나 성도들은 그런데 대하여 비판적이다.

그런데 신성종이 목사요, 신학자로 그렇게 간증하니 많은 간증자들이 힘을 얻어 적극적으로 한다. 10년도 넘게 날마다 간증하기에 바쁜 구순연은 신성종 때문에 망설임없이 간증하게 되었다고 하였다(구순연 집사가 본 천국과 지옥, p. 11).

(6) 구순연의 '구순연 집사가 본 천국과 지옥'

① 저자 구순연

그녀의 책에서 자신에 대하여 스스로 소개하는 내용이 다음과 같다.

> 저자 구순연 집사는 CTS 기독교 TV방송과 극동방송에 출연했으며 13년 간 5천여 교회에 '전도 간증집회'를 인도하고 있다.
> '천국과 지옥 간증집회'로 많은 은혜를 끼치고, 특별한 달란트 국악찬양을 통해 노인대학 경로잔치, 불신자 초청잔치, 새생명 전도축제로 다년간 교회마다 수많은 어르신들이 새신자로 등록하는 열매를 맺고 있다.
> 하나님께서 구 집사를 만세 전에 택하여(엡1:4) '천구과 지옥'의 '전도 강사'로 삼으신 것이다. 참새 한 마리도 하나님의 허락이 없으면 떨어지지 않는다고 했는데(마 10:29) 어찌 구순연 집사의 5천회가 넘는 사역이 '인간의 계획'이라 말할 수 있겠는가? 구 집사는 마지막 시대에 '하나님의 보내심'을 받아 어느 누구도 '발설'하기 힘든 '천국과 지옥'의 세계를 '믿음으로 담대히' 오늘도 외치고 있다. 훗날 기독교 역사가들은 "구순연 집사의 사역은 기독교 역사상 유례가 없었던 일이었다"라고 평가 할 것이다.
> 이제 사역의 발걸음은 더 바빠졌고 전국 방방곡곡과 5대양 6대주를 향하여 복음의 신(엡 6:15)을 싣고 담대히 달려가고 있는 중이다(구순연, '구순연 집사가 본 천국과 지옥', 앞 날개).

기독연합신문(2011. 5. 29)에 나온 광고성 기사의 제목을 소개한다.

° 구순연 집사 풍성한 전도 열매가 있는 간증 집회.
° 식을 줄 모르는 복음의 열정으로 가는 곳마다 놀라운 역사.
° 13년째 5천여 교회를 순회하며 천국과 지옥 간증하는 구순연 집사.
° 교회마다 잠자는 영혼 깨우고 회개와 통회자복의 역사 일어나.
° 한국 교회 주요 교단의 증경 및 현 총회장 교회에서 집회 인도.

② 내용 개요

　구순연은 남편이 교통사고로 급사한 후 하나님을 원망하고 있었다. 그러던 어느 날 하나님의 음성을 들었다. 그리고 자기 영혼이 두 천사에게 이끌려 천국에 가게 되었다고 한다. 그녀가 간증하는 내용을 간략히 소개한다.

　그녀는 천국에서 크게 환영을 받고 죽은 남편도 만났다. 그녀는 자기가 보고 들은 것을 전하라는 사명을 받았다. 먼저 심히 부끄러워하는 아담과 하와를 만났다. 거대한 삼손을 만났다. 찬양의 왕 다윗 왕을 만나고 초라한 모습을 한 솔로몬을 만났다. 생명수 강가에서 이스라엘의 조상 야곱을 만났다. 그리고 천사가 주는 만나를 먹었다. 꿈꾸는 사람 요셉을 만났다. 하늘나라의 천사장 미가엘을 만났다. 갈릴리의 어부 출신 예수님의 수제자 베드로를 만났다. 못 판 위로 걸었던 한국의 순교자 주기철 목사를 만났다. 술에 취했던 노아를 만났다. 예수님을 만나기 위하여 뽕나무에 올라간 삭개오를 만났다. 300년간 하나님과 동행한 에녹을 만났다. 돌에 맞아 순교한 스데반을 만났다. 믿음의 조상 아브라함, 그를 따른 사라를 만났다. 황금성 모세의 집에서 모세를 만났다. 주님을 찬양하는 24장로들을 만났다. 황금 종소리가 울려 퍼지는 이사야의 집에서 이사야를 만났다. 이방인의 사도 바울을 만났다. 자기를 위하여 예비된 보석 집에서 자기가 한 각종 헌금을 보았다. 주님을 만나 마지막 때가 다 되었음을 들었다. 아프리카 순교사의 환영식도 참가하였다. 주님의 심장과 연결된 주의 종들과 교회들을 보았다. 그녀는 그 만나는 자들과 대화를 나누고 궁금한 것을 묻기도 하였다.

그 다음에는 지옥으로 이끌려갔다. 그녀는 창녀, 우상숭배자, 자살자, 음란자, 부자, 성령 모독죄를 지은 자, 하나님의 종을 대적한 자들이 가는 곳이 따로 있음을 보았다. 거기서 그들의 고통당하는 비참한 모습들을 보았다.

그녀는 다시 천국으로 가 주님의 잘 전하라는 부탁과 교만치 말고 겸손히 하라는 충고를 받고 왔다고 한다.

③ 평가 (비판)

구순연의 간증 집회는 전국을 휩쓸었다. 큰 교단의 큰 교회들 및 총회장들의 교회에서도 많이 하였다. 두 번이나 청하고 극찬한 총회장도 있다. 13년여 동안 5,000여 교회에서 했으니 그 열풍을 짐작하고도 남는다. 그리고 이로 통하여 한국 교회의 영적 수준을 가늠할 수 있다. 이것은 아주 한심한 수준이다.

그런데 이렇게까지 되고 나서 그녀가 속한 통합측 교단에서 문제를 삼았다. 통합측 이단 사이비 대책위원회에서 2011년 96총회에 연구 보고를 하였다. 그 내용은 ㉠ 구원론 문제, ㉡ 천국과 지옥에 관한 묘사, ㉢ 상업성 문제 등이다. 통합측 임원회는 보고는 받고 그녀가 속한 목양교회(임준식 목사) 당회가 지도하는 조건으로 일 년 간 지켜보기로 결정하였다. 이렇게 다른 교단도 아닌 통합측 교단이 문제시하는 것은 큰 문제가 있다는 것을 말한다.

㉮ 그녀는 과연 영혼이 천국과 지옥에 간 것인가?
그녀는 "그런데 어느 날 내 영혼이 두 천사에게 이끌려 생명수 강가에 이르게 되었다"(같은 책, P. 27)고 한다.
우리는 바울의 경우를 참고할 때 하나님은 우리의 영을 천국으로 이끌어 그 광경을 보일 수 있다고 본다.
그러나 이상을 보았다 하여 모든 경우에 영혼이 천국에 간 것이고, 하나님이 보여주었다고 단정할 수 없다. 그러한 경우는 매우 희귀한 일로 보아야 한다. 그러한 사실은 꿈일 수도 있다. 그녀는 위의 말을 하기에 앞서 꿈을 꾼 사실도 말한다. 또 그저 어떤 환상이 보였을 수도 있다. 간절히 바라는 가운데 어떤 환상이 나타날 수도 있다. 또 자기가 평소에 생각하던 것이 잠재의식에 입력되었다가 어떤 계기로 드러난 것일 수도 있다. 최면상태에서 그런 일은 종종 일어난다.

㉯ 그녀는 주님으로부터 자기가 본 천국과 지옥의 증인이 되어 사람들을 구원하라는 사명을 받았다고 한다.
그녀는 천국에 가서 주님을 직접 만났다. 그리고 그 주님은 그녀에게 천국과 지옥의 간증자가 되고 그로 통하여 죽어가는 자를 구할 사명이 있음을 말씀하였단다(앞의 책, pp. 38~46).

이렇게 천국, 지옥 간증자들은 한결같이 주님으로부터 간증하여 전하라는 명령을 받았다고 한다.

이 문제에 대하여 앞에서 여러 번 언급하였다. 그 본 것이 사실이라 할지라도 그것은 어디까지나 개인적으로 준 것이다. 그러니 그저 개인적으로 마음속에 간직해야 한다. 그렇게 하지 않고 말하면 많은 오해와 혼란이 온다.

그녀는 자기에게 어떤 그룹 회장이 지옥에서 고통당하면서 "제발 우리 가족에게 결단코 지옥에 오면 안 된다"고 전해달라고 하였단다. 그런데 그녀는 거기 대한 성경을 인용하였는데, 그것은 "비록 죽은 자 가운데서 살아나는 자가 있을지라도 권함을 받지 아니하리라"는 것으로 끝나는 말씀이다(눅16:27~31) (같은 책, pp. 205~207). 이 말씀은 천국, 지옥 간증이 별 의미가 없음을 말하는 것이 아닌가?

㉰ 그녀의 간증의 특징

㉠ 성경에 나온 사건으로 꾸민 듯한 인상을 준다.

단테나 스베덴 보리가 유명하지만 성경에 별 근거가 없이 신비한 이야기를 늘어놓는 것은 한심한 일이다. 그러나 구순연은 성경에 근거를 가지고 성경에 있는 인물, 사건을 이야기 하니 그래도 좀 안심이 된다.

그러나 성경에 있는 그대로를 말하면서 약간 꾸미는 듯한 인상을 준다. 우선 거기 나오는 인물의 거개가 다 성경에 나오는 인물이다. 그리고 대담하는 내용은 거의 다가 성경에 나와 있는 땅 위에서 있었던 일에 대한 이야기다. 성경에서 짧으면 짧게 말하고 길면 길게 말한다. 오히려 천국과 지옥에서 먼저 간 자들과의 대화라면 거기의 일들에 대한 대화가 주를 이루지 않을까?

ⓒ 천국, 지옥에 대한 설명은 너무도 세상적이고 물질적이다.
물론 사도 요한도 자기가 본 환상을 이 세상적이고 물질적인 것으로 기술하였다. 어쩌면 그것은 이 세상에 사는 인간의 한계일 것이다. 그러나 구순연은 그것이 너무 심하다. 천국과 지옥에 간 영이 완전한 육체적 고통을 당하는 것으로 묘사된다. 그녀의 이야기는 불교의 설화를 듣는 듯한 느낌이 들기도 한다. 물질창고에는 땅에서 바친 헌금이 고스란히 그대로 있다.

우리는 4층에 올라가게 되었다. 그런데 그곳에서 '모세의 옷장'을 보게 되었는데 옷이 많이 있기에 어떤 용도로 쓰이는지 천사에게 물어보게 되었다.
"무슨 옷이 이렇게 많습니까?"
"여기에 많은 옷이 있지만, 용도가 다 틀리단다."
"무슨 말씀입니까?"
"주님을 만나러 갈 때 입는 옷, 하늘나라 잔치할 때 입는 옷, 순교자가 죽어 이곳에 올라올 때 입은 옷, 주님을 찬양할 때 입는 옷, 천국의 회의를 할 때 입는 옷, 또 만나는 상대에 따라 옷이 다르다."
"예"
나는 하늘나라에서는 옷 한 벌로 영원토록 입는 줄 알았는데 이렇게 많은 것을 보며, 우리 주님의 '세심한 배려'를 느낄 수 있었다.

우리는 5층에 올라가게 되었다. 거기에는 특히 여자들이 좋아하는 장신구 즉 목걸이, 팔찌, 반지, 허리에 차는 벨트, 그리고 신발, 지팡이 등등이 진열되어 있었다(같은 책, P. 123).

그리고 우리는 다시 계단을 통하여 정원으로 나오게 되었다. 그런데 수천 명의 아기천사가 우리를 향하여 날아오는 것이 아닌가? 나는 신기하고 아름다워 넋을 놓고 바라보고 있는데 아기천사들이 인사를 하는 것이다. "모세의 정원에 오게 됨을 환영합니다."
그곳에는 12개의 분수대가 있었는데 물줄기는 하늘까지 뻗어 있었고 밑의 맑은 물에는 형형색색의 물고기들이 떼 지어 다니고 있었다. 고기 곁으로 갔더니 역시 "모세의 정원에 오게 됨을 환영합니다"라고 인사를 하는 것이다. 분수의 물줄기가 끝닿은 곳에는 일곱 색의 무지개가 비치고 있었다. 나는 지금가지 세상의 유명한 휴양지에서도 이렇게 아름답고 찬란한 모습은 본 적이 없었다. 그리고 정원을 감싸고 있는 담장을 보게 되었는데 그 곳도 눈이 부시기에 가까이 가서 보니 역시 다양한 보석으로 수놓았던 것이다. 또 담장 밑으로 끝없는 꽃밭들이 전개되어 있었는데 그 꽃들은 한 종류가 아니고 다양했으며 세상에서 보지 못한 꽃들이었다. 각종 꽃에서 나는 향기를 맡으니 나도 모르게 기쁨이 샘솟듯 했다. 그때 아기천사들의 찬양 소리가 들려왔다(앞의 책, pp. 127, 128).

"왜, 이렇게……. 황금 종들은 어떤 의미에서 달린 것입니까."
"저 황금 종은 바람이 불면 종과 종이 부딪치면서 아주 아름다운 소리가 발생하게 되는데 그 소리로 하나님을 찬양하게 되는 것이다."
"아, 예."
그때 이사야 선지자는 내게 말했다.
"우리 주님께서 내 집을 이렇게 아름답게 만들어 주신 것은 내가 세상에 있을 때 하나님을 위하여 힘들고 어렵고 부끄러운 일을 개의치 않고 '충성 봉사' 했더니 그 보답으로 이렇게 아름다운 집을 선물하신 것이다."
이제 집안으로 들어서게 되었다. 바닥은 수정으로 이루어졌고 그 밑으로 물고기들이 자유롭게 왕래하고 있었다. 그리고 황금 탁자 위에는 많은 면류관이 있었는데 그중에 제일 큰 면류관을 보니 그 안에 보석이 있었고 '생명' 이라고 적혀 있었다(앞의 책, P. 138).

그때 저쪽을 바라보니 수정 탁자가 있고 의자에 앉아서 성경을 보고 계신 분이 있었다. 그분이 나를 향하여 오라고 손짓을 했다. 그래서 그 앞에 서게 되었다. "하늘나라의 입성과 내 집에 방문하게 됨을 진심으로 환영한다." 바울을 보니 머리에는 금 면류관을 썼고 그 안에 보석이 박혀 있었고 그 보석 안에는 십자가가 새겨져 있었으며 보석에서 새어나오는 빛은 사방을 비추고 있었다. 그는 키도 작고 흰 세마포를 입고 있었으며, 보석으로 만들어진 허리띠를 차고 있었고 역시 거기에도 십자가가 수놓아져 있었다. 그의 눈은 부리부리하고 시원스럽게 생겼으며, 그 얼굴과 옷에는 강력한 빛이 나고 있었다. 그 수정 탁자 위에는 각종 면류관이 쌓여 있었다. 즉 영화의 면류관(잠4:9), 자랑의 면류관(살전2:19), 의의 면류관(딤후4:8), 생명의 면류관(약1:12), 금 면류관(계14:14) 등등(앞의 책, pp. 147, 148).

아주 뜨거운 열기가 우리에게 엄습했다. 그리고 그 주변을 살펴보니 수천 개의 가마솥이 끓고 있는데 얼마나 큰지 한 솥에 수십 명은 들어가고도 남았다. 물은 부글부글 끓고 있었고 사람들은 마치 돼지고기 삶는 것처럼 그 속에서 삶아지고 있었다. 아무리 뜨거워도 부자들은 밖으로 나올 수가 없게 되어 있었다. 나는 그 모습만 바라보는 것으로도 숨이 콱콱 막히는 것이다. '아니 어떻게 사람이 살 수 있을까?' 어느 정도 사람이 익으니까 마귀들은 쇠갈고리로 콱 찍어 밖으로 꺼내더니 이곳저곳으로 집어던지는 것이다. 그러면 부자들은 공중으로 날아가다가 어느 지점에 떨어지면 살점이 이리저리 흩어지면서 죽겠다고 비명이다. 이때 마귀들의 소리를 들을 수 있었다. "이놈들! 우리 안에 돼지처럼 혼자 맛있게 처먹던 놈들! 한번 고통을 당해봐!"

마귀들은 시뻘겋게 달은 쇠꼬챙이로 도망가는 부자들을 찍어 다시 가마솥으로 던지는 데 아주 정확히 집어넣는다. 그때에 어디선가 한 무리의 부자들이 지옥으로 끌려오게 되었다. 천사는 내게 지금 죽어서 온 부자들이라고 알려주었다. 그들은 먼저 온 부자들의 고통을 보면서 벌벌 떨며 서 있는 채로 오줌을 질질 싸는 것이다. 그때 마귀가 외쳤다.

"이놈들! 결국, 지옥에 왔구나! 이 세상이 전부인줄 알고 돼지처럼 혼자 처먹은 놈들! 아하 하하! 오늘부터 너희는 불 맛을 보게 될 것이다." 마귀들은 천도나 될까 하는 뜨거운 물을 한 바가지 가져오더니 그들에게 뿌리는 것이다. 그러면 그들은 고통스러워 비명을 지른다. "이놈들! 뜨거운 맛이 어떠냐? 가난한 자들의 흘린 피눈물을 보고도 못본척했지. 언제까지 너희가 부자일 것 같으냐? 세상의 부귀와 영화는 한 순간이야!" 마귀들은 특히 부자들의 배를 발로 차고 또 쇠꼬챙이로 찌를 때 피가 쏟아지는 것이다. 이것을 보면서 내가 세상에 내려가면 결단코 가난하고 힘든 사람들의 고통을 외면하지 않으리라고 결심을 했다(앞의 책, pp. 203,204).

그리고 물질창고에는 땅에서 바친 헌금이 고스란히 그대로 있다.
이 땅에 살 때에 어려운 가정들을 돌보고, 등록금을 못 내는 학생들을 보면 자기가 당하는 고통처럼 물질을 아끼지 않았던 착한 남편을 보며 내 마음은 더욱 가슴에 사무쳤다. 그가 세상에서 행했던 선한 행실은 하나님께서는 이미 천국에 열 배, 백 배 상급으로 남편의 물질창고에 가득히 보상해 두신 것이다(앞의 책, P. 47).

천사는 내게 말했다. "네 물질의 창고를 좀 살펴볼까?" 창고 안을 보니 '봉고차'가 하나 올라와 있는데 그것을 '구름 차'라고 불렀다. 언젠가 미자립 교회에 갔다가 성령님의 감동으로 2천만 원을 헌금했는데 교회에서는 봉고차를 구입했다. 그것이 하늘나라 나의 물질의 창고에 올라와 있었던 것이다. 또 주변을 다시 둘러보니 수많은 각종 물건과 물질이 올라와 있었다. 구제하고 봉사한 희생의 헌금들이 하나도 빠짐없이 다 올라와 있었던 것이다. 그리고 내가 국외와 국내에 개척헌금으로 드려 지은 기념 교회들은 하늘나라 나의 신축건물에 마련되어 있었다(앞의 책, P. 157).

ⓒ 아주 여성적이다.

천국, 지옥의 간증도 지극히 남성적이다. 간증자는 대부분 남자이다. 그리고 그 표현도 아주 남성적이다.

그러나 구순연은 여자로서 드물게 천국 간증을 한다. 그런데 그 간증은 아주 여성적이다. 천국의 아름다운 집, 멋진 정원 이야기, 옷, 장신구에 대한 이야기, 새, 꽃 등의 아름다움에 대한 표현이 그런 것을 잘 보여준다. 이러한 사실은 그 간증이 자기가 상상한 것이 잠재의식에 있다가 어떤 기회에 나온 것으로 볼 수 있는 근거, 또는 어떤 보여진 것이라 해도 순 개인적으로 주어진 것임을 말하는 근거가 될 수 있다.

ⓓ 아주 교훈적이다.

많은 경우에 의도적으로 교훈을 주고자 하는 대목을 볼 수 있다.

솔로몬은 내게 할 말이 더 있다고 했다.

"오늘날 많은 주의 종들과 사역자들이 '주의 일'을 한다고 하는데, 세상에서 모든 영광을 다 받고 있다. 또 주님의 제자들을 양성해야 함에도 불구하고 '제자양육'이라는 미명하에 자기 교회와 목회자 자신의 제자를 양육하여 그들을 통하여 영광을 받고 있으니 가슴이 아프다"(같은 책, P. 68).

"그것은 성도들이 기도할 때 도중에 중단하는 것이다. 어떤 이는 10분의 1 정도 기도하고, 어떤 이는 10분의 5정도, 어떤 이는 10분의 9정도 기도한단다. 이제 조금만 더 구하고 찾고 두드리면 분명히 응답하실 테데 포기하게 될 때, 주님은 제일 안타까워하신다"(같은 책, P. 92).

에녹은 이어서 말을 시작했다.

"그러나 부모가 하나님의 마음을 아프게 하고, 주의 종의 마음을 아프게 하면 자식의 앞길이 막힌단다. 네가 세상에 돌아가거든 하나님을 최고로 사랑하고 하나님이 종을 잘 섬기면 네 자식의 앞길이 열린단다"(같은 책, P. 108).

ⓜ 자기 자랑을 하고 있다.

하늘나라 물질창고에 자기와 자기 남편의 헌금하고 도운 모든 것이 그대로 쌓여 있다는 대목(앞서 인용)은 스스로 자랑하는 인상을 강하게 준다.

13년 간 5000여 교회에서 간증 집회한 것은 가히 세계적인 기록이다. 그런데 그 사례비는 엄청난 것이 된다는 것을 짐작할 수 있다. 그것은 많은 사람들에게 과연 어떻게 사용할까 하는 의구심을 가지게 한다. 다수의 사람들은 축재를 하고 있다고 의심한다.

그런데 그 자랑스럽게(?) 내세우는 봉사의 간증은 너무도 작은 것이다. 그것은 구차한 변명으로 들린다. 그렇게 많이 집회를 인도하다보니 이제 공인 아닌 공인이 되었으니 그 물질문제에 대하여 자세하게 공개하는 것이 천국, 지옥을 갔다 온 분의 자세가 아닐까 하는 생각이 든다.

㉣ 비성경적인 내용이 많다.

구순연은 "나는 목사도 신학자도 아니다. 정말 바라기는 어떤 신학적 잣대가 아닌 아무것도 모르는 평신도 집사의 신앙 간증 정도로 생각해 주셨으면 고맙겠다"고 한다(같은 책, P. 10).
그런데 그저 자기 혼자 간직하고 있으면 그렇게 생각하고 지나갈 수 있다. 그러나 사정이 그렇게 넘어갈 수 없는 일이 된 것이 아닌가? 5,000여 교회로 나가서 전하는데, 교회의 큰 문제가 되었는데 어떻게 그렇게 할 수 있는가? 이렇게 된 이상 성경과 신학의 검증을 받아야 되지 않는가? 그녀의 간증은 비성경적이고 신학적으로 문제 되는 것이 많다.

㉠ 하나님에 대한 말이 없다.

천국의 주인, 왕은 하나님이 아닌가? 그런데 하나님에 대한 언급이 거의 없다. 예수님을 만난 이야기는 있다. 그러나 계시록에 나오는 보좌에 앉으신 하나님 아버지, 성령님에 대한 이야기는 없다. 그녀가 간 천국에는 하나님 아버지, 성령님이 보이지 않았다.

ⓒ 특히 지옥의 이야기는 불교적이다. 앞서 세상적이고 물질적이
란 대목에서 지옥에 대하여 묘사하는 것을 인용하였다. 지독
한 육체 고통을 받는 것이 주된 내용이다. 그러한 이야기는 불
교의 지옥 묘사와 흡사하다. 부곡 하와이에 있는 불교식 지옥
묘사 조각들을 보는 것이 더 나을 것 같다.

ⓒ 마귀, 귀신도 구분 못한다.

"음부 문 앞에 두 마리의 마귀가 지키고 있었다…. '귀신 영화'에서나 본
듯 한 아주 오래 된 건물이 있었다. 그곳에도 두 마리 마귀들이 지키고 있
었다…. 마귀 대장은 화를 내며"(같은 책, pp. 184, 185).

하나님의 보좌를 넘보다가 쫓겨난 천사가 마귀(사탄)이다. 그가 쫓겨날 때
천사 3분의 1을 유혹하여 함께 타락한 졸개가 귀신들이다(사14:12~14, 계
12:4).

ⓔ 마귀가 지옥 형벌을 주관한다.
그녀는 지옥에서 마귀는 큰소리치면서 지옥간 자들에게 지독
한 형벌을 가한다. 그들은 지옥에서 마귀로부터 말로 표현할
수 없는 혹독한 고통을 영원히 받는다고 한다.
그러나 그것은 잘못된 인간적 생각이다. 지옥간 자들에게 형
벌을 내리는 것은 하나님이 주관하신다. 그 형벌은 하나님의
심판의 결과다. 지옥에서 마귀도 하나님의 심판을 받아 큰 고
통을 받는다. 마귀야말로 가장 큰 형벌을 받을 것이다.

㉤ 솔로몬이 천국에 있다고 한다.

그녀는 솔로몬을 만났다. 솔로몬은 부끄러운 구원을 받아 초라한 모습이었다고 한다. 그리고 그로부터 여러 가지 실패한 자의 고백을 들은 것을 말한다.

그런데 솔로몬은 과연 구원을 받았을까? 우리가 다 알 수 없지만, 많은 사람들이 솔로몬이 구원을 받았을까 하고 의심한다. 솔로몬은 처음에는 하나님을 잘 섬기고 지혜가 충만하였으나, 나중에는 완전히 타락하고 이스라엘을 범죄케 하는 자가 되지 않았나?

㉥ 믿음으로 구원받는 것보다 행함으로 구원 받는 듯한 분위기를 풍긴다.

그녀의 간증에서 믿음으로 구원 받는 사실을 말하는 대목은 거의 없다. 반대로 행위로 상을 받는 사실을 많이 강조하므로 마치 행위로 구원을 받는 듯한 분위기를 풍긴다. 물론 그녀는 자신이 믿음으로 구원받는 사실을 확신한다고 한다. 그러나 그녀의 간증은 그러한 오해를 일으킬 수 있다고 본다.

이 문제에 대하여 그녀와 나가는 목양교회 담임 목사 임준식은 다음과 같이 해명하였다.

구 집사의 구원론의 문제에 관하여 "구 집사는 구원과 생명은 오직 예수 그리스도시오, 예수 그리스도의 십자가 외에 구원이 없다"는 것을 확실하게 증거하며, "다만 자신의 사역에 열정을 다하는 구 집사가 하나님의 상급 문제에 대한 행위를 전하다 보니 이 행위가 마치 구원론에 있어서 상거래 함과 같이 문제가 된 것처럼 오해된 것으로 보여졌다"(기독교연합신문, 2011. 11. 13).

㈎ 그 외에도 할 말이 있다.

그녀의 화려한 화장과 의복은 적절한가? 이러한 문제는 참으로 말하기 어렵고, 곤란하다.

보통으로 생각해도 복음을 전하는 자는 너무 야하거나, 화려하거나, 너무 고급스러우면 곤란하다. 참 복음을 전하는 자는 스스로 그런 것을 피하지 않겠는가? 설교나 간증을 듣는 일반 성도들은 그런 것에 대하여 거부반응을 보인다고 본다.

그런데 천국과 지옥을 갔다 온 사람이면 그런 것은 완전히 초월하고 아주 소박하고 검소한 모습을 가지리라 생각된다. 그리고 사람들에게 이 세상에 취하지 말고 천국을 바라보라고 호소하지 않겠는가?

그러나 그와는 정 반대로 눈이 부시도록 하는 그녀의 모습은 보기에 좀 딱하다. 자기가 본 화려한 천국을 온몸으로 연출하는가? 천국의 신비함이 그런 것이라고 속삭이는 것인가?

(7) 케빈, 알렉스 말라키의 "천국에서 돌아온 소년"
(The boy who came back from heaven)

① 저자 케빈 알렉스 말라키

아들 알렉스가 체험한 것을 아버지 케빈이 글을 썼다. 그래서 저자를 둘의 이름으로 하였다. 그의 책 '천국에서 돌아온 소년' 뒷날개에 소개한 바를 보면 다음과 같다.

케빈 말라키(Kevin Malarkey)

오하이오 주 콜롬부스 인근에서 상담 실습을 병행하고 있는 임상치료사다. 우스터 대학을 다녔고, 오하이오 주립대학에서 졸업 학위를 받았다. 아내 베스Beth와의 사이에 4남매(알렉스, 아론, 그레이시, 라이언)을 두었다. 현재 오하이오 소재 초교파 복음주의 교회에 다니고 있다.

알렉스 말라키(Alex Malarkey)

케빈 말라키의 장남. 2004년 11월, 6살의 어린 나이에 끔찍한 교통사고를 당했다. 사고 후, 호흡기없이 숨 쉴 수 있게 만드는 이른바 '크리스토퍼 리브 수술'을 받은 세계 최초의 어린이다. 그 수술 이후, 한 번에 한 시간 동안 지지대 위에 서 있을 수 있고, 특별한 장치와 보조원들의 도움으로 회전 운동기구 위에서 걸을 수도 있다. 알렉스는 언젠가 자기 힘으로 다시 걸을 수 있게 될 것이라고 믿고 있다. 알렉스는 스포츠 경기 보는 것을 무척 좋아하고, 자신이 좋아하는 스포츠 팀인 피츠버그 스틸러스the Pittsburgh Steelers와 오하이오 스테이트 버키이스Ohio State Buckeyes를 응원하기를 즐긴다.

그리고 결론 부분에서 알렉스에 대하여 다음과 같이 말한다.

알렉스가 초자연적인 것에 눈을 뜨게 된 때는 겨우 6살 때였다. 즉 사고가 난 날부터였다. 그때부터 알렉스는 마치 영화의 주인공 같은 놀라운 체험을 했다. 계속 천국의 잔치를 즐기다가, 30분마다 한 번씩 심한 진동과 함께 가정생활로 돌아와 육체적인 고통을 겪는 영화 속 인물처럼 말이다. 그러다 마지막 장면 전에 모든 것이 제자리로 돌아온다!

하나님은 알렉스에게 특별한 은혜를 주셔서, 그분 안에서 아름답고 순수한 관계를 만들어가면서, 그 자신만의 순례여행을 할 수 있게 해 주셨다. 알렉스의 몸은 우리가 원하는 상태로 돌아오지 않았지만, 그 아이의 영은 우리가 상상할 수 없는 먼 곳에 있다. 알렉스가 태어났을 때, 우리 아들이 하나님과 친밀하게 동행하게 해달라고 기도할 때만 해도, 상상조차 하지 못했던 곳에 가 있는 것이다.

오해하지 말라. 이 말은 알렉스가 저 세상의 성도라는 뜻이 아니다. 때때로 전혀 그렇지 않을 때도 있다. 알렉스는 농담과 스포츠를 좋아하고, 때로 엄마, 아빠 말을 안 듣고, 어쩌다가 휠체어에서 생활하게 된 평범한 12살 아이다(앞의 책, P. 265).

② 내용 개요

그의 책 '천국에서 돌아온 소년' 머리말에서 그 내용의 개요를 밝힌다(pp. 8,9).

2004년 11월, 알렉스와 나는 대형 교통사고를 당했다. 너무나도 끔찍한 사고였다. 당시 6살이었던 알렉스는 살 가망이 거의 없었기 때문에, 현장에 도착한 의료진은 검시관을 부르자고 했을 정도였다. 나중에 병원으로 후송된 알렉스는 두 달 동안이나 깨어나지 못하고 혼수상태에 빠져 있었다. 그 기간 동안 알렉스는 천국에서 시간을 보냈고, 우리에게 다시 돌아왔을 땐 그곳에서 체험한 일들에 대해 할 이야기가 많았다.

때로는 나 자신조차도 알렉스의 초자연적인 경험을 어떻게 이해해야 할지 모르겠다. 이런 문제를 담을 만한 신학적인 상자를 우린 갖고 있지 않다. 그러나 오랜 시간 알렉스를 알고 지낸 사람은 누구나 동의하는 사실이 있다. 그 아이는 하나님께서 그분의 목적을 위해 안수하신 특별한 소년이라는 것이다. 이 책에는 천국의 여러 부분들에 대한 실제적인 묘사, 알렉스와 예수님이 나누었던 이야기, 그리고 알렉스가 직접 경험한 천사, 귀신, 마귀 등에 대한 구체적인 이야기들이 쓰여 있다.

알렉스는 분명 천국에 갔다 왔다. 천국에 갔다가 다시 이 세상으로 돌아온 것이다. 천국에 대해 당신의 마음이 불안하다면, 그리고 이 세상이 주는 것 이상의 영원한 것들을 진정 갈망해 왔다면 마음을 열고 알렉스의 천국 여행 이야기에 귀 기울여 볼 것을 진심으로 권한다.

그런데 케빈은 알렉스가 여러 번 천국에 갔다 왔고 수시로 드나든다고 한다. 그저 꿈꾸듯이 한다고 한다. 그러나 알렉스의 체험에는 한 가지 중요한 차이점이 있다. 그 아이는 지금도 주기적으로 천국에 간다는 것이다. 언제 이런 일이 일어날까? 대부분은 잘 때 일어난다. 가끔은 깨어서 침대에 누워 있을 때도 일어난다. 천국 방문의 과정에는 분명한 규칙적 패턴이 있다. 알렉스는 천국 문 안으로 들어간다. 그리고 거기서 보초를 서고 있는 천사들과 이야기를 나눈다. 그 천사들은 보통 예수님이 세상에 다시 오실 날에 대해 떠들면서 흥분해 있다. 그리고 여느 때처럼 그 천사들은 항상 알렉스에게 두려워하지 말라고 말한다(앞의 책, P. 241).

알렉스는 하나님이 '이제 그만 돌아가라'고 하실 때까지 하나님과 대화를 나눈다. 때로는 다른 천사들이 함께 할 때도 있고 하나님과 알렉스 단 둘이 있을 때도 있다(앞의 책, P. 244).

하나님과 함께 있을 때도 그런 심정이에요. 영원히 천국에서 살게 될 그날이 빨리 왔으면 좋겠어요. 하나님과 함께 있지만 곧 떠나야 한다는 걸 알 때, 그 느낌이 어떤지 아빠는 상상할 수 없을 거에요. 대개 제가 천국에서 돌아왔을 때, 큰소리로 우는 건 바로 그것 때문이에요(앞의 책, P. 245).

그런데 잔뜩 호기심을 자극시키지만 실제로 천국에 대하여 간증하는 바는 아주 약하다. 구체적인 내용이 별로 없다. 아주 지극히 간단하고 추상적이다. 간단하게 말할 수 있는 것을 아주 길게 늘어놓는다.

③ 평가 (비판)

그저 읽으면 신기하다 싶으나 자세히 읽어보면 문제가 많다.

㉮ 과연 천국에 가서 본 것인가?
알렉스는 임사체험자들이 말하는 것과 같은 체험을 하였다.

지금까지 알렉스는 여러 번 천국에 갔다 왔던 것이 확실하다. 그러나 사고

당일에 있었던 첫 번째 천국여행은 지금 일어나는 일들과 달랐다. 사고가 났을 때 알렉스는 빛의 터널을 지나 천사들과 하나님과 잇따른 상호작용을 했다. 또한 당시 알렉스는 땅에서 일어나는 사건들을 모두 볼 수 있었다. 이를테면, 사고 현장에서 일어난 일들도 보았고(메드폴라이트 헬리콥터에 실려 이미 그 현장을 떠난 이후에도), 응급실에서 의사들이 자신의 몸에 응급처치를 할 때도 예수님과 함께 보고 있었다. 그 아이는 천국에 계속 있을지 아니면 세상으로 돌아갈지에 대한 토론들도 기억하고 있다. 임사체험이나 사후체험의 영역에서는 처음 있는 현상이 아니다. 천국에 갔다 온 다른 사람들도 알렉스의 체험과 비슷한 이야기들을 많이 했었다 (같은 책, P. 241).

그리고 알렉스는 천국 문을 통과하여 천국 안으로 들어가 하나님을 만나고 여러 천사들을 만났다고 한다. 그는 그런 일을 수시로 꿈꾸듯이 한다고 한다. 그런데 알렉스는 과연 천국에 간 것인가? 우리는 성경에서 바울이 천국에 갔다 온 이야기를 들을 수 있다. 그런데 그런 일이 성경이 완성된 시대에도 일어날 수 있을까?

그런데 그의 체험은 어떤 환상을 본 것이나 꿈을 꾼 것일 수도 있다. 어떤 환상이나 꿈은 너무도 생생하여 현실처럼 느껴지기도 한다. 그리고 그것은 자기 속의 상상이 심화되어 어떤 영적인 작용으로 그렇게 나타날 수도 있다. 늘 자주 드나든다는 주장에서 우리는 이런 추측들을 해볼 수 있다.

㉯ 알렉스는 자기 아버지도 천국에 갔다고 한다.

천국에 도착하자, 아빠가 차에서 나오도록 도와주었던 그 다섯 천사들이 거기에 있었다. 그들은 나를 위로해 주었다. 아빠도 천국에 계셨다. 아빠가 하나님과 단 둘이 계실 수 있도록 천사들이 나와 함께 있어 주었다. 아빠도 나처럼 많이 다치셨는데, 하나님이 자신의 영광을 위해 천국에서 아빠를 치료해 주고 계셨다. 그것은 하나님이 나에게 나중에 말씀해 주신 사실이다. 아빠는 하나님께서 나와 자리를 바꿀 수 없겠느냐고 물으셨지만, 하나님은 안 된다고 대답하셨다. 하나님은 그분의 이름에 더 큰 영광을 돌리기 위해 나중에 땅에서 나를 치료해 주실 거라고 하셨다.
하나님이 아빠의 부탁을 거절하신 후, 아빠의 영혼은 만신창이가 된 우리 차 옆에 누워 있는 아빠의 몸으로 되돌아갔다. 나는 아빠가 심하게 찌그러진 우리 차 옆의 도랑에 누워 있는 모습을 천국에서 볼 수 있었다(앞의 책, P. 30).

그런데 그 아버지 케빈은 전혀 그런 체험을 이야기하지 않는다. 그는 전혀 기억조차 없는 모습이고, 자기 아들 알렉스를 상당히 부러워하는 식으로 계속 말한다. 그리고 자기는 영적인 것을 전혀 보지 못하는 영맹인 것을 탄식한다.

㉰ 초자연적인 것을 지나치게 추구함은 바람직한 것인가?

하나님을 영화롭게 하는 삶을 살기 위해 반드시 천사를 보거나 천사들과 대화를 나누어야 할 필요는 없다. 초자연적인 경험을 추구함으로써 의미를 찾으려 하는 것이 바람직한 현상은 아니다. 하나님의 독생자, 예수 그리스도를 통해 하나님을 추구하는 것이 올바른 태도이다(앞의 책, P. 254).

케빈은 스스로 아주 잘 말하였다. 그러나 그의 실제 행동은 그와 정반대다. 그는 아들을 무척 부러워하고 아들이 말하지 않으려는 내용까지 집요하게 파고든다. 그리고 그것을 전하려고 책을 저술하였다. 이러한 행동은 바로 초자연적인 것을 지나치게 추구하는 것이 아닌가? 지나치게 호기심을 자극하여 다른 사람들도 그렇게 만드는 것이 아닌가?

㉣ 자기가 본 천국을 전하라는 명을 받았다고 한다. 그러면서 어떤 것은 비밀로 해야 된다는 명을 받았다고 한다. 자기는 사도 요한과 바울의 경우를 섞어 놓은 것 같다고 한다.

그 말을 들으니 마음이 매우 편안해졌다. 나의 경우는 요한과 바울을 섞어 놓은 것 같다. 내가 천국에서 본 것들 중에 어떤 것들은 다른 사람들에게 이야기해야 하지만, 어떤 것들에 대해서는 하나님께서 말하지 말라고 하셨기 때문이다. 내가 부모님께 말씀드릴 수는 있지만 부모님이 말하지 말아야 하는 일들도 있고, 또 부모님께도 말씀드리지 못하는 일들도 있다(같은 책, P. 255) (P. 280 에서도 같이 말함).

알렉스가 천국을 체험했다 해도 그것은 개인적인 것이다. 개인적으로 간직할 일이다. 여러 가지 오해와 혼란이 일어날 일을 하나님이 시키실 리가 없다. 그리고 그것을 시키신다면 그것은 사도 요한이 받은 계시와 같이 되는 것이 아닌가? 사실상 그 책은 그렇게 만들고 있다. 그러나 계시는 요한계시록으로 끝이 났다.

그리고 책은 쓴 사람은 누구인가? 그의 아버지 케빈이 아닌가? 아버지라고 하여 지극히 영적인 일에 그럴 권리가 있는가? 저자를 캐빈, 알렉스 말라키 라고 함은 웃기는 일이 아닌가? 알렉스는 빠져야 한다. 그 아이와 출판에 합의한 내용은 어디에도 없다. 어린 아이의 순진성을 부각시켜 바로 천국여행을 한 것이라고 강조함은 상업성을 보이는 대목이라고 본다. 그래서 '아마존, 뉴욕타임즈 베스트 셀러'가 된 것이 아닌가? 알렉스가 간증을 하고, 안하고는 그가 자라서 판단할 일이 아닌가? 저자 케빈은 자기가 하는 일을 하나님 앞에서 냉정히 평가해야 한다.

㈐ 비성경적인 내용이 많다.

어떠한 신비한 간증도 성경과 다르거나 성경의 지지를 못 받는다면 그 진실성을 의심받을 수밖에 없다. 스베덴 보리의 간증이 아무리 흥미진진해도 성경과 너무도 다르니 그것은 이단적이다. 그것은 죽음을 연구하는 비기독교 학자들에게는 귀중한 연구 대상이나, 개혁주의적 입장에서 볼 때, 마귀의 헛소리에 지나지 않는다.

그런데 알렉스의 간증에도 성경과 다른 것이 많다. 그는 어리기 때문에 아예 교리적인 이야기는 하지 않았다. 그리고 그 내용은 그의 아버지의 속에서 한 번 걸러 나온 것이다. 그래도 그것은 성경과 맞지 않은 내용이 많이 있다.

㉠ 다른 천국이 있다

알렉스와 나눈 질문과 답변

Q…지금 네가 방문하는 천국과 미래에 들어가게 될 천국에 대해 네가 알고 있는 것은 무엇이니?
A…내가 지금 방문하는 천국 이외에 다른 천국이 있다고 알고 있어요. 라이언 천사가 그러는데, 미래에 들어갈 그 천국에서는 내가 완전히 새로운 신령한 몸을 갖게 된대요. 라이언 천사도 그런 몸을 갖게 되길 바라고 있어요(같은 책, P. 279).

성경은 지금 천국과 미래의 천국이 다르다고 말하지 않는다.

ⓛ 성전이 있다.

천국에는 건물들이 많이 있다. 하지만 정말로 내 눈을 끄는 건 성전뿐이었다. 하나님은 그 성전 안의 보좌에서 결코 떠나지 않으신다. 유리 용기 안에 두루마리가 있다. 그것은 마지막 때를 묘사하는 글이다. 예수님 외에는 그 두루마리를 읽을 수 있는 사람이 아무도 없다(같은 책, P. 121).

성경에는 천국에 따로 성전이 없고, 주 하나님과 어린 양이 그 성전이 되신다고 하였다(계 21:22).

ⓒ 하나님의 얼굴을 볼 수 없다.
천국에서 하나님의 얼굴을 볼 수 없는데, 그 이유로 천사들이 날아다니기 때문이라고도 하고, 그 얼굴을 보면 죽게 되기 때문이라고 한다.

천국을 방문할 때, 나는 하나님과 함께 있다는 것을 알지만, 보좌 위에 앉아 계신 하나님을 볼 수는 없다. 하나님을 볼 수 없도록 천사들이 빠르게 날아다니고 있기 때문이다. 지금은 아무도 하나님의 얼굴을 볼 수 없다(같은 책, P. 256).

그리고 나는 하나님 앞에 있었다. 하나님의 몸은 인간의 몸과 비슷했지만, 훨씬 더 컸다. 나는 그분의 목까지만 올려다 볼 수 있었다. 성경에 나와 있듯이, 아무도 하나님의 얼굴을 볼 수 없다. 만약 하나님의 얼굴을 보면 죽게 되기 때문이다. 그분은 매우 밝게 빛나는 흰 옷을 입고 계셨다. 그러는 사이에 내 다리를 내려다보니, 다시 움직일 수 있을 것 같았다(같은 책, P. 72).

천사들이 천국 간 성도가 하나님을 보지 못하도록 방해를 하는가? 참으로 어린 아이 같은 소리다. 그리고 하나님의 얼굴을 보면 죽게 됨은 육신을 가진 땅에서의 일이다. 하늘나라에서는 하나님의 종(구원받은 성도)들이 하나님의 얼굴을 보며 섬긴다(계2:3, 4). 이런 사실도 모르고 아이가 하는 말을 그대로 전달하는가?

ⓔ 천국 간증이 복음의 핵심인가?
성경과도 맞지 않는 것이 많은 천국 간증을 하면서 그것이 복음의 핵심인양 말한다(같은 책, P. 274). 성경과 맞는 천국 간증이라해도 그것이 복음의 핵심은 아니다. 복음의 핵심은 예수 그리스도의 십자가와 부활이다. 그 사실을 믿음으로 구원받는 것이다. 천국은 그 복음의 핵심을 받아들이므로 받는 복이다.

㉤ 천국에는 하나님, 예수님, 천사만 있다.

언젠가 아빠가 천국에서 보낸 시간들에 관한 글을 쓴 사람에 대해 말씀해 주신 적이 있다. 그 사람도 나처럼 심한 교통사고를 당했는데, 천국에 가서 신비로운 음악소리를 듣고, 영광스러운 색채들을 보았다고 한다. 그리고 자기가 살았을 때 만났던 사람들, 또 자기에게 예수님에 대해 이야기 해주었던 사람들을 보았다고 한다. 그렇지만 내가 천국에 갔을 땐, 어떤 사람도 볼 수 없었고, 오직 하나님과 예수님, 그리고 천사들 뿐이었다.
나는 그 이야기를 듣고, 아빠에게 그 사람은 천국에 가지 않았을 거라고 말했다.
아빠는 깜짝 놀라셨다. 그 사람은 목사님이고, 아빠는 그 목사님의 말을 믿는다고 하셨다. 나는 그 사람의 이야기가 사실이라고 했다. 다만, 그 사람은 천국 문 밖에 머무른 것일지도 모른다고 했다(같은 책, pp. 72,73).

천국 문 안이 바로 천국이 아닌가? 거기에 구원받은 자들이 없다고 한다. 그건 말이 되지 않는다. 그리고 아무도 들어갈 수 없는 그곳에 어떻게 그 아이 알렉스는 들어가는가? 그는 바울이나 베드로 같은 사도들보다 더 특별한가?

㉥ 하늘나라 말로 이야기 한다.

알렉스가 눈에 띄게 힘들어하는 것 같지는 않아서 그냥 깨우지 않았다. 그런데 그 중얼거림은 계속됐다. 한 10분쯤 지나자, 알렉스가 눈을 번쩍 떴다. 그러곤 곁에 서 있는 나를 발견하고는 말했다.

"아빠, 방금 천국에서 하나님과 이야기를 나누었어요."

"정말이냐, 알렉스? 정말 멋진 일인데, 난 네가 말하는 소리를 들었거든. 아주 이상한 소리 같았는데!"

"제 말소리를 들으셨어요?"

알렉스가 깜짝 놀라 물었다.

"그래, 내가 모르는 언어로 하는 말처럼 들리더구나."

그리고 몇 분 후에 알렉스는 다시 잠이 들었고, 그 이상한 소리가 다시 시작되었다(같은 책, P .221).

아론이 형 알렉스의 얼굴 위에 다시 시트를 덮자, 전에 알렉스가 자면서 했던 말이 다시 들렸다. 아론이 말한 대로 알렉스는 '하늘나라 말'로 이야기를 계속하다가 이내 잠잠해졌다. 잠시 후 알렉스는 평상시의 목소리로 우리에게 시트를 벗겨달라고 했다.

"천사였어요. 나를 위로해 주러 왔대요. 천사가 내 머리를 만져주었어요"

(같은 책, P. 222).

이러한 현상은 그저 꿈에서 이상한 소리로 중얼걸린다고 볼 수도 있다. 더 영적으로 말해 방언을 했다고도 할 수 있다. 그런데 방언이 영적으로 기도(하나님과 대화)하는 것이지만 성경 어디에도 하늘나라 말이라고는 하지 않는다.

   Ⓐ 사탄의 묘사는 아주 자세하고 구체적이다. 그러나 하나님, 예수님, 성령님, 천사에 대한 설명은 별로 없다.

사탄은 우리가 상상할 수 있는 가장 추하고 험상궂은 모습을 하고 있다. 내가 본 사탄은 이랬다. 머리가 3개 있는데, 모든 머리가 다 똑같다. 특히 불로 된 머리카락이 머리 꼭대기에 있다. 두 눈은 빨갛고, 눈동자에는 이글거리는 불꽃이 있다. 코는 지저분하고 갈기갈기 찢어져 있다. 각각의 머리들은 동시에 서로 다른 거짓말을 한다. 나에게는 영어로 이야기 하지만, 그 목소리는 마녀처럼 날카롭고 다양한 소리로 변한다.

사탄의 입은 웃기게 생겼고, 곰팡내 나는 이빨이 겨우 2~3개 있다. 그리고 귀는 본 기억이 없다.

사탄의 몸은 인간처럼 생겼다. 뼈만 앙상한 두 팔과 다리가 있다. 몸에 살이 없고, 군데군데 곰팡이가 피어 있다. 옷은 찢어져 있고 무척 더럽다.

피부나 옷 색깔에 대해선 모르겠다. 너무 험상궂고 무서워서 그런 것들을 자세히 볼 수가 없었다.

우리 아빠는 내가 사탄을 볼 때마다 그가 다른 모습을 하고 있느냐고 물으셨다. 그렇지는 않았다. 나에게 사탄은 항상 똑같은 모습으로 나타났다. 정말 기괴하고 야릇하게 생겼다.

사탄은 대개 혼자서 나타난다. 때로는 그를 볼 수 있지만, 보통은 느낌으로 그가 왔다는 걸 안다. 그것만으로도 충분하다! 사탄의 모든 것을 설명할만한, 알맞은 단어를 찾기가 어렵다. 사탄은 정말 말로는 제대로 **표현할** 수가 없다.

사탄의 졸개들인 귀신들은 초록색으로 종종 나타난다. 불로 된 머리카락이 있고, 피부와 옷은 사탄과 마찬가지로 잘 모르겠다. 눈은 사탄과 똑 같고, 손톱이 아주 길다. 때로는 혼자 있기도 하지만, 종종 무리를 지어 집단으로 공격할 때가 많다(같은 책, P. 228,229).

만일 천국에 가서 하나님, 예수님, 천사들, 영물들을 만나서 이야기하고 교제했다면 그런 분들에 대한 설명을 많이 잘 하는 것이 자연스럽지 않은가? 또 그렇게 되는 것이 성경적이지 않은가? 천국에 가는 자는 그 안에 있는 모든 것을 보고 누린다고 성경은 말씀한다.

◎ 천사들에 대한 이야기가 너무 많다.

알렉스가 천사들을 볼 때 그의 얼굴에 나타나는 환한 표정을 보면 분명 알렉스는 보이지 않는 영적 존재들과 함께 하고 있다는 것을 알 수 있다.
우리가 하늘에서 내려온 알렉스의 손님들에 대해 처음 알게 됐을 때, 알렉스의 병실에 함께 있었던 우리 친구 마가렛은 이 놀라운 경험을 한 후에 우리 웹사이트에 다음과 같은 글을 남겼다.
"이 글을 읽는 모든 사람들이 알렉스의 얼굴을 봤어야 했다. 정말로 알렉스의 얼굴에서 광채가 났다!"
성령이 충만하게 임할 때 그의 얼굴이 천사의 얼굴처럼 빛났다는 스데반처럼(행6:15) 천사들과 함께 있을 때 알렉스의 얼굴에서는 빛이 났다(같은 책, P. 224).

우리는 언제나 우리 가족 주변에 천사들이 있다는 걸 믿게 되었다. 성경은 '수호천사들'에 대해 넌지시 말한다. 예를 들면, "그가 너를 위하여 그의 천사들을 명령하사 네 모든 길에서 너를 지키게 하심이라"(시91:11)는 말씀이 있다. 또한 예수님은 어린 아이들에 대해 이런 말씀을 하셨다. "삼가 이 작은 자 중의 하나도 업신여기지 말라. 너희에게 말하노니 그들의 천사들이 하늘에서 하늘에 계신 내 아버지의 얼굴을 항상 뵈옵느니라"(마18:10). 뿐만 아니라, 천사가 다니엘을 굶주린 사자들로부터 보호해 주었고(단6:21~22), 또한 베드로가 기적적으로 감옥에서 풀려났을 때 그의 친구들이 문밖에서 나는 베드로의 목소리를 듣고, "그의 천사"(행12:15)라고 말했다. 천사들이 종종 성도들을 보살펴주고, 섬기고, 보호해준다는 메시지는 성경에 분명히 나와 있다. 하지만 성도들 각각에게 평생 수호천사가 있는지는 확신할 수 없다(같은 책, P. 225).

천국 방문의 과정에는 분명한 규칙적 패턴이 있다. 알렉스는 천국 문 안으로 들어간다. 그리고 거기서 보초를 서고 있는 천사들과 이야기를 나눈다. 그 천사들은 보통 예수님이 세상에 다시 오실 날에 대해 떠들면서 흥분해 있다. 그리고 여느 때처럼 그 천사들은 항상 알렉스에게 두려워하지 말라고 말한다(같은 책, P. 241).

2006년 어느 더운 여름밤에 알렉스가 이렇게 말했다.
"아빠, 우리 집에 천사가 한 명 있는데, 아빠랑 이야기를 나누고 싶어해요." 나는 깜짝 놀랐다. 솔직히 말하면, 크게 당황했다. 어떻게 대답을 해야 할지 몰라 약간 소심하게 웃으며 말했다.
"잠깐만, 알렉스. '천사 소년'은 너지. 내가 아니야!"
알렉스는 나의 핑계를 완전히 무시하고, 무덤덤하게 나를 바라보며 말했다. "천사 존이 아빠를 필요로 한다고요."
"그 천사 이름이 존이니? 그 천사에 대해 다른 이야기도 해줄 수 있니?"
"글쎄요, 아빠는 이미 그 천사를 만난 적이 있어요. 우리가 사고를 당했을 때, 존이 다른 천사들과 함께 아빠를 차에서 끌어냈거든요. 다섯 명의 천사들이 아빠를 옮겼는데, 존이 그 중 한 명이었어요. 아빠의 머리를 붙잡고 있었죠." "나는 전혀 몰랐어. 알렉스 그럼 그 천사가 다시 온 거니?"
"아뇨, 그렇지 않아요. 그는 늘 여기 있어요. 항상 아빠를 따라다니거든요." 나는 여전히 약간 불안해하며 말했다.

"내가 어떻게 했으면 좋겠니, 알렉스?"

"그냥 그를 찾아보세요. 아빠! 바로 여기 있어요."

"알렉스, 난 너처럼 천사들을 볼 수 없단다."

알렉스는 천사들을 체험하는 것이 너무나 익숙해져서 그것을 아주 당연하게 생각하기에 종종 다른 사람들이 자기처럼 천사들을 보지 못한다는 사실을 잊어버린다. 알렉스가 눈살을 찌푸리면, 그의 정신력이 활동하고 있다는 걸 알 수 있었다.

"아빠, 어떤 것의 속을 들여다 볼 수 있다는 뜻의 단어가 뭐죠?"

"음, 투명하다?"

"맞아요, 아빠. 바로 그거예요. 그냥 영적으로 투명해지려고 노력해 보세요. 그럼 천사가 보일 거예요"(같은 책, pp. 246~247).

천사에 대하여 부정하지 않는다. 천사가 우리를 보호하고 지키는 사실은 성경에 나온다. 하나님은 천사를 통하여 일을 하시는 경우가 많다. 그러나 천국의 주인은 하나님이시다. 그리고 우리를 다스리고 인도하는 일의 주역은 예수님이시다. 그리고 항상 성령님의 감화를 통하여 일을 하신다. 천사는 어디까지나 심부름꾼이다. 그런데 온통 천사 이야기로 가득한 것은 성경적인 것과 좀 거리가 있다고 본다. 어떤 동화의 세계에 들어간 느낌이 든다.

(8) 토드 부포의 '3분'
(소년의 3분은 천상의 시간이었다 ; Heaven is for Real)

① 저자 토드 부포(Todd Burpo)

그의 책(3분:소년의 3분은 천상의 시간이었다)앞 날개에 다음과 같이 소개하고 있다.

토드 부포(Todd Burpo)

네브래스카 주의 임페리얼에 소재한 크로스 로드 웨슬리언 교회의 목사다. 그는 체이스 카운티 공립학교의 레슬링 코치이기도 하며, 그 학교 위원회의 멤버로서 봉사한다. 그는 네브래스카 주의 자원 소방관 모임의 지도 목사로 활동하며, 또한 아내 소냐와 함께 차고 문 garage door 회사도 운영하고 있다. 어린이 사역자로 적극 활동하고 있는 아내 소냐와의 사이에 2남 1녀(캐시, 콜튼, 콜비)를 두었다.

그리고 그 책의 주인공, 그의 아들 알렉스는 사고 당시 4살 소년이다. 그 아이는 급성맹장염 수술을 받다가 위독한 상태서 천국을 방문하게 되었다는 것이다.

② 내용 개요

지금 현재 2011년 뉴욕타임즈 베스트셀러 종합 1위인 도서는 무엇일까? 소설일까? 아니면 자기 개발서일까? 놀랍게도 한 4살 소년의 천국여행기를 담은 논픽션 실화이다. 이는 베스트셀러 선정에 있어서 최고 권위를 자랑하는 뉴욕타임즈로서 매우 이례적인 일이 아닐 수 없다.

"천국은 진짜 있어요"… 확실히 믿게 된 영원한 천국, 전 세계 독자가 주목한 4세 소년의 시골 교회 목사 아들의 천국 체험기, 전 미국 방송과 언론의 집중 조명, 천국 이야기 천국 증언에 전 미국이 주목, 미 FOX 뉴스 방송으로 전국에 큰 충격 안겨줘(기독교연합신문 2011.7.31의 광고 제목)

그 책은 2011년 당시;
- 뉴욕타임즈 베스트셀러 25주 연속 종합 1위(최단 기간 350만부 판매 – '긍정의 힘'보다 앞서다)
- 「아마존」 현재 종합 1위
- 「USA 투데이」 현재 종합 1위
- 「Publisher's Weekly」 현재 종합 1위
- 「ECPA」 플래티넘 메달 수상

그 책의 내용을 소개하는 광고를 소개하므로 내용 개요를 대신코자 한다(기독교연합신문. 2011.7.31)

한 어린 소년의 천국체험기, 집중 조명
　네 살짜리 남자 아이가 천국을 보고 왔다고?

미국 네브래스커주의 임페리얼에 사는 한 개신교 복음주의 토드 부포 목사의 아들 콜튼 부포가 봤다는 천국을 쓴 책(천국은 진짜로 있다. Heaven is for Real)이 미국에서 커다란 인기를 끌고 있다.

출간된 지 1달만에 미국의 공중파 TV인 FOX 뉴스에 2011년 11월 15일 생중계되었다. 미국의 전시청자들이 보고 있는 상태에서 앵커의 질문에 콜튼은 천국을 다녀왔다고 분명히 이야기했다. 천국의 모습, 그곳에서 만난 증조 할아버지와 유산된 누이에 대한 이야기를 하는 순간 시청자들은 놀라움을 금치 못했다. FOX 뉴스가 방영된 이후 미국의 각종 언론과 방송매체에 가장 주목받는 이슈로 앞 다투어 다루었다.

개신교 목사의 네 살짜리 아이가 '겪었다' 는 천국에 대한 이 책은 다분히 종교적 배경을 지닌 '순수하지 못한 책' 이라고 비판할 수 있다. 그러나 뉴욕타임즈의 페이퍼백(Paperback) 비소설 분야에서 현재 미국내 베스트셀러 1위를 기록하는 것만은 분명한 사실이다.

진짜냐 가짜냐, 의도가 과연 순수하냐 아니냐를 일단 제쳐놓더라도, 이 책은 애초 4만권 찍었지만, 주로 입소문이 나면서 지금까지도 350만권이 인쇄됐다. 흔히 저자 순회 서명 이벤트도 하지 않았다. 물론 저자 자신이 전혀 유명인사도 아니다. 이 책은 미국내 대형 서점은 물로 대형유통업체 월마트, 교회 등지에서 다량으로 구입하고 있다.

부모는 온라인 상의 댓글에서 "돈이나 벌자고 이 책을 낸 것"이라는 비판도 듣는다. 그러나 아버지는 인세의 상당 부분을 자선단체에 낼 예정이고, 일부는 집을 고치는 데 쓰려고 한다고 한 신문에서 말했다.

콜튼은 이제 피아노와 트럼펫 불기를 좋아하는 소년이 됐다. 그는 뉴욕타임즈에 "사람들이 이 책을 통해 자신의 상처로부터 치유받게 된다면 그걸로 행복하다"고 말했다.

◆ 전세계 독자가 주목한 한 소년의 '3분' 이야기

= 가족 여행을 하던중 4살 소년 콜튼 부포는 급성맹장염으로 인해 아주 위독한 상태에서 전신마취를 하고 수술을 받는다.

그때 콜튼은 천국을 방문하고 돌아와, 천국에서 보고들은 것을 솔직하게 이야기하게 된다. 콜튼은 천국에서 25년에 돌아가신 증조부 '팝 할아버지'를 만났고, 콜튼의 엄마 소냐가 임신했다가 뱃속에서 유산한 아이, 콜튼의 죽은 누나를 만나기도 했다.

천국은 번쩍이는 각종 보석들로 꾸며졌고, 아름다운 무지개 빛깔이며 천국에서 사람들은 크고 작은 날개를 갖고 있으며, 아무도 안경을 쓰지 않았고, 아무도 늙는 사람이 없다고 콜트은 말한다.

이외에도 천사들의 검, 다가올 큰 전쟁 등 놀랍고 흥미 진진한 이야기가 전개 된다.

◆ 입소문만으로, 미국공중파 FOX TV에 생중계되다

= 콜튼의 아버지 토드 목사는 그의 이야기를 설교시간에 잠시 이야기했던 것이, 주변사람들에게 알려지게 되었고, 급기야 미국 전역에 일파만파 퍼지게 된다. 대형 출판사에서 판권의 계약을 제안했고, 미국 공중파 TV 프로그램 FOX 뉴스에서 부포 부자를 인터뷰하게 되어 미국 전역에 큰 충격을 안겨주었다.

지금은 12살이 된 부포는 평범한 아이들과 다름이 없다. 하지만 그의 책은 지난 12월에 출간후 6개월만에 미국에서만 350만부가 판매되었고, 현재 아마존 1위, 뉴욕타임즈 23주 연속 1위 등 각종 언론과 방송매체에 가장 핫이슈로 등장하고 있다. 또한 이 책은 지난 5월 국내출판사를 통해 '3분'이란 제목으로 출간되어 좋은 반응을 얻고 있다.

◆ 천국의 커튼

= 천국은 단순히 우리의 지친 삶에 위로를 제공하는 환상의 장소가 아니다. 우리가 지금 살아가고 있는 이 세상이 실제적인 장소인 것처럼, 천국 역시 믿는 자들이 장차 영원히 살아갈 실제적인 장소다. 그래서 하나님은 21세기를 살아가는 우리에게 때묻지 않은 4살배기 어린 소년의 눈을 통해 이 세상 너머의 영원한 세계, 곧 천국의 커튼을 살짝 열고 그 신비로움을 보여주셨다.

◆ 천국의 모습

= 그래서 누구든지 이 책을 접하면 도중에 멈출 수가 없다. 첫 페이지부터 마지막 페이지까지 아주 놀랍고 아주 특별하고 아주 경이로운 이야기들로 가득차 있기 때문이다. 이 책을 읽으면, 우리는 천국에 대한 생각을 새롭게 할 수 있다. 천국은 단순히 휘황찬란한 문들과 빛나는 강물과 번쩍이는 황금 길로 이루어져 있는 곳일 뿐만 아니라, 세상에서 내게 진정 소중한 존재였던 사랑하는 이들을 기쁘게 다시 만나 함께 거닐면서 정겹게 이야기를 나누는 장소, 이 세상에서의 삶처럼 거기서도 하나님과 어린양 예수님의 밤낮 밝은 은총 하에 영원 지복(至福)의 삶을 살아가는 그런 생활의 장소임을 깨닫게 된다.

◆ 천국으로 여행

= 이제 4살 소년 콜튼 부포와 함께 천국 여행을 떠나보자. 이 책은

천국에 관한 가장 놀랍고 가장 확신을 주는 책이다. 어린 소년 콜튼은 아주 천진난만한 표정으로 아주 단순하게 말한다. "천국은 진짜로 있어요!" 그래서 이 책의 원제는 '천국은 진짜로 있다. Heaven is for Real'이다. 한국어판 제목은 '3분'인데, 그 이유는 콜튼이 천국에 머문 시간이 3분이기 때문이다. 하지만 3분은 우리가 생각하는 짧은 3분의 시간이 아니라, 천국의 신비로운 시간이다.

그리고 그 책을 극찬한 미국의 저명 인사들의 말들 몇 개를 소개하고자 한다.

천국에 관하여 가장 흥미롭고, 가장 확신을 주는 책!
죽기 전, 당신이 꼭 읽어야 할 책!

–돈 파이퍼, 90 minutes in heaven의 저자

지금껏 나는 1,600명 이상의 임사체험자들(NDES)을 과학적으로 연구해왔다. 사실 전형적인 임사臨死체험은 어린 아이들에게서 자주 나타나고, 대부분 마취상태에 있는 동안 일어난다. 숱한 임사체험자들을 연구했음에도 불구하고, 콜튼의 경우는 정말 예외적으로 전 세계의 모든 사람에게 아주 드라마틱하고 경이로우며 영감을 주는 사건이다.

– 제프리이 롱 박사, 임사체험 연구소 창설자 겸 소장

수많은 책들 가운데서도 이 책은 아주 특별하다. 나는 이 책을 읽

기 시작하자 도중에 멈출 수 없었다. 첫 페이지부터 마지막 페이지까지 쉬지 않고 단숨에 읽어나갔다. 이야기는 충격적이 감동적이었다.

— 세일라 월쉬, WOF 연사 겸 작가

토드 부포는 어린 아들 콜튼과 함께 우리에게 정말 눈부시게 아름다운 선물을 주었다. 그들은 영원한 세계에 대한 커튼을 살짝 들어 올렸고, 그래서 우리는 죽음 저편에 놓여 있는 광경을 슬쩍 쳐다볼 수 있었다. 그것은 정말 놀랍고 경이로운 광경이었다.

—에버렛 파이퍼 박사, 오클라호마 웨슬리언 대학교 총장

(앞의 책, 앞 부분)

③ 평가 (비판)

㉠ 어린 아이로 교리적인 것은 모르니, 그런데 대한 언급은 없다.
콜튼은 정말로 천국에 갔다 온 것인가?
그 아이 콜튼의 부모는 그 아이가 죽었다고 생각하지 않는다. 병원의 수술 보고서도 그런 말은 없다. 그러나 그 아이 콜튼은 자신이 잠깐(3분) 동안 죽었다고 말한다(앞의 책, pp, 114, 115).
그리고 콜튼은 자기 영혼이 육체를 벗어날 때의 일을 말한다. 아빠는 작은 방에서 기도하고 있었고, 엄마는 다른 방에서 전화 통화를 하고 있었어요(앞의 책, p, 92)

그것은 정확히 맞다. 그후 콜튼은 천국에 가서 3분간 있으면서 몇

가지 일을 겪었다고 말한다.

이러한 이야기는 흔이 있는 있는 임사체험 이야기와 유사하다. 바울의 경우처럼 그 영혼이 천국여행을 했는지도 모른다. 그러나 그럴 가능성은 매우 낮다. 그러한 현상은 그의 부모들이 처음에 생각한 것처럼 꿈일 수 있다(앞의 책. pp.13, 14). 그렇잖으면 그의 마음 속의 어떤 상상이 마취상태서 살아난 것을 보았을 수 있다. 그 어린아이의 말을 무조건 다 믿는 것은 사려깊지 못한 태도다.

㈎ 그 아버지 토드는 전하라는 허락, 사명을 받았는가?

토드는 콜튼이 천국 이야기를 하기 시작하자 큰 호기심이 생겼다. "하지만 결국은 더 이상 궁금증을 참을 수가 없어서 콜튼을 찾아온 집을 뒤졌다"(앞의 책, p. 115). 그는 그 책 곳곳에서 계속 이런 모습을 보인다.

만일 콜튼이 정말로 천국에 갔다 왔다 할지라도 그렇게 호기심을 가지고 야단할 일인가? 목사로서 그것은 건전한 처신인가? 사도 요한에게 주신 계시 외에 다 개인적인 것이다. 하나님이 개인적으로 보여준 것이면 혼자 간직해야 한다. 그렇지 않고 공개하면 많은 오해와 혼선이 생긴다. 더군다나 방송에 출연하고 책을 쓰서 선전(?)함은 큰 문제를 일으키는 것이다.

그 다음에 토드는 그저 아버지일 뿐이지 그 체험의 당사자가 아니지 않는가? 토드는 하나님으로부터 그것을 공개하라는 허락을 받았는가? 그 아이 한테서라도 그점에 대하여 어떤 말을 들은 것이 있는가? 전혀 그렇지도 않으면서 어찌 큰 사명을 받은 것처럼 열심을 내는가? 이런 점을 생각할 때 상업적이란 비판이 나오는 것은 있을 수 있는 일이다.

㉰ 내용이 아주 빈약하다.

콜튼은 천국을 방문하여 25년 전에 돌아가신 증조부 '팝' 할아버지를 만났고, 콜튼의 어머니 소냐가 임신했다가 유산한 아이, 콜튼의 죽은 누나를 만났다. 천국은 각종 보석으로 장식되었고, 무지개 빛깔이며, 사람들은 날개를 갖고 젊은 상태로 있다.

이런 정도가 그 중요한 내용으로 아주 단순하다. 물론 어린 아이기 때문에 보는 것도 설명하는 것도 제한적이라고 생각한다. 그렇다고 하여도 그 단순하고 빈약한 것을 가지고 중요한 것을 다 말하는 듯이 함은 심한 과장이 아닌가?

㉱ 어린 아이의 순진성을 내세워 호기심을 자극한다.

그런데 그 내용은 어린 아이의 순진성을 부각하여 이것이야 말로 진실한 사실이라는 식으로 과대 선전을 한 것이다. 물론 그렇지 않다고 할 것이다. 그러나 그 내용이 그렇지 않은가?

그때 아비스Arby's라는 패스트푸드 가게가 눈에 들어왔다. 나는 주차장으로 들어가 차를 세우고 시동을 껐다. 가로등의 하얀 불빛이 차 안으로 스며들어왔다. 자리에 앉은 채 몸을 돌려 콜튼을 유심히 쳐다보았다. 그 순간, 그 아이가 정말 작은 어린 아이라는 것이 새삼 느껴졌다. 그야말로 사랑스럽고 때로는 당황스러울 만큼 순진하게, 보이는 그대로 말하는 어린아이였다. 애를 키워본 부모라면 내 말이 무슨 뜻인지 알 것이다. 그 또래의 어린 아이는 임신한 자를 가리키며(아주 큰 소리로) "아빠, 저 여자는 왜 저렇게 뚱뚱해요?"라고 말한다. 어린 콜튼은 아직 인생 경험이 거의 없는 데다 어떤 요령이나 간교한 속임수 같은 건 더더욱 배운 적이 없다(앞의 책, p. 12).

그리고 사람들은 큰 호기심을 가지고 그 무엇에 쏠렸다. 언론은 그것을 더욱 부추겼다. 그런데 과연 그 내용은 성경적으로 지지를 받는가? 그리고 그 내용들은 우리가 필수적으로 알아야 할 중요한 내용인가? 그렇지 않은 것 같다. 이런 점을 생각할 때 사람들은 일종의 호들갑을 뜬다고 생각한다.

㉺ 성경적으로 생각할 때 여러 가지 의문점들이 있다.
　㉠ 천국에서 새로운 몸을 입는다.

> 우리가 천국가면 새로운 몸을 입게 된다고 한다. '할아버진 새로운 몸을 입고 천국에 계시니까요. 천국에 가지 못하면 새로운 몸을 가질 수 없다고 예수님이 저한테 말씀해 주셨어요' (앞의 책, p. 188)

우리는 부활시에 새로운 몸을 입게 된다(고전15:) 지금은 영혼이 천국에 간다. 그런데 그 말하는 몸이 영체라고 말할지도 모르겠다. 그러나 아무 설명도 없이 그렇게 말하면 지금 천국서 새몸을 입는다고 받아들이지 않겠는가?

ⓛ 천국에 간 자는 날개가 있다.

하지만 그때 생각나는 질문은 이것뿐이었다. "그 아이들은 어떻게 생겼나? 천국에서 사람들은 어떤 모습을 하고 있어?"
"모두들 날개가 있어요." 콜튼이 말했다.
'날개? 정말로?'
"너도 날개가 있었니?"
"네, 하지만 내 날개는 별로 크지 않았어요." 이 말을 하면서 콜튼은 약간 시무룩한 표정을 지었다.
"그래……, 그럼 넌 걸어 다녔어. 아니면 날아 다녔어?"
"우리는 날아 다녔어요. 그러니까 예수님만 빼고 모두요. 천국에서 날개가 없는 사람은 예수님 밖에 없었어요. 예수님만은 그냥 엘리베이터 처럼 위로 올라갔다 내려갔다 했어요."

어린 아이가 들었거나 상상한 것이 아닐까? 동화 나라에 온 것 같다. 날개가 있고 없고는 그리 중요하지 않다. 그런데 성경은 침묵하고 있지 않은가?

ⓒ 천국에서는 늙지 않고 청년으로 있다.

고개를 저으며 말했다. "아빠, 천국에는 늙은 사람이 없어요. 그리고 안경 쓴 사람도 없고요." 그러고는 돌아서서 계단으로 올라갔다.
'천국에선 늙은 사람이 아무도 없다……' (같은 책, p.170).

하지만 가만히 생각해 보니, 콜튼이 함께 있었다고 말한 팝 할아버지가 더 이상 61세가 아니라 한창 때의 모습이었다는 사실이 우리에게는 좋은 소식이기도 하고 나쁜 소식이기도 했다. 나쁜 소식은 천국에서도 우리가 여전히 우리 자신의 모습을 갖고 있다는 것이고, 좋은 소식은 더 젊었을 때의 모습으로 돌아간다는 것이다(같은 책, p. 172)

이러한 것은 과연 성경의 지지를 받는가? 그러한 점에 대하여 성경은 침묵한다. 그것은 단지 많은 사람의 희망이라고 본다. 그리고 어린 아이가 있다고 하는데 그것은 이 진술과 조화되지 않는다. 그 아이들은 자라는가? 유산된 아이(콜튼의 엄마 뱃속에서 죽은 누나)가 켜서 콜튼을 안아 주었다면 자란다는 말이다. 그 아이들은 어느 정도까지 자라는가?

ㄹ) 천국에서 숙제를 하였다.
"그럼 넌 천국에서 무얼 했니?" 내가 과감하게 물었다.
"숙제요"
'숙제라고?' 그건 내가 기대한 답이 아니었다. 성가대 연습이라면 또 모를까, 숙제라니?
"그게 무슨 말이야?"
콜튼은 미소를 지으며 말했다. "예수님이 저의 선생님이었어요"
"학교처럼?"
콜튼은 고개를 끄덕였다. "예수님이 저한테 할 일을 주셨는데, 그게 천국에서 제가 제일 좋아 하는 일이였어요. 거기엔 아이들이 많았어요, 아빠"
(같은 책, p.105).

아마도 콜튼은 평소에 숙제 때문에 스트레스를 많이 받은 것 같다. 하기사 스웨덴 보리는 천국에 도서관도 있고 공부하는 사람도 많다 하였으니, 그리 말하는 것도 있을 수 있는 일인 것 같다.

ⓜ 사탄이 천국을 침노한다.

"아니에요, 천국에도 칼이 있어요!"
콜튼의 격한 반응에 놀란 소냐는 나를 옆눈으로 슬쩍 쳐다보았다. 그러더니 고개를 뒤로 젖혀 콜튼을 쳐다보며 미소를 지었다.
"음…… 그래, 그런데 천국에서 왜 칼이 필요할까?"
"엄마, 사탄이 천국에 들어오지 못하게 하려고 천사들이 칼을 들고 있는 거예요!"(같은 책, p. 184).

사탄은 감히 천국을 넘보지 못한다. 천국에 들어갈려고 공격하지 못한다. 천사가 사탄을 방어하기 위하여 칼을 가질 필요가 없다. 콜튼은 평소에 칼을 찬 위엄 있는 천사, 그래서 사탄도 이기는 천사의 모습을 상상한 것이 아닐까?

ⓗ 콜튼의 이야기가 성경과 같은 계시인가?
저자 토드는 콜튼의 이야기와 성경에 나오는 천국에 대한 묘사를 비교하여 다음과 같이 말하였다.

분명 성경에는 천국에 관한 이야기가 나온다. 요한계시록을 비롯하여 성경의 여러부분에서 천국을 묘사한다. 하지만 모두가 단편적이다. 그러기에 목사로서 나는 항상 강단에서 천국에 대해 이야기 하는 것은 매우 조심스러워했고, 지금도 그렇다. 나는 성경에서 발견하는 것만을 가르친다.

지금껏 천국에 대해 생각할 때마다 답을 얻지 못한 질문들이 너무도 많았기 때문에, 나는 개인적으로 천국에 대해 생각하는데 많은 시간을 들이지 않았다. 하지만 콜튼의 일을 겪은 지금은 그렇지 않다. 소냐와 나, 둘 다 그렇다. 콜튼의 이야기를 듣고 우리는 확실히 천국에 대한 생각을 더 많이 하게 되었다. 물론 우리는 여전히 천국에 대한 답을 많이 갖고 있지 않다. 기껏 우리가 알고 있는 것은, 어쩌면 광활한 바다 속에서 소라 껍질 몇 개를 발견한 정도에 지나지 않을 것이다. 그렇지라도 이제는 천국이 막연하지만은 않다. 마음속에 천국에 관한 어떤 그림이 있고, 그 그림을 바라보면서 "와!"하고 말할 수 있다.

우리 어머니가 그것을 요약해서 말씀하셨는데, 그 말씀이 참 마음에 든다. "콜튼의 일이 일어난 후로, 난 실제로 천국이 어떤 곳일지에 대해 더 많이 생각하게 되었단다. 전에는 천국의 개념을 받아들였지만, 이제는 그것을 직접 마음속에 그려 본다. 또 전에는 천국에 대해 듣기만 했지만, 이제는 언젠가 내가 천국을 직접 보게 될 거라는 것을 안단다(같은 책, pp. 205-206).

저자가 천국에 대하여 성경에서 발견하는 것만을 가르친다고 한 것은 맞는 일이고 잘 하는 것이다. 그것이 바로 개혁주의적 입장이다.

그런데 그는 과연 말대로 하는가? 이제 우리는 성경과 콜튼이 전하는 말에 대한 그의 태도를 보자. 그러면 금방 그 말이 거짓임이 드러난다.

지자는 먼저 성경은 천국에 대하여 너무 단편적이고 제대로 답을 주지 못한다고 생각한다. 그런데 성경에 나오는 천국에 대한 말씀이 천국에 대한 온갖 정보를 다 주는 것은 아니나, 결코 단편적이지 않다. 계시록을 비롯한 여러 곳에서 천국에 대한 정보가 있다. 그리고 성경이 우리의 호기심으로 하는 모든 질문에 대답을 주는 것은 아니나, 우리가 꼭 알아야만 하는 필수적인 문제에 대한 답은 다 주고 있다. 우리는 하나님이 현재 우리가 꼭 알아야만 한다고 판단되어 주신 말씀으로 만족할 줄 알아야 한다.

그 다음에 저자는 어린 아이 콜튼의 이야기를 성경 말씀과 같은 반열에 올리고 있다. 그의 말을 자세히 읽어 보면 금방 그런 의도를 알 수 있다. 그 이야기를 그저 하나의 체험으로 듣고 참고하더라도 책으로 내어서 선전하게 될 때 많은 문제가 생기는데, 성경 말씀과 같은 차원으로 본다면 큰 문제가 된다.

(9) 천국, 지옥 간증에 대한 종합 평가(비판)

천국과 지옥 간증에 대한 태도는 둘로 나누어진다. 그 하나는 이를 긍정적으로 보고 적극 수용하는 것이다. 그 다음에 다른 하나는 이를 회의적 또는 비판적으로 보고 경계하는 것이다.

그러면 먼저 긍정적으로 보고 적극 수용하는 자들의 말을 들어보자

먼저 하나님의 천국 계시는 지금도 계속된다고 한다. 그들은 성경 66권은 인류의 구원을 위한 최소 필요한 범위내에 속한 요점만을 알려주신 것이며, 무한한 하나님의 세계의 일 부분에 불과하다고 한다.

이들은 흔히 요한복음 21:25의 말씀, 즉 "예수의 행하신 일이 이 외에도 많으니, 만일 낱낱이 기록된다면 이 세상이라도 이 기록된 책을 두기에 부족할 줄 아노라"는 말씀과 요한복음 16:12, 13의 "내가 아직도 너희에게 이를 것이 많으나 지금은 너희가 감당하지 못하리라 그러나 진리의 성령이 오시면 그가 너희를 모든 진리 가운데로 인도하시리니, 그가 스스로 말하지 않고 오직 들은 것을 말하며 장래 일을 너희에게 알리시리라"는 성구를 든다.

바꾸어 말해서 이와 같은 구절에서 볼 때, 성령은 지금도 무한한 하나님의 나라의 신령한 일들을 개인적으로 체험시켜 주실 수 있다는 것이다(유사종교연구집, P. 103).

그런데 요한복음 21:25의 말씀은 예수님이 행하신 일 중에서 다 기록하지 못한 것들이 많다는 말씀이지 새로운 계시를 준다는 말씀은

아니다. 그리고 요한복음 16:12, 13의 말씀도 역시 새로운 계시를 준다는 말씀이 아니고, 성령이 오시면 이미 주어진 모든 계시의 참 뜻을 깨닫게 해주신다는 말씀이다.

그 다음에 천국 간증은 이미 예수님을 믿고 있는 신자들에게는 천국의 존재에 대한 확신을 심어주고, 불신자에게는 예수님을 받아들여 결신케 하는데 유력한 방편이 된다고 한다.

간증을 하는 자들은 그렇게 선전하며 교회 부흥의 지름길이라고 한다. 그렇게 하면서 붐을 일으킨다. 그런 간증을 듣는 자들은 천국, 지옥에 대하여 처음 들은 것처럼 하면서 열광하고 은혜받았다고 한다. 많은 불신자가 회개하고 믿는다고 생각한다. 과연 그럴까?

이제 우리는 회의적 또는 비판적으로 보고 경계하는 쪽의 말을 들어보자 이것이 천국 지옥 간증에 대한 종합 평가, 즉 비판이다(이 부분은 그런 관점에 대한 일반적인 주장 외에 필자의 의견도 많이 포함되어 있다).

① 계시의 충족성, 완전성 입장에서 볼 때 성경 외의 계시는 있을 수 없다.

하나님은 자연 외에 성경을 주셨다. 성경인 계시는 우리가 구원 얻기에 필요한 모든 지식을 준다. 그러니 그것은 우리가 구원을 얻기에 부족이 없는 완전한 것이다. 이것이 계시의 충족성, 완전성이다. 그러니 계시는 성경으로 끝이 났고 성경 외에 다른 계시는 없다.

"옛적에 선지자들로 여러 부분과 여러 모양으로 우리 조상들에게 말씀하신 하나님이 모든 날 마지막에 아들로 우리에게 말씀하셨으니"(히1:1-2)

박윤선 박사는 그의 『개혁주의 교리학』에서 성경의 충족성을 성경의 완전성으로도 지칭하면서 말하기를, "로마 카톨릭교는 성경이 불완전한 점이 있다는 의미에서 거기에 교황들의 유전(遺傳)을 보충한다. 그러나 개혁주의는 성경 그것만으로 우리의 신앙생활을 교도하기에 언제나 충족하다고 본다"고 했다. 그러면서 신약계시의 최종성 혹은 완전성의 근거로서 히 1:1-2을 언급한다. Robert Shaw도 그의 『웨스트민스터 신앙고백서 강해』에서 이 부분에 대하여 성경의 완전성(perfection of the scripture) 개념을 설명하고 있는데, 그는 말하기를 우리가 성경의 완전성 개념을 주장한다는 것은 성령의 새로운 계시(new revelations)을 가식하는 열광주의자들(enthusiasts)의 가식된 계시(pretended revelations)에 반대하는 것이라고 명시하고 있다.

본성의 빛, 그리고 창조와 섭리의 사역은 하나님의 선하심과 지혜와 능력을 너무나 분명하게 드러내기 때문에 사람에게 변명의 여지를 주지않지만, 이것들이 구원 얻기에 필요한 지식, 곧 하나님과 그분의 뜻에 대한 지식을 충분히 베풀지는 않는다. 그래서 주님께서는 기꺼이 여러 부분과 여러 모양으로 자기 자신을 계시하시고 교회를 향한 자기의 뜻을 선포하셨다. 그리고 그 후에는 진리를 보다 더 잘 보존하고 보급하며, 육신의 부패와 사탄과 세상의 악의를 대항하여 교회를 보다 확실하게 세우고 위로하실 목적으로 그 동일한 내용을 전부 기록하게 하셨다. 이는 성경을 절대적으로 필요하게 만든다. 하나님께서 자기 백성에게 자기 뜻을 계시하시는 이전방식은 이제 중단되었다.(웨스트민스터 신앙고백, 1장 1)

그러니 천국, 지옥에 대해서도 새로운 계시는 있을 수 없다. 이 말은 개인들에게 주어지는 개인적인 어떤 체험이 있을 수 없다는 말은 아니다. 계시 차원이 아닌 어떤 보여짐은 있을 수 있다. 그러나 계시의 연장선상에 있는 어떤 보여짐은 있을 수 없다. 그럼에도 불구하고 은근히, 또는 노골적으로 새로운 계시임을 주장하는 자들이 많다.

그런데 그렇게 함은 주어진 말씀 외에 다른 것을 더하는 것으로 무서운 이단적인 죄가 된다. 우리는 성경으로 만족할 줄 알아야 한다. 공연한 호기심으로 다른 것을 더하거나 더한 것을 받아들인 자는 무서운 재앙들을 받을 것이다.

> "내가 이 책의 예언을 말씀을 듣는 각인에게 증거하노니 만일 누구든지 이것들 외에 더하면 하나님이 이 책에 기록된 재앙들을 그에게 더하실 터이요"(계22:18).

② 개인적인 체험은 어디까지나 주관적 사적(私的)체험으로서 객관성이 없다.

바울은 천국에 갔다오는 체험을 하였다. 그는 말할 수 없이 신비한 것을 경험하였다. 그러나 그는 사도 요한과는 아주 대조적으로 그 체험을 말하지 않았다. 그가 그렇게 한 것은 자기가 하나님으로부터 전하라는 명을 받지 않았기 때문에 그것은 어디까지나 철저히 자기 개인에게 주어진 체험으로 인식하였기 때문이다. 어디까지나 주관적, 사적 체험인 것을 알았다.

그리고 그럼에도 불구하고 그가 자기 개인에게 주어진 것을 간증하게 될 때에 많은 오해와 혼선이 올 것을 생각하였다. 사실 어떤 영적인 현상은 제대로 완전히 설명하기가 거의 불가능하다. 설명한 부분에 대해서도 제멋대로 해석할 위험이 많다. 그리고 객관적으로 주어진 계시와 혼돈할 가능성 매우 높다.

그리고 우리는 예수님이 살린 사람들을 생각해 보자. 예수님이 살린 자들은 야이로의 딸, 나인성 과부의 아들, 나사로가 있다. 나사로는 죽은지 몇 일 되어 무덤에 장사된 상태였다. 그들도 천국에 가서 놀라운 광경을 보았으리라고 생각된다. 나사로는 더욱 그러하다. 천국, 지옥 간증자들은 죽었다가 살아났다고 하는 자도 그렇게 보기는 어렵다. 그런데 예수님이 살린 자들은 분명히 죽었다가 살아났다. 그런데 그 죽었다가 살아난 자들은 천국에 대하여 어떤 말도 하지 않았다. 당시 사람들은 그런 사실에 대하여 전혀 들을려고 하지 않았다. 만일에 그들이 간증을 했다면 큰 인기를 얻고 사람들이 구름처럼 모여드는 스타 강사가 되었을 것이다. 그 결과는 사람들을 환상적인 것을 찾아 헤매는 신비주의자로 만들고 예수님의 천국 전파는 큰 타격을 입었을 것이다.

그런데 천국, 지옥을 간증하는 자들은 한결같이 하나님이 자기에게 알리라는 명령을 했다고 한다. 자기는 온 세상에 전해야 할 사명을 받았다고 한다. 그 내용을 꾸며서 작품으로 만든 사람일수록 그것을 더욱 강조한다. 우리는 앞에서 설명한 내용을 생각할 때, 그러한 주장이 자기들을 정당화하기 위한 것임을 알 수 있다.

③ 그런데 그것은 참으로 본 것인가?

그들은 자신들의 개인적인 어떤 체험들을 말하면서 항상 천국 가서 직접 본 것이라고 한다. 그렇지 않은 사람들이 더욱 그것을 강조한다.

그런데 그러한 주장들은 그들이 그저 주관적인 어떤 신비적인 생각으로 하는 말이거나, 그저 꾸며서 하는 경우가 많다. 신비적인 것을 찾는 사람이 간혹 드물게 어떤 것을 볼 수 있다. 그런데 그 경우 하나님이 보여 준 것도 있다. 우리는 기도하면서 성경으로 그것을 잘 분별해야 한다.

그리고 심령 속에서 일어나는 하나님과 관계가 없는 환상, 꿈 같은 어떤 영적인 것일 수도 있다. 또 평소에 상상한 것들이 잠재의식에 숨어 있다가 최면적인 상태에서 나오는 것일 수도 있다.

그리고 의도적으로 꾸며서 말하는 경우도 많다. 그 내용을 볼 때 너무 조직적으로 체계적으로 말하는 경우, 어떤 교훈을 주고자 하는 경우, 사람들의 호기심, 바람에 응답을 주는 것 같은 경우, 비성경적인 어떤 교리(연옥 등)를 뒷받침하는 경우, 그리고 어떤 역사의 인물들을 어떤 자리에 배치하는 경우 등에서 의도적으로 작품을 만들었다는 인상을 강하게 풍긴다. 단테나 스웨덴 보리의 작품에서 그런 것을 많이 볼 수 있다.

그런데 그들은 한결 같이 천국에 가서 직접 보고 들은 것이라고 한다. 꾸며서 하는 사람들일수록 더 그렇게 강조한다. 그래야 사람들이 들을려고 하지 않겠는가?

④ 소위 말하는 임사체험자들의 말과 비슷한 점이 많다.

세네카 쏘디는 천국행의 수레를 타면서 침대 위에 누워 있는 자기 육신을 보았다고 한다. 펄시 콜레는 바닥에 쓰러지는 순간 영이 육체를 빠져 나왔다고 한다.

그 외에도 사고를 당하여 영은 육신을 빠져나와 공주에 있으면서 자신이 병원에 실려가는 모습이나 치료받는 모습을 보았다고 하는 경우가 많다. 천국으로 가는데는 수호령이 나타나 인도했다고도 한다.

이러한 사실은 앞에서 말한 임사체험과 거의 유사한 이야기다. 비기독교인 사람들도 임사체험에서 거의 비슷한 것을 경험한다. 그것에 대해서도 여러 가지 주장들이 있는데, 그것은 죽음 근방에 간 체험이라고 할 수 있다.

이러한 점을 생각할 때 무엇을 보았다고 하여 함부로 간증할 일이 아니지 않는가?

⑤ 그 내용이 성경과 맞지 않을 뿐 아니라 서로 상충되는 것도 많다.

단테는 신곡에서 연옥이 대하여 한 장으로 길게 언급한다. 연옥은 중세교회가 조작한 것이지 성경에는 없는 내용이다. 스웨덴 보리도 연옥 비슷한 소리를 한다. 펠시 콜레도 마찬가지다.

그 외에 앞에서 각각에 따라 비판할 때에 여러 가지 문제에서 비성경적인 것을 많이 말하였다. 그러한 것들은 예사로 들으면 잘 모를 수 있다. 그러나 비록 그것이 중대 교리가 아니라 할지라도 성경을 무시하고 파괴하는 아주 위험한 것들이다.

우리는 항상 신구약 성경은 하나님의 말씀으로 믿음과 순종에 대한 유일한 법칙(대요리문답)임을 명심해야 한다.

이제 천국, 지옥 간증에서 그 흐름, 패턴이 성경과 상이한 것을 지적하고자 한다.

㉠ 주로 복을 누리고 영광에 취하는 내용이다.

천국에 간 영혼들이 얼마나 복된 삶을 누린다는 것과 그곳의 영광에 도취되어 있는 모습을 말한다.

그러나 요한계시록에 보면 사도 요한은 천국의 환상을 본 것을 말함과 동시에 말세에 마지막 재앙, 심판이 있을 것이라는 사실을 말한다. 그 재앙, 심판이 하늘 보좌로부터 시작되는 사실, 그것이 임박하였음을 말한다. 그런데 지금은 그때보다 더 말세가 가까이 다가오지 않았나? 그렇다면 하나님은 지금도 그러한 경고를 주시지 않겠나? 지금은 천국을 보여줌으로 보는 자들에게 더 그러한 경고를 하시지 않겠나?

㉡ 천국보다는 지옥에 치중한다.

그들은 천국 간증이라 하면서도 지옥의 광경과 그 형벌에 대하여 아주 자세하게 말하고 그와 상대적으로 천국에 대하여는 약하게 말하는 경우가 많다. 오히려 천국에 대하여 더 자세히, 많이 말해야 되지 않을까?

그런데 그렇게 하는 것은 지옥에 관한 이야기나 묘사는 여러 이교적인 것으로 많이 설명하기 쉬우나, 천국은 그렇지 못하기 때문이다. 지옥 이야기는 여러 다른 종교나 일반 설화에서 말하는 것과 비슷한 것이 많다.

ⓒ 직종 따라 천국과 지옥에서 그 자리가 정해진다.

신성종은 특별히 그런 것을 강조한다. 천국과 지옥은 철저하게 구역으로 나누어진다. 도시계획이 아주 잘 세워져 시행되고 있다. 천국의 맨 앞줄에는 순교자가 머무는 곳이다. 둘째 줄에는 전도를 많이 한 성도들이 자리한다. 셋째 줄에는 주를 위해 고난당한 자들이 있다. 지옥도 철저하게 그 죄의 종류에 따라 마치 감방처럼 분리 수용된다.

그런데 이러한 사실은 성경과 맞지 않다. 성경은 어떤 직종, 양의 차이에 따라 상과 영광이 정해지지 않고 그 사랑과 충성의 정도와 질에 따라 정해짐을 말한다. 다섯 달란트 맡은 자나 두 달란트 맡은 자가 다 같이 배를 남겼을 때 다같은 칭찬을 들었다(마25:20~23). 어떻게 신학자가 되어 이런 것을 생각지 못하였을까?

⑥ 그 간증하는 내용들은 서로 상반되는 것들이 많다.

오늘날 천국에 갔다 왔다는 사람들이 자꾸 늘고 있다. 어떤 사람은 스타 강사가 되어 전국을 누빈다. 어떤 간증집은 세계적인 베스트셀러가 되었다. 새롭고 신비적인 것을 추구하는 사람들은 열광한다.

그런데 큰 문제가 있다. 그것을 그 내용들이 서로 모순되고 상반된 것들이 생기는 것이다. 만일 하나님이 보여준 것이라면 그런 일이 없어야 되지 않을까?

연옥을 믿는 자에게는 연옥이 보인다. 사람에 따라 그 전체적인 모습이 아주 판이하다. 그것은 그 내용이 그 사람 마음에서 나온 증거다. 스웨덴 보리는 천국서 결혼생활을 하고 아주 최고의 섹스를 즐긴다고 한다. 그러나 펄시콜레는 천국에는 결혼도 없고 성기능이 없다고 한다.

이러한 사실은 그 내용을 믿지 못하게 하는 증거가 된다. 그러한 사실은 개인과 교회에 큰 혼란을 일으키는 것이 된다.

⑦ 간증자들의 인격과 신실성 문제가 있다.

우리는 칼빈주의의 인간의 전적 부패를 새삼 들먹이지 않아도 인간의 윤리적 취약성을 잘 알고 있다. 인간은 누구나 사탄의 유혹에 빠지면 위증자(僞證者)가 될 수 있는 것이다.

천국 간증자들은 목사, 장로, 권사, 집사, 평교인, 초신자… 등등 여러 계층의 사람들이 포함되어 있고, 심지어 이제까지 깡패 두목 노릇을 하던 사람도 "나도 천국 갔다 왔노라"하고 나서는 경우도 있으니 문제가 있다는 것이다.

구체적인 예를 든다면, 병원 냉동실에서 3일 동안 냉동되었다가 화장터로 가는 도중 계시의 음성으로 살아 났다고 하고, 그 사이에 체험했노라고 하면서 천국과 지옥의 증인으로 자처, 신앙 간증집을 냈다가 월간지 "현대종교"의 모(慕) 기자의 추적 끝에 사실이 아닌 내용에 대한 시인을 하고만 성○○ 권사의 경우를 들 수 있다(유사종교 문제 연구, 1집, P.105).

그런데 이렇게 적극적인 경우가 아니라 할지라도 인기가 높아지면 마귀의 시험을 받아 자기도 모르게 실제보다 과장하거나 더하거나 빼게 되는 경우가 생길 수 있다.

또 은혜를 끼친다는 목적으로 그렇게 하면서 지나치게 설교식으로 하는 경우도 볼 수 있다. 그러다가 나중에는 직업적이 되고 축재를 하는 경우도 있다. 그러다가 얼마 지나 교회가 정신을 차리고 판단하게 되면 그 간증은 슬그머니 사라진다. 오늘날까지 그런 일은 수없이 반복되었다.

3. 중세의 신비주의자 십자가의 성 요한의 조언

아빌라의 데레사와 함께 스페인 신비신학의 거장인 십자가의 성 요한은 1542년 가난한 귀족 가정에서 태어났다.

1563년 가르멜 수도원에 입회하여 살라망카에서 신학을 공부한 뒤 1567년 사제가 되었다. 그는 하느님께 깊이 몰입하려 했으나 아빌라의 데레사에게 설득되어 데레사의 개혁을 가르멜 남자 수도회에 소개하고 두루엘로의 첫 개혁 수도회에 입회하였다.

그 뒤 가르멜회 대학에서 교수로 있었으나 1577년 개혁을 원하지 않던 수도원장에 의해 9개월 동안이나 투옥생활을 하게 되었다. 후에 요한이 칼바비오로 떠남으로써 가르멜 수도회는 맨발의 가르멜 수도회와 이전의 가르멜회로 완전히 분리되었다.

요한의 신비적 영성은 많은 수도자들에게 큰 영향을 미쳤다.

십자가의 요한은 아빌라의 테레사와 함께 스페인 신비신학의 거장이다. 그는 "가르멜의 산길"이란 책으로 묵상, 관상으로 하나님께 나아가는 길을 말하였다.

그는 영혼이 하나님께 결합(연합)되는 과정을 밤(어두움)이라 부른다. 그렇게 부르는 이유를 다음과 같이 말하면서 길게 설명한다.

> 「영혼이 하느님과 결합되는 과정을 밤이라 부르는 데에는 세 가지 이유가 있다 할 수 있다.
> 그 첫째는 영혼이 나서는 출발점에서 그런 것이니, 이제까지 품고 있던 세상의 모든 것에 대한 욕정을 부정하여 끊어버려야 하는 만큼, 이 부정과 끊음이 인간이 온갖 감성에게는 밤과 같은 것이다.
> 그 둘째는 영혼이 하느님과의 합일로 가는 길, 즉 방법으로 보아 그런 것이니, 이는 곧 믿음이다. 믿음은 이성에게 어두운 것인 만큼, 밤과 같은 것이다.
> 그 셋째는 종착점인 하느님으로 보아 그런 것이니, 하느님께서는 더도 덜도 말고, 이승에 있는 영혼에게는 어둔 밤일 따름인 것이다.
> 이상 세 가지가 영혼이 거쳐서 가는 밤, 아니 영혼이 하느님과 신비로운 결합을 하기 위하여 거쳐 가야 하는 밤들이다」(가르멜의 산길, P.38).

위의 말을 간단히 말하면, "하나님을 만나 결합하는 것은 너무도 찬란하여 인간의 감성, 이성, 기억, 의지 그 어떤 것으로도 전혀 감지할 수 없기 때문에 그런 것들의 입장에서 볼 때 어두움(밤)이라고 한다"는 것이다(이것은 위-디오니사우스의 부정적 신학-무념적 방법을 따른 것이다.)

그리고 그는 우리가 그 밤에 이르기 위하여 모든 감성, 이성, 의지적인 것, 모든 인간적인 것을 묵상을 통하여 부정해야 될 것을 논술한다. 그런 것을 넘어서야 하나님을 만날 수 있음을 말한다.

◎ 이러한 사실은 신비신학에 속하는 것으로 그 자체를 알기 위해서는 긴 설명이 필요하다. 그리고 개혁주의 신학에서는 거의 다루지 않는다. 여기에 대하여 여러 이론이 있을 수 있다. 그저 참고로 잠간 소개할 뿐이다.

◎ 그런데 우리는 신비신학을 매우 위험하게 보고 접근을 꺼린다. 그러나 십자가의 요한은 여러 가지 비판의 여지가 있지만, 매우 건전한 면도 있다. 예를 들어 그는 하나님의 형상을 보려는데 대하여 다음과 같이 말한다.

하나님은 하나님일 뿐 다른 것으로 설명될 수 없다. 다른 어떤 것은 하나님의 일부도 아니다. 고로 어떤 형상이라 할지라도 실제 하나님이 아니다. 하나님은 순수 영이므로 어떤 형상으로 보일 수 없다. 혹 어떤 경우에 보인 형상은 실제가 아니고 상징이다(예를 들어 모세가 하나님의 등을 보았다고 하는데, 그것은 모세가 하나님의 후광에 접촉했음을 말한다).

그런데 우리는 하나님에 대한 어떤 형상을 보려고 하지 말아야 한다. 왜냐하면 악마가 속이려고 손을 써 거짓 형상을 보이는 수가 너무 많기 때문이다. 우리는 속기 쉽다. 그리고 하나님으로부터 온 것이라도 우리는 해석이 곤란하다. 잘못 해석해서 오해하므로 손해 보기 쉽다. 영이신 하나님을 형상으로 오해하여 실제 하나님을 얕보고 멀리하기 쉽다.

그렇지 않을지라도 어떤 형상의 기억은 하나님과 연합하는데 방해가 되기 쉽다. 또 자칫하면 허영심에 빠지기 쉽고, 그렇게 되면 남을 무시하게 된다. 또 형상을 보기를 즐기다 보면 말씀 위주의 신앙에서 멀어진다. 하나님은 우리에게 자기계시로 자연과 성경을 주셨는데 오래된 신자가 형상보기를 즐기면 노여워하신다. 하나님은 어린 신자에게는 간혹 형상을 보여주신다. 그러나 성숙한 신자에게는 그렇게 하시지 않는다. 그러므로 우리는 어떤 형상도 보려고 하지 말아야 한다.

우리는 그러한 기대를 다 버리고 하나님을 묵상함으로 하나님께 나아가야 한다. 고요한 묵상을 통하여 하나님을 만나고 연합해야 한다(전용복, 묵상과 평강, pp. 149~151).

이제 그가 말한 것을 좀 더 잘 이해하기 위하여 그의 책을 약간 인용해 보고자 한다(그의 책, 가르멜의 산길, pp. 315~326).

표현이 우리와 좀 달라 이해하기 힘든 부분이 있다. 그러나 조용히, 천천히 읽어보면 그 뜻을 이해할 수 있다.

제8장 영혼이 초자연 현상을 지각한 다음 이에 대한 생각을 되풀이함에서 올 수 있는 폐해들

그 폐해가 얼마나 되는가를 말함, 첫째 폐해, 어떤 형상이나 지각에 사로잡혀서 그 생각을 되풀이하면 스스로 제 판단에 속아 넘어간다.

1. 초자연의 길로 스쳐간 현상들이 영혼 안에 남긴 형상과 지각을 붙들고 거듭거듭 생각하면 그러한 영성인은 다섯 가지 손해를 볼 위험이 있다.

2. 첫째, 이것저것을 혼동해서 속는 수가 많다.
둘째, 자만과 허영심에 빠지기 쉽고 자칫하면 빠진다.
셋째, 위의 지각을 통하여 악마가 속이려고 손을 많이 쓴다.
넷째, 망덕으로 하느님을 얕보게 된다.

3. 첫째의 경우 영성인이 위에서 말한 형상이나 지각에 사로잡혀서 그 생각을 되풀이하고 있으면 스스로 제 판단에 속아 넘어갈 것은 뻔하다. 왜냐하면 상상을 스쳐간 예사로운 것도 다 알 수 없고 그에 대한 완전 정확한 판단을 내리지 못하거든, 하물며 인간 능력을 초월할 뿐 아니라 드물게 있는 초자연의 현상이야 말할 나위도 없는 것이다.

그런 까닭에 흔히 하느님께서 하신 일로 생각하던 것이 환상일 수가 있고, 또 흔히 하느님의 일을 악마의 짓이라 하는가 하면, 악마의 짓거리를 하느님의 일이라 할 것이다.

더구나 아주 흔하기로는 자기나 남의 잘잘못에 대한 모습과 지각이 마음에 남고 그 밖에 다른 환상들이 떠오르면 이야말로 확실하고 진실되다고 믿어버리지만 사실은 이와 엉뚱해서 크게 그르치는 수기 있다. 혹시 초자연의 현상이 참 것일 경우에도 그것을 거짓으로 판단하는 수가 있는데 대개는 겸손에서 그러는 만큼 나는 오히려 이를 안전하다고 본다.

4. 그리고 또 참됨에 있어서 속지 않는다 치더라도 질과 양에 있어서는 적은 것을 많다, 많은 것을 적다고 여김으로써 속을 수가 있다. 질을 말한다면 상상으로 이러이러하다고 생각한 것이 실은 저러저러한 경우이니, 이사야가 이른바 "어둠을 빛이라, 빛을 어둠이라, 쓴 것을 달다, 단 것을 쓰다"(이사야 5,20) 고 아는 그런 따위다.

   결국 한 쪽이 맞았다 해도 다른 쪽이 틀리지 않으면 오히려 이상할 것이니, 판단력을 발휘해서 판단할 마음이 없었다 치더라도 그런 일에 관심을 두는 그 자체가 결과적으로 어떤 해를 받게 만들 것이고, 그 폐해란 지금 말하는 것 이외에 다음에 말할 네 가지 중 어느 것이 될 수 있을 것이다.

5. 영성인이 판단을 그르치는 해를 면하는 데에 좋은 방법으로는, 자기가 지니고 있는 것 느끼고 있는 것이 무엇인가, 이러이러한

시현과 지식 및 감동이 어떠한 것인가를 알려고 판단력을 발휘하지 않음에 있고, 알고 싶거나 관심을 두는 일이 없이 다만 영성 지도자에게 사실을 말함으로써 저러한 지각에서 기억을 비울 수 있도록 가르침을 받아야 하는 것이다.

초자연의 현상이 무엇이든 간에 하느님을 사랑하는 데에 도움이 되지 못할 뿐더러 일체를 끊고 비우는 싱싱한 믿음과 바람의 사소한 행위에도 미치지 못하는 것이다.

제9장 둘째 폐해. 곧 자만심과 허영심에 빠질 위험을 들어 말함

1. 위에서 말한 기억의 초자연스런 지각들도 어떠한 자만과 허영심에 빠질 크다란 기회가 되는 수가 있는데 영성인이 이를 문제시하고 중대시할 때가 그렇다. 초자연스런 현상에 접해보지 못한 사람은 자기에게 자만을 부릴 만한 것이 없음을 아는 까닭에 우쭐대는 결점에 떨어질 염려가 없지만, 초자연과 통한 사람은 이와 달라서 뽐낼 만한 것을 벌써 지니고 있기 때문이다. 물론 그런 은혜를 하느님께 돌리고 스스로를 부당한 자로 자처해서 감사를 드릴 수 있는 것이 사실이다. 그러나 마음속엔 은근한 만족감, 그리고 자신과 은혜에 대한 과대평가가 생기게 마련이어서 그러다 보면 자신도 모른 사이에 대단한 영의 교만이 솟는 것이다.

2. 이 교만은 다음과 같은 경우에 잘 볼 수 있다. 자기의 정신을 기

려주지 않고 자기가 지닌 것을 높이 알아주지 않는 사람을 꺼려하고 피하거나, 다른 사람들도 자기와 같이 아니면 자기 이상으로 은혜를 가지지 않나 하고 생각할 때 슬퍼지거나 남이 그런 말을 들려줄 때 언짢아지는 경우가 그렇다. 이런 따위는 모두 은근한 자부심과 교만에서 생기지만 정녕 눈에까지 꼭 차올랐으므로 스스로 깨닫지를 못하는 것이다. 이런 사람들 생각에는 어느 정도 자기 비참을 알면 그만이다 싶기에 이러한 자아 인식과 함께 자신을 과대평가하고 자기만족에 꽉 차 있다. 마치 바리사이가 자기는 남들 같지 않고 이러저러한 덕이 있음을 자랑하고 만족해하면서 하느님께 감사드렸듯이, 이 사람들은 남의 것보다 자기 정신, 자기 은혜만을 대단하게 알아서 우쭐댄다. 이들은 말로 표현을 하지 않을 뿐 속마음은 줄곧 그런 생각을 하고 있으며, 심지어 어떤 사람들은 어찌나 교만하던지 악마보다 훨씬 더 악질이다. 이들은 자기 안에 어떠한 지각 그리고 하느님께 대한 경건하고 감미로운 감동이 이는 것을 보고 하느님께 접근했다는 생각에서 만족해 버리며, 그 경험이 없는 사람을 아주 얕게 보아서 바리사이들처럼 남을 업신여긴다.

3. 하느님의 눈앞에 지겨울 이 그악스런 폐해를 막으려면 두 가지를 생각해야 한다. 첫째, 덕이란 하느님께 대한 지각과 감동이 아무리 깊고 높다 해도 사람이 이대로 느끼는 데에 있지 않다는 것이다. 오히려 덕은 자기 안에 아무것도 느끼지 않는 겸손, 그리고 자기 및 자기의 것을 업신여기는 데에 민감하고 틀이 잡힌

마음에 있는 것, 아울러 남이 자기를 아무짝에도 못 쓸 것으로 알아서 업신여김에 맛을 느끼는 데에 있는 것이다.

4. 둘째, 하늘스런 시현과 계시와 감동이든 자기가 생각하고 싶어 하는 무엇이든 그 모두는 가장 작은 겸손 행위에 비겨 아무것도 아님을 깨달아야 한다. 겸손은 사랑의 결과이니 사랑이란 제 것을 크게 여기지 아니하고 제 것을 얻으려 아니하고 나쁘게 생각하는 것은 오직 자기 하나 뿐, 자기의 선이 아닌 오직 남의 선만을 생각한다. 따라서 초자연의 지각을 눈을 잔뜩 높이지 말고 되려 그것을 잊음으로써 자유롭기를 힘써야 한다.

제10장 기억의 상상적 지각으로 악마가 영혼에게 끼칠 수 있는 셋째 폐해를 들어서 말함

1. 이상의 서술에서 악마가 초자연의 지각을 통하여 영혼에게 끼칠 수 있는 숱한 해를 충분히 알고도 남는다. 왜냐하면 악마는 기억과 환상 안에서 별의별 거짓된 생각과 형상을 참스럽고 거룩한 듯이 그것도 효과적이며 확실한 암시를 써서 펼칠 수 있을 뿐 아니라(영혼은 제 안에 자리 잡고 있는 것밖에 아무것도 없는 양 빛의 천사를 가장한 악마가 빛으로 보이므로), 하느님께로부터 오는 진리에 대해서도 갖은 수법으로 유혹을 할 수 있기 때문인데, 그 수법이란 영적 및 감각적 욕구와 감정을 사뭇 삐뚜로 움직이는 그것이다.

그도 그럴 일이, 영혼이 이 같은 지각에 맛을 들이면 그 욕구와 감정에 부채질을 해서 영의 탐욕과 다른 폐해를 입히는 것쯤 악마에게는 일도 아닌 것이다.

2. 이뿐이 아니다. 악마는 성공을 거두려고 하느님의 일에까지 곧잘 감정 안에다가 달콤한 맛과 기쁨을 불어넣는 것이니, 그렇게 되면 영혼이 그 맛에 얼근하고 황홀해져서 차츰 눈이 멀고 사랑보다는 맛에만 마음을 빼앗긴 나머지 사랑에는 관심이 없게 된다. 한편 하느님께 대한 믿음과 바람과 사랑 안에 있는 벗음과 비움보다 지각을 더 소중히 알기 때문에 악마는 갈수록 영혼을 속이고 나아가서는 힘 하나 안 들인채 제 속임수를 믿게끔 만든다. 영혼이 이미 눈먼 장님이 되었으니 거짓도 거짓으로 보이지 않고 악도 악으로 여겨지지 않는 것… 어둠이 빛으로 빛이 어둠으로 보이는 거기에서 자연적 윤리적 심지어 영성적인 면에까지 온갖 엉터리가 다 나오니, 이야말로 포도주가 초로 변한 것이다. 이 모든 것은 저 초자연스런 것들을 당초부터 부정하지 않은데서 비롯되는데, 처음에는 하찮고 그다지 나쁘지 않게 여겨져서 별로 마음을 쓰지 않고 그냥 내던져 두다 보면 어느덧 겨자씨처럼 큰 나무가 되어버리는 것이다. 처음에는 작은 잘못이 끝에는 큰 것이 된다는 말 그대로이다.

3. 그러므로 악마로부터 오는 이 큰 폐해를 막으려면 애당초 영혼이 초자연스런 현상에 맛을 들이지 말아야 하니, 자칫하다가는

맛에 눈이 어두워져서 타락할 것은 틀림없는 일이다. 달콤한 맛과 낙은 구태여 악마가 거들 것 없이 그 자가 영혼의 눈을 멀게 하기 때문이니, 다윗이 "어둠이 나를 뒤덮고, 내 주위의 빛이 밤이 되었으면!"(시편 139:11) 한 것은 이를 말함일 것이다.

제11장 기억의 초자연스런 부분지로 말미암아 하느님과의 합일을 막게 되는 넷째 폐해

1. 이 넷째 폐해에 대해서는 별로 많은 말이 필요치 않다. 이 제3권의 각 장에서 이미 밝혀두었기 때문이다. 거기서 우리는 영혼이 바람(망덕)으로 하느님과 합일하기 위해서 기억에 있는 일체를 버려야 한다고 했으니, 바람이 오직 하느님께 대한 것이 되려면 하느님 아닌 것은 무엇이든 있어서 아니 되기 때문이다. 이미 또 말했거니와 기억으로 파악할 수 있는 어떠한 형과 상이든 그리고 어떠한 이미지나 지식이든 그것은 하느님이 아니고, 천상의 것이건 지상의 것이건 또 자연의 것이건 초자연의 것이건 하느님과 같은 것이라곤 전혀 없으니, 과연 다윗이 "주님, 신들 중에 당신과 같은 것이 없나이다"(시편 85:8)라고 가르친 그대로이다. 이로 미루어 볼 때 기억이 위에서 나아가는 길을 막게 되는 것이니, 헤살을 놓은 반면에 가짐이 많을수록 바람이 적은 까닭이다. 그러므로 영혼이 초자연의 형상이나 부분지를 벗어던지고 싹 잊어버려야 오롯한 바람을 가지고 기억으로 하느님과 합하게 된다.

제12장 초자연의 상상적 형상 및 지각으로 말미암아 하느님을 낮게 보고 엉뚱하게 판단하게 되는 다섯째 폐해

1. 다섯째 폐해는 영혼에 있어 결코 작은 폐해라 할 수 없다. 이미 말한바와 같이 이것은 초자연스럽게 내려지는 일들의 형과 상을 기억과 상상 안에 간직하려는 데서 오는 것으로서, 더구나 이것을 하느님과의 합일 방법으로 쓰려할 때 그 해는 심상치 않은 것이다. 왜냐하면 이 경우 인간의 지식을 초월하는 하느님의 본질과 그 높으심을 낮게 함부로 판단하기란 매우 쉬운 일이니, 설마 하느님께서 인간의 지식에 비례하신다는 생각을 가지고 노골적으로 그렇다는 단정이야 내릴리 없지마는, 지식을 과대평가하는 그 자체가 결국 신앙이 우리에게 가르치는 비교와 지식을 초월하시는 하느님을 그만치 높게 알아드리고 느끼지 못하게 만들기 때문이다. 이와 같이 모든 것을 피조물에 둠으로써 하느님께로부터 앗아버릴 뿐 아니라 영혼은 은영중 지각의 대상을 크게 알아 하느님과 비교를 하기에 이르니, 하느님을 높으신 그대로 판단하거나 알아드리지를 않는 것이다. 원래 피조물이란 지상의 것이든 천상의 것이든 영혼의 기능으로 파악할 수 있는 일체의 자연 및 초자연의 부분지든 영상이든 그것이 이승에선 제아무리 높다 해도 하느님의 본질과는 비교도 비례도 될 수 없는 것, 신학자들 말대로 당신은 피조물과는 달리 종(種)에도 유(類)에도 속하지 않는 까닭이니, 이승에 있는 영혼이 똑똑히 알 수 있는 것은 오직 종과 유의 개념에 드는 것 뿐이다. "일찍이 아무도 하느

님을 보지 못했다."(요한1:18)는 성 요한의 말이나, "당신 밖에 그 어느 신이 자기를 바라보는 자에게 이런 일들을 하였습니까?"(이사야64:4)라는 이사야의 말은 다 이를 두고 한 말이다. 하느님께서도 모세에게 이승에서는 당신을 뵐 수 없다 하시지 않았는가?(출33:20)

그런 까닭으로 영혼의 기억이나 다른 기능들을 지각의 대상을 가지고 막는 사람은, 하느님을 제대로 알아드리거나 느낄 수 없는 것이다.

2. 하찮은 비교를 하나 들어보자. 임금의 종들에다 눈을 두고 떼지 않는 사람이 임금께 대한 마음이나 정성이 모자랄 것은 뻔한 일이다. 높이 보거나 낮추어 보는 생각이 꼭 모나게 있어서가 아니라 종들에게 마음이 더 갈수록 임금에겐 그만치 덜 가므로 그 행실로 드러난다는 말이다. 그렇게 되면 어전의 종들이 무엇이나 되듯이 여겨지니 결국 임금을 제대로 높이 여기지 않는 사람이 된다. 마찬가지로 영혼과 하느님의 관계도 위에서 말한 그런 피조물을 과대평가할 때가 바로 그렇다. 물론 이 대비는 당치 않은 것이다. 앞에서 그것들과는 무한히 떨어져 계시기 때문이다. 그런 까닭에 그 일체를 시야로부터 지워버려야 하고 영혼은 믿음과 바람으로 하느님을 우러를 수 있도록 그 어느 형상에도 눈을 주어서는 아니 된다.

3. 그러므로 상상의 지각에 관심을 기울일 뿐 아니라 하느님께서

그 어느 상과 맞먹는다고 생각한 나머지 그 상을 가지고 하느님과의 합일에 도달할 수 있다고 믿은 사람들은 여간 큰 오류를 범하는 것이 아니니, 믿음으로 이성이 하느님과 합하건만 그들은 이성 안에 있는 믿음의 빛을 번번이 잃을 것이고, 기억이 하느님과 합하는 일이 바람으로 되건마는 바람의 높이에서 성장하지도 못할 것이다. 합일이란 모름지기 잎에 상상의 것을 버려야 이루어지는 것이다.

이 얼마나 건전한가? 이 부분에서는 지극히 개혁주의적이다. 오늘날 개혁주의라 하면서 수많은 교회들이 보고 듣기를 원하며 수많은 간증을 즐기고 있다. 구순연은 5,000여 교회에 강사로 갔다. 그야말로 눈코 뜰 사이가 없다. 그 5,000여 교회에는 한국의 건전하다고 하는 저명한 목사가 시무하는 교회가 거의 다 포함되어 있다. 우리는 십자가의 요한이 하는 말을 귀담아 듣고 배워야 한다. 대오각성해야 한다. 건전한 믿음의 산 길을 걸어가야 한다.

4. 인생의 죽음, 천국과 지옥에 대한 성경의 이야기들

이제 우리는 앞에서 말한 모든 것들을 생각하면서 인생의 죽음의 문제, 그 이후에 전개되는 천국과 지옥에 대하여 하나님이 성경으로 말씀하는 이야기들을 들어보자.

(1) 인생의 죽음, 그리고 그 이후

사람들은 죽음에 대한 이야기를 싫어한다. 죽기 싫으니까 이야기도 하기 싫어한다. 그것은 하나님을 믿는 신자들도 마찬가지다. 신자들도 세상에서의 장수, 복을 좋아하면서 살다보니, 죽음에 대한 생각도 하기 싫어하고 말하기도 싫어한다. 그러나 우리는 그런 자세를 버려야 한다. 오히려 적극적으로 생각하고 이야기해야 한다. 왜냐하면 누구나 잠시 후에는 그 괴물 같은 죽음을 만날 것이기 때문이다.

① 인생은 누구나 다 죽는다.

인생은 누구나 자기도 모르게 이 세상에 태어난다. 그리고 자기도 모르게 죽음을 맞이한다. 이 태어남과 죽음은 인생의 가장 중대한 두 가지 일이다. 그러나 이 둘은 자기 자신이 모르는 사이에 갑자기 찾아온다. 우리는 자기 자신이 아니라 다른 사람의 태어남과 죽음을 통해서 그것을 알고 있다.

사람은 이 세상에 태어났다가 반드시 한번은 죽어야 한다. 이것은 너무도 분명한 철칙이다.

"한번 죽는 것은 사람에게 정하신 것이요, 그 후에는 심판이 있으리니"(히9:27).

> "오, 그대 인생의 마지막 성취이신 죽음이여, 나의 죽음이여!
> 와서 나에게 조용히 속삭이세요 …
> 곧 나는 느낍니다. 떠날 시간이 가까웠음을.
> 해지는 저녁 어스름으로 이별의 날은 막을 내립니다.
> … 오, 멀고 먼 종말이여!
> 오, 그대 피리의 예쁜 부름이여!
> 나는 떠나겠습니다.
> 형제여 안녕히들 계십시오 …
> 부름을 받았습니다. 나는 떠날 채비를 하고 있습니다.
>
> 떠날 시간이 되었군요.

친구들이여, 행운을 빌어주셔요 …
나그네여, 당신은 정녕 가야합니까?
벌써 떠날 시간이 되었습니까?

서러워라. 나는 집에 머물 수가 없답니다.
집은 벌써 내게는 집이 될 수가 없으니까요.
영원의 손길이 부르고 있어요.
나그네의 발자국 소리가 내 가슴을 두드리는군요.
아!
괴롭습니다"(Tagore)

  사람은 누구나 반드시 죽는다. 죽음 앞에는 만인이 평등하다. 솔로몬도 죽었고, 시이저도 죽었고, 클레오파트라도 죽었으며, 소크라테스도 죽었다. 케네디도 죽었고, 박정희도 죽었고, 마이클 잭슨도 죽었으며, 스티븐 잡스도 죽었다. 그들은 모두 다 "돌아 올 수 없는 길"을 갔다. 죽음에는 연습이 없다. 가면 다시 오지 못한다. 그래서 사람들은 죽음을 슬퍼하고 두려워한다.
  우리는 이 불청객 죽음을 피할 수 없을까? 옛날에 중국의 권력자 진시왕은 불로초를 구하라고 명령하였다. 요즘도 불로초, 불사약을 구하는 사람들이 많다. 그러나 아무도 그런 것을 찾을 수가 없다. 그런 것은 이 세상 아무데도 없기 때문이다.

  ㉠ 죽음의 정의(의미)
  죽음은 무엇인가? 죽음에 대한 정의가 너무도 많다. 일반적으로

죽음은 숨을 쉬지 않는 것, 심장이 뛰지 않는 것 등이다. 의학적으로는 여러 가지 복잡한 이야기들을 한다.

그런데 성경은 죽음의 정의가 존재의 멸절(滅絕: 멸하여 없어짐) 이 아니라 분리임을 말한다.

인생의 영혼이 하나님과 분리되어 있는 상태, 즉 교제가 끊어진 상태가 영적 죽음이다(눅 12:5, 사59:2, 계20:14). 그러므로 불신자는 건강하게 돌아다녀도 영적으로 말하면 죽은 자이다. 송장이 돌아다니는 것과 같다.

"오직 너희 죄악이 너희와 너희 하나님 사이를 갈라 놓았고 너희 죄가 그의 얼굴을 가리워서 너희를 듣지 않으시게 함이니라"(사 59:2).

그리고 우리의 육체와 영혼의 분리가 육적 죽음이다. 영혼이 육신을 떠날 때 인생은 죽게 되고 모든 것이 끝난다. 육체는 흙으로 돌아가고 영혼은 저 세상으로 간다(전3:20, 21, 전12:7).

"흙은 여전히 땅으로 돌아가고 영은 그것을 주신 하나님께로 돌아가기 전에 기억하라"(전 12:7).

그리고 불신자가 지옥 가서 영원히 하나님과 분리되어 고통을 당하는 것을 영원한 죽음이라 한다(마12:28, 눅12:5). "그러나 내가 하나님의 성령을 힘입어 귀신을 쫓아내는 것이면 하나님의 나라가 이미 너희에게 임하였느니라"(마12:28).

우리는 이러한 죽음의 의미를 잘 알아야 한다. 육적 죽음보다 영적 죽음, 영원한 죽음이 더 무서운 것이다. 그러나 대부분의 사람들은 육적 죽음만 생각한다. 사람들이 영적 죽음, 영원한 죽음을 알게 될 때 참 인생의 의미를 알고 하나님을 믿게 된다.

ⓒ 죽음의 원인

모든 것에 원인이 있듯이 죽음에도 원인이 있다. 어떤 사람들은 사람을 가사적(可死的)으로 창조되었다고 한다(Pelagians, Socinians). 즉 원래부터 죽도록 운명 지어져 있다는 것이다. 많은 사람들이 인간은 모든 식물, 동물과 같이 그저 죽는 것이고, 죽으면 그만이라고 생각한다. 그러나 그것은 전혀 잘못된 생각이다.

죽음은 저절로 오는 자연적 운명이 아니라, 하나님께 지은 죄의 결과요 형벌이다(창2:17, 3:19, 롬5:12, 6:23). 그것은 하나님의 진노이며(시90:7,11), 심판(롬1:32)이며, 정죄요(롬 5:16), 저주(갈3:13)의 표현이다.

"그러므로 한 사람으로 말미암아 죄가 세상에 들어오고 죄로 말미암아 사망이 들어왔나니 이와 같이 모든 사람이 죄를 지었으므로 사망이 모든 사람에게 이르렀느니라"(롬5:12).

죄가 이 세상에 들어옴으로써 이것은 죽음의 속박을 가져오게 하였다. 하나님은 공의로서 인간의 범죄 직후 인간에게 죽음을 부과하였다. "선악을 알게 하는 나무의 열매는 먹지 말라 네가 먹는 날에는 반드시 죽으리라 하시니라"(창12:17). 하나님은 아담, 하와에게 "선악과를 따 먹지 말라. 먹는 날에는 정녕 죽으리라"고 경고하셨다. 그러나 그들은 사탄의 유혹을 받아 그것을 따먹고 말았다. 그때에 하나님은 인간에게 모든 고통, 질병, 죽음을 부과하셨다.

우리는 이러한 죽음의 원인을 잘 알아야 한다. 그렇게 될 때 환생설 같은 터무니 없는 소리를 하지 않는다. 그리고 겸손해진다. 원망, 불평하지 않고 해결책을 찾게 된다.

그런데 하나님은 보통 은혜(Common Grace)로서 죄와 죽음의 역사를 제재하신다. 죄를 많이 짓지 않도록 간섭하시고, 죽음의 저주 아래 있는 인생에게 그래도 어느 정도의 생의 복을 누리게 하신다. 그리고 예수 그리스도의 특별은혜로서 이들 적대적인 세력, 즉 죄와 죽음의 세력을 정복하셨다. 주님은 십자가를 지고 죽으시므로 사망을 완전정복하셨다(롬5:17, 고전15:45, 딤후1:10, 히2:14, 계1:18, 20:14).

ⓒ 신자의 죽음의 의의

성경은 육체적 죽음을 형벌로서 곧 "죄의 값"이라고 말한다. 죄의 값은 사망이라고 한다. 그러나 신자는 이미 죄책에서 벗어났는데 어찌하여 그들은 반드시 죽어야 하는가? 그들이 정죄 하에 있지 않기 때문에 죽음이 그들에게 형벌이 될 수는 없다.

그러면 왜 하나님은 신자들로 하여금 죽음의 공포스러운 경험을 통과케 할 필요를 느끼셨는가? 우리 모두가 에녹처럼, 엘리야처럼 바로 천국 가도록 해주시면 좋을 것 같은데, 죽음의 관념, 죽음으로 인한 형벌, 질병과 고난은 죽음의 선구자라는 감상, 죽음이 가까웠다는 의식, 이 모든 것은 하나님의 백성에게 비상한 유익을 준다. 이것들은 교만한 자를 겸손하게 하며, 육욕을 억제케 하며, 세속적인 생각을 저지케 하며, 영적인 성장을 촉진케 한다.

그 죽음은 성도에게 있어서 완전 성화로의 한 과정이다. 죽음은 생의 완성이다. 생을 정리하는 죽음 앞에서 성도는 보다 더 진실되고 거룩한 면모를 갖춘다. 신자는 죽음을 통과할 때 속에 있는 모든 정욕, 부패한 요소가 사라진다. 그리하여 다시는 범죄치 않는 영혼이 되어 천국 간다. 육체는 부활할 때 신령한 몸으로 부활한다.

그러니 성도에게는 죽음도 복이다. 그래서 하나님은 "지금 이후로 주 안에서 죽는 자들은 복이 있도다"(계14:13) 고 하신다. 우리는 죽음을 귀한 복으로 생각하고 받아들이자. 찬송하며 맞아들이자.

② 그러나 부활한다.

사람이 죽으면 어떻게 되는가? 그것은 참으로 궁금한 일이다. 그것에 대하여 아무 관심이 없는 것 같이 하는 사람들도 실제로는 큰 관심을 갖고 있다.

그런데 대단히 많은 사람들이 죽으면 그만이고 모든 것이 끝난다고 생각한다. 짐승과 같이 죽는 것으로 끝나지 아무 것도 남지 않는다고 생각한다. 영혼도 죽음과 동시에 사라진다고 생각한다.

그러나 그와는 반대로 죽음 후의 내세를 믿는 자들이 더 많다. 그들은 내세에 좋은 곳과 안 좋은 곳이 있으며, 그 장소의 결정은 현세의 행함에 따라 결정된다고 생각한다. 그리고 윤회와 같이 별스럽게 생각하는 무리들도 많다. 그런 생각을 가진 자들은 나름대로의 종교를 가진다. 그래서 이 세상에는 수많은 종교가 있다.

그런데 이 문제에 대하여 성경은 어떻게 말하는가? 그것은 두 단계로 나누어 말하고 있다. 그 두 단계는 예수 그리스도의 재림으로 나누어 진다. 예수님의 재림 전에는 육체와 영혼이 분리된다. 인간의 육체는 그 본래가 흙(먼지: dust)이므로 흙으로 돌아간다. 그것은 의인이나 악인이나 마찬가지다. 그 다음에 성도의 영혼은 육체와 분리된 후 즉각 예수님 앞으로 간다(고후5:8, 빌1:23, 계6:9, 7:9. 20:4, 고후12:1~9). 하늘나라(천국, 낙원)에 들어가 모든 고역을 그치고 평안한 안식을 누린다(눅23:3, 고후12:4, 계14:13). 그리고 불신자는 그 육체는 흙으로 돌아가고 그 영혼은 지옥으로 떨어진다(시9:17, 눅16:23, 벧후2:9, 계14:1, 마13:41,42). 지옥은 '음부', '영원한 불', '영벌', '바깥 어두운 곳', '영원한 멸망', '유황불 못' 등으로 말한다.

이렇게 죽으면 그만이라고 생각하는 사람들의 생각, 또 이외를 믿는 자들의 생각과는 다르게 별세계가 전개된다. 그런데 그보다 더 뜻밖의 사실이 벌어진다. 그것은 죽은 자가 부활하는 것이다. 죽은 자가 무덤 속에 그대로 있지 않고 다시 살아나는 것이다. 이것은 참으로 놀라운 일이다. 천지개벽보다 더 신기한 일이다.

아니 죽은 자가 부활한다고? 어찌 그런 일이 있을 수 있나? 그런 비합리적인 소리를 하는 종교가 기독교인가? 아예 정신이 나간 것이 아닌가? 그렇기 때문에 나는 믿을 수 없다.

이렇게 말하는 사람이 많다. 그러나 하나님의 말씀인 성경은 우리 인생의 부활에 대하여 분명하게 말한다. 부활은 우리 기독교의 중대한 교리중 하나다.

주님은 "나는 부활이요 생명이니, 나를 믿는 자는 죽어도 살겠고 무릇 살아서 나를 믿는 자는 영원히 죽지 아니하리니, 이것을 네가 믿느냐?"고 하셨다(요11:25, 26).

 우리는 사도신경에서 주님의 부활과 우리 몸의 부활을 믿고 고백한다. 우리는 주님이 재림하실 때 다 부활하게 된다. 그리고 부활한 몸은 변화하게 된다. 그리고 살아 있던 자들은 다 그 몸이 변화한다. 그리하여 다같이 공중으로 들어 올려져 주님을 영접하게 된다.

 「종말에 살아남아 있는 자들은 죽지 않은 채 변화할 것이다. 그러나 이미 죽었던 자들은 모두 전과 똑같은 몸을 가지고 부활하게 될 것이다. 그리고 그 부활한 몸은 질적인 면에서 이전 같지 않으며 그 몸은 자신의 영혼과 영원토록 다시 결합될 것이다」(신도게요서32:2)

 ㉮ 부활에 대한 성경의 증거
  ㉠ 구약:

 구약은 죽은 자의 부활에 대하여 말하지 않는다고 주장하는 사람들이 있다. 그러나 그것은 잘못된 주장이다. 부활에 대한 신념이나 예언의 모습은 족장시대부터 선지시대까지 줄곧 나온다(창47:30, 욥19:25~27, 시49:15, 73:24, 사26:19, 단12:2, 겔37:1~14). "주의 죽은 자들은 살아나고 그들의 시체들은 일어나리이다 티끌에 누운 자들아, 너희는 깨어 노래하라 주의 이슬은 빛난 이슬이니 땅이 죽은 그들을 내놓으리로다"(사26:19).

 "땅의 티끌 가운데에서 자는 자 중에서 많은 사람이 깨어나 영생을 받는 자도 있겠고, 수치를 당하여서 영원히 부끄러움을 당할 자도 있을 것이며"(단12:2).

  ㉡ 신약:

신약은 구약보다 더 명백하고 더 풍부한 증거를 갖고 있다. 주님은 직접 여러 차례 부활에 대하여 말씀하셨다(마22:23~33, 요5:25~29, 6: 39, 40, 44, 11:24, 25, 14:3, 17:24, 고전 15:, 살전4:13~17, 고후5:1~10, 계20:13).

주님은 사두개인이 부활을 부정함에 대항하여 부활을 변증하셨다. 하나님은 죽은 자의 하나님이 아니라 산 자의 하나님으로 능히 죽은 자를 살릴 수 있다고 하셨다(마22:23~33).

특히 바울은 고전 15장에서 부활에 대하여 아주 길게 논술하였다. 그는 거기서 여러 각도에서 부활에 대하여 논하면서, 우리가 항상 부활의 소망을 가지고 힘차게 살 것을 주문하였다. 고전 15장을 부활장이라고 한다.

"보라 내가 너희에게 비밀을 말하노니, 우리가 다 잠 잘 것이 아니요 마지막 나팔에 순식간에 홀연히 다 변화되리니, 나팔소리가 나매 죽은 자들이 썩지 아니할 것을 입겠고, 이 죽을 것이 죽지 아니함을 입으리로다"(고전15:51~52).

㈎ 부활의 성질

㉠ 신체적 부활

영적 부활만을 믿은 자들이 바울 시대에도 다소 있었으나 오늘날에는 더욱 많아졌다. 그들은 입으로는 부활을 말하나 실제로는 부활을 믿지 않는 것이다. 그들이 말하는 영적 부활은 사람 속에서 예수님이 정신이 되살아날 것을 말한다.

그러나 성경은 신체의 부활을 명백히 가르친다. 우리는 부활의 첫 열매인 주님과 같이 몸으로 부활하게 된다(롬8:11, 고전15). 그리스도의 구속은 신체의 구속을 포함한다(롬8:23, 고전6:13~20).
"예수를 죽은 자 가운데서 살리신 이의 영이 너희 안에 거하시면 그리스도 예수를 죽은 자 가운데서 살리신 이가 너희 안에 거하시는 그의 영으로 말미암아 너희 죽을 몸도 살리시리라"(롬8:11).

※ 부활체
ⓐ 그것은 현재의 신체와 동일 모습이다. 그러나 그 모습은 전혀 시공을 초월한 불사의 영원한 모습이다(눅24:36~43, 20:19~20).
부활하신 주님은 제자들에게 나타나 자기의 신체를 보이고 만져보라고 하셨다. 구운 생선도 잡수셨다. 그러나 주님은 제자들이 문을 닫고 있는 데 문도 열지 않고 홀연히 나타나셨다. 엠마오에서 주님은 제자들과 같이 음식을 잡수시다가 제자들이 눈이 열려 주님을 알아보자 갑자기 사라지셨다. 이렇게 부활하신 주님의 몸은 시공을 초월하셨다. 우리의 부활체도 그렇게 될 것이다.
"사랑하는 자들아, 우리가 지금은 하나님의 자녀라, 장래에 어떻게 될지는 아직 나타나지 아니하였으나, 그가 나타나시면 우리가 그와 같을 줄을 아는 것은 그의 참모습 그대로 볼 것이기 때문이니"(요일3:2).

ⓑ 그것은 썩지 않으며 고통을 받지 않으며 강하고 영광스럽고, 최고로 아름다운 신령한 몸, 곧 영체(Spiritual Body)이다(요

일3:2, 고전15:42~44).

"죽은 자의 부활도 그와 같으니, 썩을 것으로 심고 썩지 아니할 것으로 다시 살아나며 욕된 것으로 심고 영광스러운 것으로 다시 살아나며, 약한 것으로 심고 강한 것으로 다시 살아나며 육의 몸으로 심고 신령한 몸으로 다시 살아나나니, 육의 몸이 있은즉 또 영의 몸도 있느니라"(고전15:42~44).

이 얼마나 놀라운 변화이며 복인가? 시공을 초월하지 못한 인류는 날기 위하여 비행기를 만들었다. 우주도 가기 위하여 우주선을 만들었다. 그런데 거기에는 천문학적인 돈이 들어가고 안전이 보장되지 않아 때로 목숨을 걸어야 한다. 그러나 부활체는 전적 은혜로 시공을 완전히 초월한다.

그리고 우리는 장기 하나만 손상되어도 죽을 수밖에 없다. 그런 경우 의술이 발달하여 이식을 하기도 하나 비용이 많이 들고 오래 가지 못한다. 그런데 부활체는 완전히 완벽하여 조금도 부족이 없고 영광스럽다.

ⓛ 의인과 악인의 부활

어떤 종파는 악인의 부활을 믿지 않는다. 안식파와 럿셀파는 그들의 전적 멸절을 믿는다. 그러나 성경은 의인과 같이 악인도 부활한다고 가르친다(단12, 요5:28, 29, 행24:15). 물론 성경에서 악인의 부활이 두드러지게 나타나지 않은 것만은 사실이다.

그런데 의인의 부활은 구속과 영화의 부활이다. 의인은 부활하여 그들의 영혼과 재결합하여 천국에 들어가 무한한 영화를 누리게 된다. 그러나 악인은 부활한 후 그들의 영혼과 재연합한 후 심판 받아 영원한 죽음의 형벌을 받게 된다.

"이를 놀랍게 여기지 말라 무덤 속에 있는 자가 다 그의 음성을 들을 때가 오나니 선한 일을 행한 자는 생명의 부활로, 악한 일을 행한 자는 심판의 부활로 나오리라"(요5:28~29).

㉰ 부활의 시기

부활은 그리스도의 재림 및 세계의 종말과 때를 같이 한다. 그리고 그것은 최후 심판 직전에 있게 된다(고전15:23, 빌3:20,21, 살전4:16, 요6: 39, 40, 44, 54, 11:24, 요5:27~29, 계20:11~15). 그때에 살아 있는 성도들은 부활체와 같이 변화된다(살전4:17).

"주께서 호령과 천사장의 소리와 하나님의 나팔 소리로 친히 하늘로부터 강림하시리니, 그리스도 안에서 죽은 자들이 먼저 일어나고 그 후에 우리 살아 남은 자들도 그들과 함께 구름 속으로 끌어올려 공중에서 주를 영접하게 하시리니 그리하여 우리가 항상 주와 함께 있으리라"(살전4:16~17).

우리는 부활의 비밀을 알았다. 우리는 이제 주님의 재림이 기다려진다. 하루 속히 주님이 재림하시므로 주 안에서 그때 살아있는 자는 변화되고, 주 안에서 죽은 자가 다 부활하는 그 복된 날이 기다려진다. 그런데 전천년기설을 믿는 자들은 의인의 부활과 악인의 부활 사이에는 천년 동안의 간격이 있다고 믿는다. 그들의 이론적 근거가 되는 구절은 고전15:23~28, 살전4:13~18, 계20:4~6이다.

그러나 이 구절들은 그 요점을 전혀 증명해 주지 못한다. 첫째 구절은 악인의 부활에 대하여는 전혀 말하지 않는다. 둘째 구절은 다만 그리스도 안에서 죽은 자가 살아 있는 성도들이 구름 위로 올리우기 전에 부활할 것임을 말해 주는 것뿐이다. 그리고 셋째 구절은 신체적 부활에까지도 언급하지 않고 있다.

성경은 의인과 악인의 부활이 오랜 기간으로 나누어진다고 하는 희미한 암시도 주지 않는다. 성경은 의인의 부활도 역시 마지막 날에 있게 된다고 명백하게 가르친다(요6:39, 40, 44, 54, 11:24).

③ 그리고 심판을 받는다.

죽으면 다 없어지고 만다는 자들은 잘 들어야 한다. 인생은 죽으면 그만이 아니고, 하나님 앞에 가서 심판을 받는다. 자기가 산 전 생애에 대하여 심판을 받아야 한다. 세상에서 죄를 지어 재판을 받게 되면 두려운 일이다. 그런데 우리가 죽은 후 하나님 앞에서 재판을 받는 것은 그것보다 너무도 무서운 일이다. 왜냐하면 하나님은 우리 마음속까지 다 아시고 판단하시기 때문이다.

모든 사람이 장차 심판을 받으리라는 것은 인간의 일반적인 생각이다. 그리고 이것은 예수교에만 국한된 것이 아니다. 그런데 성경은 이 사실을 명확히 강조한다(시96:13, 전3:17, 12:14, 마11:22, 16:27, 25:31~40, 행17:31, 롬2:5~10, 16, 14:12, 고전4:5, 5:10, 딤후 4:1, 히9:27, 벧전 4:5, 계20:11~14).

"한번 죽는 것은 사람에게 정해진 것이요 그 후에는 심판이 있으리니"(히9:27).

"그들이 산 자와 죽은 자를 심판하기로 예비하신 이에게 사실대로 고하리라"(벧전4:5).

㉠ 심판의 시기

최후심판은 각 사람의 전 생활 위에 임할 것이기 때문에 그것은 자연히 세상의 종말에 있을 것이며 또한 죽은 자의 **부활** 직후에 있을 것이다(요5:28, 29, 계20:12, 13).

"이를 놀랍게 여기지 말라, 무덤 속에 있는 자가 다 그의 음성을 들을 때가 오나니, 선한 일을 행한 자는 생명의 부활로, 악한 일을 행한 자는 심판의 부활로 나오리라"(요 5:28~29).

그런데 심판의 기간은 정확히 결정지을 수가 없다. 성경은 "심판의 날"(마11:22, 12:36)과 "진노의 날"(롬2:5)을 말하고 있다. 그러나 그 말을 정확히 24시간의 하루라고 말하기는 어렵다.

이렇게 인류의 전 역사는 하나님의 대심판의 날을 향하여 나아가고 있다. 우리 각자도 시시각각 하나님의 심판장으로 다가가고 있다. 이렇게 생각할 때 누구나 다 긴장하지 않을 수 없다.

㉡ 심판장과 그 보조자들

중보자이신 그리스도가 심판장이 된다(마25:31,32, 요5:27, 행10:42, 17:31, 빌2:10, 딤후4:1). 그 심판은 어디까지나 예수님의 **단독심판**이다.

"하나님 앞과 살아 있는 자와 죽은 자를 심판하실 그리스도 예수 앞에서 그가 나타나실 것과 그의 나라를 두고 엄히 **명하노**

니"(딤후4:1).

이러한 영예는 그의 속죄사업에 대한 상급으로 그에게 주어졌으며 또한 그것은 그의 높아짐의 일부가 된다. 그것은 "하늘에 있는 자들과 땅에 있는 자들과 땅 아래 있는 자들로 모든 무릎을 예수의 이름에 꿇게 하는" 일이다(빌2:10).

이 대사업에서 천사들은 그를 도울 것이다(마13:41, 42, 24:31, 25:31).

"그가 큰 나팔소리와 함께 천사들을 보내리니 그들이 그의 택하신 자들을 하늘 이 끝에서 저 끝까지 사방에서 모으리라"(마24:31).

그리고 성도들도 어떤 의미에서 이 심판에 참여하게 될 것이다 (시149:5~9, 고전6:2,3, 계20:4).

"성도가 세상을 판단할 것을 너희가 알지 못하느냐? 세상도 너희에게 판단을 받겠거든 지극히 작은 일 판단하기를 감당하지 못하겠느냐? 우리가 천사를 판단할 것을 너희가 알지 못하느냐? 그러하거든 하물며 세상일이랴"(고전6:2~3).

하나님의 심판 받아 지옥 갈 우리들이 주님이 심판할 그때에 참여자가 되는 사실은 너무도 감사한 일이다. 하나님이 우리에게 특별대우를 하는 것이다.

ⓒ 심판 받을 대상

모든 인류는 한 사람 한 사람이 다 심판대 앞에 서야 한다(전12:14, 시50:4~6, 마12:36, 37, 25:32, 롬14:10, 고후5:10, 계20:12). 어

떤 학자들은 의인은 이미 사죄 받았기 때문에 심판에서 제외된다고 한다. 그러나 이것은 마13:30, 40~43,49, 25:31~46 등과 배치된다. 그때에 악인들은 정죄 받아 형벌을 받는 심판을 받게 되고 의인들은 용서가 확인되고 천국으로 가는 심판을 받는다. "이는 우리가 다 반드시 그리스도의 심판대 앞에 나타나게 되어 각각 선악간에 그 몸으로 행한 것을 따라 받으려 함이라"(고후5:10).

우리는 아무도 하나님의 심판을 피할 수 없다. 세상에서는 숨기고 숨고 도망가므로 법의 심판을 피하는 수가 있다. 그러나 하나님 앞에서는 절대로 안 된다. 우리는 도망을 칠 수가 없다. 우리는 다 하나님의 손바닥 안에 있다.

그리고 그 심판은 겉으로 드러난 것만 하는 것이 아니다. 하나님은 전능하셔서 어두움에 감추인 것도, 마음속에 품은 뜻도 다 아셔서 모든 것을 한꺼번에 다 판결하신다(고전4:5). 우리는 하나님 앞에 아무 것도 숨길 수 없다. 우리는 그 날 벌거벗은 것처럼 하나님 앞에 서게 될 것이다.

그런데 우리 성도들(의인들)은 정죄의 심판이 아니라 용서받는 심판, 천국으로 가는 심판을 받는다니 얼마나 다행이고 감사한 일인가?

그리고 사단과 귀신들도 심판을 받는다(마8:29, 고전6:3, 벧후2:4, 유1:6). 그들은 심판을 받아 영원히 지옥의 주인이 될 것이다. "또 자기 지위를 지키지 아니하고 자기 처소를 떠난 천사들을 큰 날의 심판까지 영원한 결박으로 흑암에 가두셨으며"(유1:6)

그 다음에 선한 천사들도 심판을 받는지 안 받는지 알 수가 없다. 그것은 성경에 아무 말씀도 없기 때문이다. 천사들은 심판과 관련하여서는 봉사자로만 나온다(마 13:30, 41, 25:31, 살후1:7, 8).

ㄹ) 심판의 표준

성도들과 죄인들을 심판할 표준은 분명히 하나님의 계시된 의지가 될 것이다.

이방인은 자연법에 의해서, 유대인은 구약의 계시에 의해서, 그리고 신약의 성도들은 이 계시와 함께 복음의 요구에 의해서 심판 받게 될 것이다. 그러니 아무도 하나님께 대하여 억울하다고, 불공평하다고 항의할 수 없다. 누구나 다 하나님이 주신 법칙 속에서 살았고 그 주어진 정도에 따라 심판받기 때문이다. "그 주인이 이르되 잘하였도다, 착하고 충성된 종아, 네가 적은 일에 충성하였으매, 내가 많은 것을 네게 맡기리니, 네 주인의 즐거움에 참여할지어다 하고"(마25:21, 23).

하나님은 그들에게 각자가 받아야 할 것을 정확하게 주실 것이다. 그리고 의인의 상급이나 악인의 형벌에는 꼭 같이 등급이 있을 것이다(마11:22, 24, 눅12:47, 48, 20:47, 단12:3, 고후9:6).

부활된 신자와 불신자는 모두 다 하나님의 심판대 앞에 서게 된다. 최후심판은 한마디로 천국 갈 성도와 지옥 갈 악인을 갈라놓는 것이다(마25:31~46). 양과 염소를 갈라놓고(마25:33), 알곡과 쭉정이를 분리하며(마13:30), 의인과 악인을 구별하는 것이다(요5:29, 계14:4~20). 그 심판으로 모두에게 영원히 거할 처소가 결정된다. 그 이후에 어떤 변경이나 사면은 있을 수 없다. 우리는 그 최후심판을 생각하면서 신앙생활을 잘 해야 한다. 악인을 부러워하지 말고, 어떤 경우에도 낙심하지 말고, 끝까지 신앙생활을 잘 하여 천국에서 큰 상을 받도록 해야 한다.

때가 차면 우리 주 예수님께서 재림하실 것이다. 그분은 천사들의 나팔 소리와 함께 구름을 타고 오실 것이다. 그때에 수많은 천군천사들과 이미 구원 받은 성도들이 함께 올 것이다.

그때에 모든 죽은 자의 부활이 있을 것이다. 죽은 자가 다 무덤에서 살아날 것이다. 그리고 그 살아난 자들은 자기의 영혼과 만나 결합할 것이다. 그때 살아 있는 자들은 그 몸이 부활한 자들의 몸과 같이 변할 것이다. 그러면 주님은 역사적인 대심판을 할 것이다. 그때에 천사들은 심판에 수종들 것이다. 먼저 이미 믿고 구원받은 성도들이 심판을 받는다. 그 심판은 정죄의 심판이 아니고 용서를 확인하고 천국 입성을 허락하는 심판이다. 그 다음에 불신자의 심판이 있다. 모든 불신자는 정죄 받아 지옥에 가는 판결을 받는다. 그때 우리 성도들은 그 심판을 참관한다. 그때에 지옥 판결을 받은 자들은 소리지르고 통곡하며 울 것이다. 그러나 천국으로 갈 성도들은 하나님께 크게 기뻐하면서 감사하고 찬양할 것이다.

이 얼마나 멋진 장면인가? 우리는 그때를 생각하면서 기다리고 신앙생활을 잘 해야 한다. 언제나 서로 사랑하면서 충성하고 그 주님의 재림, 심판을 전해야 한다.

(2) 천국과 지옥

이제 우리는 죽음 이후의 세계에 대하여 본격적으로 생각해 보자.

① 죽음 후의 중간상태, 최후상태

(가) 중간상태

ⓐ 잘못된 비성경적인 견해

㉠ 음부(스올-하데스)에 대한 현대적 견해

현대에 와서 경건한 자나 악한 자나 누구든지 죽은 후에는 구약에서 스올(Sheol)이라고 부르며, 신약에서는 하데스(Hades)라고 부르는 중간지대에 내려간다고 생각하는 자가 많다.

그곳은 보상이나 형벌의 장소가 아니라 모든 자의 동일한 운명의 장소이며, 지상생활의 약화된 반영에 불과한 음침한 장소이며, 생활의 흥미를 잃고 삶의 희열이 슬픔으로 변해가는 약화된 인식과 침체된 무능력의 장소다.

이처럼 천국도 지옥도 아닌 별도의 장소에 죽은 자들이 모여서 영구히 거기 머물러 있게 된다는 것은 통속적인 사상에서 유행한 관념이다.

그러나 성경은 그곳에 내려가는 것을 악한 자들을 향한 경고로(시9:17, 잠5:5, 7:27, 9:18, 15:24), 하나님의 진노가 스올에서 불붙고 있는 것으로(신32:22) 말한다. 스올이나 하데스는 가끔 무덤(창42:38, 시16:10)으로, 어떤 때는 죽음의 상태나 조건(삼상

2:6, 시 89:48)으로, 또 어떤 때는 영원한 형벌의 장소(신32:22, 시 9:17, 잠9:18)로 말한다(전용복, 아멘 주 예수여 어서 오시옵소서, P. 14).

"그러므로 내 분노의 불이 일어나서 스올의 깊은 곳까지 불사르며 땅과 그 소산을 삼키며 산들의 터도 불타게 하는도다"(신 32:22).

"여호와께서 영원히 앉으심이여 심판을 위하여 보좌를 준비하셨도다"(시 9:17).

그러니 음부는 결코 천국도, 지옥도 아닌 어떤 중간상태가 있다는 말이 아니다. 경건한 자나 악한 자가 다같이 가는 중간지대를 말하는 것이 아니다.

ⓒ 연옥(Purgatory)

로마교회에 의하면, 죽을 때 완전한 자들의 영혼은 즉시 천당에 들어가게 되지만(마 25:46, 빌1:23) 완전히 정화되지 못하고 아직도 가벼운 죄의 죄책하에 있는 자들- 이것은 신자의 대다수가 죽을 때의 상태이다 - 은 천당의 최고 복락에 들어가기 전에 반드시 정화의 과정을 밟아야 한다. 이 정화는 연옥에서 되어지는데, 이곳에서 영혼들은 박탈의 감정에 완전히 사로잡힐 뿐만 아니라 영혼의 적극적인 고통을 당하게 된다. 그들이 연옥에 머물러 있는 기간은 그들이 당하는 고통의 강도와 함께 개인의 경우에 따라 각각 다르다. 이 기간은 신실한 자들의 기도와 선행에 의하여, 특히 미사에 의하여 단축되며 또한 고통이 감해지기도 한다. 로마교회는 이 교리의 근거를 가경 마카비2서 12:42~45에 두고 있다. 사4:4, 미7:8, 슥 9:11, 말3:2, 마12:32, 고전 3:13~15, 15:29 등 여러 구절도 역시 이 교리를 찬성한다고 생각하고 있지만 전혀 그것을 후원하는 것이 아니다(루이스 뻘콥, 기독교신학개론, P. 313).

이것은 로마교(천주교)가 만든 날조이다. 이것은 전혀 성경에 근거가 없다 마카비서는 가경으로 성경이 아니다. 위에 말한 성경 구절들은 전혀 연옥에 대하여 말하는 것이 아니다.

단테는 이 엉터리 교리에 의하여 천국과 지옥을 말하면서 연옥을 멋지게 꾸며 말하였다. 그것만 보아도 단테의 신곡이 하나님이 보여준 것이 아니라 그의 작품임을 알 수 있다. 단테는 그 연옥 이야기를 통하여 연옥 교리를 확고히 하고 널리 전파하였다.

중세의 로마교는 이 연옥설을 강력히 주장하였다. 그것이 극에 달한 것은 베드로성당을 지을 때 면죄부를 판 것이다. 연보함에 동전 떨어지는 소리가 날 때마다 연옥에 있는 부모의 영혼이 한 계단씩 올라간다고 하였다. 그것을 보다 못한 마틴 루터가 종교개혁을 일으켰다.

천주교는 그러한 과정을 거치면서도 조금도 개선하는 기미가 없다. 오늘날 신, 구교가 연합하고 하나 되어야 한다고 하나 이러한 비성경적 교리를 더 강화하는데 어찌 하나가 될 수 있나?

ⓒ 선조림보(Limbus Patrum)

로마교에 의하면 선조림보는 구약의 성도들의 영혼이 주님께서 부활하실 때까지 대망상태로 머물러 있게 하는 곳이라고 한다. 예수님은 죽으신 후 음부에 내려가서 이들을 해방시키고 그들이 천국에 들어가게 하셨다고 한다.

이것은 예수님의 속죄의 원리를 모르고 하는 소리다. 구약의 성도들은 짐승을 잡는 제사 행위를 통하여 장차 오실 메시야의 대속의 죽음을 믿고 구원받았다. 이 사상은 구약 성경 전체에 흐르고 있다. 특히 이사야 53장은 그것을 너무도 절실히 말씀하고 있다. 마치 예수님의 십자가 밑에서 말하는 것 같다.

㉣ 유아림보(Limbus Infantum)

로마교에 의하면 유라림보는 세례받지 못한 아이들의 영혼이 거하는 처소라 한다. 그들은 거기서 적극적 형벌을 당하지 않지만 천국의 축복에서 제외되고 아무런 소망이 없이 거한다. 그들은 나중에는 자기네 자연적인 재능을 사용하여 하나님을 알게 되고, 사랑하게 되며, 또한 자연적인 행복을 누리게 된다고 한다.

그러나 이러한 소리는 그저 상상으로 하는 소리다. 성경은 여기 대하여 아무 말씀도 하지 않는다. 우리는 성경이 침묵하는 것은 말하지 않아야 한다.

㉤ 영혼의 수면

영혼이 죽으면 무의식적 휴식이나 수면상태에 들어간다는 견해다. 이 견해는 과거 여러 종파의 지지를 받았고, 오늘날 영국의 어빙파, 미국의 럿셀파의 중요한 교리가 되었다.

그들은 죽음이 영원한 잠(마9:24, 행7:6, 살전4:13)이라는 사실과 죽은 자는 의식하지 못한다는 것(시6:5, 30:9, 115:17, 146:4)을 성경적 근거로 삼는다.

그러나 전자는 단순히 죽은 육체와 잠자는 육체의 유사성 때문에 죽음을 잠자는 것으로 말한 것이고, 후자는 단순히 죽은 자는 현세에 대한 인식을 할 수 없고 현세의 활동에 참여할 수 없다는 것을 강조한 것뿐이다. 믿는 자는 죽음 직후에 하나님과 예수 그리스도와의 교제에서 의식생활을 향유한다(눅16:19~31, 23:43, 빌1:23, 계6:9).

"예수께서 이르시되 내가 진실로 네게 이르노니 오늘 네가 나와 함께 낙원에 있으리라 하시니라"(눅23:43).

ⓑ 멸절설과 조건적 영생설

멸절설은 인간이 불멸하게 창조되었다 하더라도 죄악 속에 계속 거하는 자들은 하나님의 적극적 행동에 의하여 불멸성을 박탈당하게 된다고 한다.

그들은 '죽음', '파멸', '멸망'이라는 말이 멸절을 의미한다고 제멋대로 생각하였다.

그리고 조건적 영생설은 인간은 사멸하도록 창조되었지만 믿는 자들만은 그리스도 안에서 불멸의 선물을 받는다고 한다.

그러나 성경은 분명히 죄인들이 계속 존재할 것이며(마25:46, 계14:11, 20:10), 악인의 형벌의 등급(눅12:47,48, 롬2:12)이 있다고 가르친다.

"그 고난의 연기가 세세토록 올라가리로다 짐승과 그의 우상에게 경배하고 그의 이름 표를 받는 자는 누구든지 밤낮 쉼을 얻지 못하리라 하더라"(계14:11).

"주인의 뜻을 알고도 준비하지 아니하고 그 뜻대로 행하지 아니한 종은 많이 맞을 것이요, 알지 못하고 맞을 일을 행한 종은 적게 맞으리라 무릇 많이 받은 자에게는 많이 요구할 것이요 많이 맡은 자에게는 많이 달라 할 것이니라"(눅12:47, 48).

㊂ 제2의 시련

어떤 자들은 죄로 죽은 자들이 사후에 그리스도를 영접할 기회가 있을 것이라고 한다. 또 누구든지 예수를 알고 영접할 좋은 기회를 제공받지 않고서는 멸망받지 않을 것이라고 한다. 사람이 정죄받는 것은 그리스도 예수 안에서 주어진 구원을 완전히 거절한 때에만 있는 것이라고 한다.

이러한 견해는 인간의 입장에서 주장할 수 있는 내용이다. 그렇지 않으면 하나님을 향하여 항의할 수 있다고 말하는 견해다.

그러나 그것은 어디까지나 인간의 생각일 뿐이다. 성경은 사후의 불신자의 상태를 변할 수 없는 고정된 상태로 표현하고 있다(전11:3, 눅16:19~31, 요8:21, 24, 벧후2:4, 9, 유1:7, 13). 그리고 그들의 심판은 그들의 육신으로 행한 것에 따라 됨을 말한다(사7:22, 23, 10:32, 33, 25:34~46, 고후 5:9, 10, 살후1:8).

"소돔과 고모라와 그 이웃 도시들도 그들과 같은 행동으로 음란하며 다른 육체를 따라 가다가 영원한 불의 형벌을 받음으로 거울이 되었느니라"(유1:7).

"그런즉 우리는 몸으로 있든지 떠나든지 주를 기쁘시게 하는 자가 되기를 힘쓰노라. 이는 우리가 다 반드시 그리스도의 심판대 앞에 나타나게 되어 각각 선악간에 그 몸으로 행한 것을 따라 받으려 함이라"(고후5:9, 10).

ⓑ 올바른 성경적 견해
　㉠ 육체의 중간 상태
　인간의 육체는 그 본래가 흙이므로 흙으로 돌아간다. 그것은 의인이나 악인이나 마찬가지다. 우리는 이것을 "그리스도의 재림으로 부활할 때까지 각자의 무덤에서 쉬고 있는 상태"라고 정의할 수 있다. 이렇게 무덤 속에 있는 육체는 부활하는데 성도의 육체는 주님이 재림할 때 영화로운 신령한 부활체로 부활한다.

"네가 흙으로 돌아갈 때까지 얼굴에 땀을 흘려야 먹을 것을 먹으리니, 네가 그것에서 취함을 입었음이라. 너는 흙이니 흙으로 돌아갈 것이니라 하시니라"(창3:19).

　㉡ 영혼의 중간상태
　성도의 영혼은 육신과 분리된 후 즉각 그리스도 앞으로 간다(고후5:8, 빌1:23, 계6:9, 7:9, 20:4, 고후12:1~9). 하늘나라(천국, 낙원)에 들어가 모든 고역을 그치고 평안한 안식을 취한다(눅23:43,

고후12:4, 계14:13).

"내가 그 둘 사이에 끼었으니, 차라리 세상을 떠나서 그리스도와 함께 있는 것이 훨씬 더 좋은 일이라 그렇게 하고 싶으나"(빌1:23).

"또 내가 들으니, 하늘에서 음성이 나서 이르되, 기록하라. 지금 이후로 주 안에서 죽는 자들은 복이 있도다 하시매, 성령이 이르시되, 그러하다. 그들이 수고를 그치고 쉬리니, 이는 그들의 행한 일이 따름이라. 하시더라"(계14:13).

그리고 불신자는 죽어서 그 육체는 흙으로 돌아가고 그 영혼은 지옥으로 떨어진다(시9:17, 눅16:23, 벧후2:9, 계14:1, 마13:41, 42). 지옥은 다른 말로 음부라고 하고(신32:22, 욥21:13, 마11:23, 눅16:23), "영원한 불"(마25:41), "영벌"(마5:46), "바깥 어두운 곳"(마8:12), "영원한 멸망"(살후1:9), "유황불 못"(계19:20) 등으로 묘사되어 있다.

"인자가 그 천사들을 보내리니, 그들이 그 나라에서 모든 넘어지게 하는 것과 또 불법을 행하는 자들을 거두어 내어 풀무불에 던져 넣으리니, 거기서 울며 이를 갈게 되리라"(마13:41, 42).

그런데 신자의 영혼이나 불신자의 영혼이나 다같이 주님이 재림할 때 부활체와 만나 다시 결합한다.

우리가 이러한 사실을 생각할 때, 장례식은 화장, 조장, 수장보다는 그냥 매장하는 것이 좋다고 생각된다. 부활은 어쨌든 하나님의 능력으로 되는 것이니 어떻게 장사지내도 가능하겠으나, 그래도 우리의 일반적인 정서상 매장이 좋다고 생각된다. 성경에는 다 매장한 것으로 나온다.

그 다음에 무덤을 너무 거창하게, 화려하게 하지 말아야 된다고 생각된다. 우리의 인생 자체가 별 것 아니니 그렇고, 무덤은 부활을 기다리는 임시 처소이니 그렇다.

(나) 최후상태

이제 우리는 최후심판 후에 있을 인류의 최후상태를 생각해 보자.

ⓐ 악인의 최후상태

㉠ 악인의 처소

악인의 형벌의 장소는 지옥이다.

어떤 이들은 지옥이란 장소가 아니고 다만 사람이 현재에도 경험할 수 있고, 또한 미래에도 영원히 체험할 수 있는 주관적 상태에 지나지 않는다고 한다.

그러나 성경은 지옥이 확실한 장소라고 말한다. "풀무불"(마 13:42), "불못"(계20:14,15), "옥", "무저갱" 그리고 "구덩이"(벧전 3:19, 눅8:31, 벧후2:4) 같은 말들은 모두가 장소적 명사이다.

"사망과 음부도 불못에 던져지니, 이것은 둘째 사망 곧 불못이라, 누구든지 생명책에 기록되지 못한 자는 불못에 던져지더라"(계20:14,15).

㉡ 악인들은 하나님의 은총을 전적으로 빼앗길 것이며, 생활의 끝없는 불안을 경험할 것이며, 신체와 영혼의 적극적인 고

통을 당하게 될 것이며, 양심의 고통과 번뇌와 실망을 경험하며, 또한 울며 이를 갈 것이다(마8:12, 13:50, 막9:47, 48, 눅16:23, 28, 계14:10, 21, 2:47). 그들의 형벌은 그들의 악행에 비례한다.

"만일 네 눈이 너를 범죄하게 하거든 빼버리라. 한 눈으로 하나님의 나라에 들어가는 것이 두 눈을 가지고 지옥에 던져지는 것보다 나으니라. 거기에서는 구더기도 죽지 않고 불도 꺼지지 아니하느니라. 사람마다 불로써 소금치듯함을 받으리라"(막9:47~49).

"지옥"의 헬라어는 "게헨나"인데, 이것은 히브리어의 "게힌놈"(힌놈 골짜기)에서 인출된 말이다. "힌놈 골짜기"는 우상숭배자들이 자기들의 자녀들을 불길 속으로 지나가게 했던 끔찍한 제사 장소를 가리킨다. 그곳은 후에 예루살렘의 쓰레기를 태우는 더러운 불길이 끊임없이 타오르는 골짜기가 되었고 "개골짜기"라고도 불려졌던 곳이다. 우리는 이와 같은 어원과 배경을 보고 지옥의 상황을 짐작할 수 있다.

ⓒ 형벌의 기간

지옥의 형벌은 일시적이 아니라 영원하다. 천국의 복락이 영원한 것처럼 지옥의 형벌도 여원하다.

지옥의 불은 "꺼지지 않는 불"이며(막9:43), 악인의 구더기는 "죽지 않으며"(막9:48), 또한 성도들과 악인들을 구별 짓는 구렁은 고정되어 통과할 수 없는 것이다(눅16:20).

"만일 네 손이 너를 범죄하게 하거든 찍어버리라. 장애인으로 영생에 들어가는 것이 두 손을 가지고 지옥 곧 꺼지지 않는 불에 들어가는 것보다 나으니라"(막9:43).

ⓑ 의인의 최후상태
㉠ 새로운 창조
신자들의 최후상태가 시작되기 전에 먼저 있을 것은 현세계가 떠나가는 일과 새 창조가 이루어지는 일이다. 마19:28은 "세상이 새롭게 되어"를 말하고, 행2:21은 "만유를 회복하실 때"를 말하고 있다. 하늘과 땅은 끝나 버리고(히12:27, 벧후3:13), 신천신지가 설립될 것이다(계 21:1). 이 미래의 창조는 전적으로 새 창조가 아니라 오히려 그것은 현 우주의 갱신일 것이다(시102:26, 27, 히12:26~29).

"그 때에는 그 소리가 땅을 진동하였거니와 이제는 약속하여 이르시되, 내가 또 한 번 땅만 아니라 하늘도 진동하리라 하셨느니라, 이 또 한 번이라 하심은 진동하지 아니하는 것을 영존하게 하기 위하여 진동할 것들 곧 만드신 것들이 변동될 것을 나타내심이라. 그러므로 우리가 흔들리지 않는 나라를 받았은즉, 은혜를 받자. 이로 말미암아 경건함과 두려움으로 하나님을 기쁘시게 섬길지니, 우리 하나님은 소멸하는 불이심이라"(히12:26~29).

㉡ 의인의 영원한 거처
의인의 영원한 거처, 즉 신앙의 절개를 지켰던 신부되는 성도

가 최후에 가는 곳은 천국(Kingdom of Heaven)이다(계21:~22:). 천국은 어떤 추상의 세계가 아니라 하나의 완전한 장소이다 (요14:2, 마22:12, 13, 25:10~12). 의인들은 천국을 유업으로 받을 뿐만 아니라 새 하늘과 새 땅을 받게 될 것이다(마5:5, 계 21:1~3).

그런데 의인이 갈 천국은 새 하늘과 새 땅이다(사 51:6, 65:7, 계 21:1). 이 세상과 비교할 수 없는 전혀 새로운 천지다.

그리고 그곳은 영생하는 곳이다(계21:6, 요 3:16, 눅18:30, 요 6:26~58). 성도는 거기서 눈물, 고통, 슬픔이 없이 영원히 산다. 또 그곳은 영화로운 곳이다. 그곳은 극치의 화려한 미로 단장 된 곳이다(계21:). 찬란한 새 예루살렘이다. 열두 보석으로 꾸며져 있는 곳이다.

"너희는 마음에 근심하지 말라 하나님을 믿으니, 또 나를 믿으라. 내 아버지 집에 거할 곳이 많도다. 그렇지 않으면 너희에게 일렀으리라. 내가 너희를 위하여 거처를 예비하러 가노니, 가서 너희를 위하여 거처를 예비하면 내가 다시 와서 너희를 내게로 영접하여 나 있는 곳에 너희도 있게 하리라"(요 14:1~3).

ⓒ 의인의 상급의 성질

의인의 상급은 영생이다. 그것은 영원한 생명이며 현재의 불완전과 고통 같은 것이 없는 충만한 생이다(마25:46, 롬2:7). 이 생의 충만함은 하나님과 더불어 교통하는 가운데 누리게 되고 이 사실이 영생의 본질이다(계2:3). 모든 성도들은 다 한결같이 완전한 행복을 누린다. 그러나 이 천국의 복락도 등급이 있다(단12:3, 고후9:6).

"지혜 있는 자는 궁창의 빛과 같이 빛날 것이요 많은 사람을 옳은 데로 돌아오게 한 자는 별과 같이 영원토록 빛나리라"(단12:3).

② 천국과 지옥

이제 우리는 인생의 사후세계인 천국과 지옥에 대하여 성경이 어떻게 말하는지 좀 구체적으로 살펴보기로 하자.

천국과 지옥에 대하여 간증하는 자들은 성경에 천국과 지옥에 대한 말씀이 극히 부분적으로 있고, 그 말씀으로는 그 세계를 믿기가 어렵다고 한다. 그래서 하나님이 자기에게 그 세계에 대한 특수계시를 하셨다며, 또 전하라는 사명을 주셨다고 한다.

그러나 그러한 주장은 아주 잘못된 것이다. 성경에는 우리가 천국과 지옥에 대하여 알아야 할 내용이 많이 나와 있다. 하나님은 우리에게 꼭 필요한 계시를 주셨다. 우리는 그것으로 필요한 지식을 얻고 믿을 수 있다. 그리고 그 계시는 신구약 성경으로 종결되었고 더 이상의 계시는 없다. 개인적으로 주어지는 어떤 환상 같은 것은 개인 차원의 것이고 보편적으로 모두에게 적용할 것이 못된다.

이제 우리는 천국과 지옥에 대한 내용을 자세히 살펴보자. 지금 이 시대는 간증하는 자들로 혼란하니 더욱 그래야 하고, 마지막 때가 다 되었으니 지옥에 대한 확고한 지식과 믿음을 가지고 믿지 아니하는 자들에게 전하고, 혼란에 빠진 자들에게 바른 길을 보여주어야 한다.

㉮ 천국(계21:18, 22:1~5)

천국은 가공의 세계가 아니라 현실의 것이다. 어떤 이들은 천국은 단순한 관념이나 상상의 조작된 이야기에 지나지 않는 것이라고 한다. 또 다른 어떤 이들은 천국이란 지상에 있어서 도달할 수 있는 정신의 상태라고 말한다.

그러나 성경은 천국이란 환상적 상태와는 훨씬 다른 현실의 것임을 분명히 말씀한다. 천국은 신자의 소망의 목표이며, 지상의 여로의 목적지, 또는 소원의 성취, 그리고 현실인 것이다. 우리는 우리의 영원한 소망의 항구인 천국에 대하여 성경 말씀을 통하여 생각해 보자.

㉠ 천국이란 어떤 나라인가?

천국(Kingdom of Heaven: ἡ βασιλεία τῶν οὐρανῶν)은 신국(Kingdom of God: ἡ βασιλεία τὸν θεοῦ)과 같은 말이다. 천국은 여기 지상이 아닌 별도의 하늘에 있는 하나님의 나라라는 의미가 강조되고, 신국은 그 나라에서 하나님이 주인이 되어 통치하는 하나님의 주권이 강조되는 말이다. 그런데 성경에는 천국, 신국이 다같이 사용되나 우리는 보통 통상적으로 천국이란 말을 많이 쓴다.

천국은 하나님이 주권을 가지시고 통치하시고 다스리시고 지배하시는 나라이다. 세상 나라는 국민과 영토가 앞서고 그 다음에 주권이 나오게 된다. 그러나 하나님의 나라는 주권이 제일 중요하고 강한 요소이다. 천국은 국민과 영토가 무시되는 것은 아니나 주권이 가장 중요한 요소이다. 어디나 하나님의 주권이 확립된 곳, 하나님의 뜻이 이루어지는 곳이 바로 천국이다.

현세에서도 하나님이 뜻이 이루어지는 곳이 바로 천국이다. 내 마음에서 하나님의 뜻이 이루어지면 바로 심령천국이 되고, 우리 가정, 교회에서 하나님의 뜻이 이루어지면 바로 가정천국, 교회천국이 된다. 우리 나라에서 하나님의 뜻이 이루어지면 바로 국가천국이 된다. 그래서 우리가 날마다 "뜻이 하늘에서 이루어진 것 같이 땅에서도 이루어지이다"라고 기도한다. 이 기도는 이 땅도 천국이 되기를 간절히 바라는 기도이다.

그런데 오늘 이 세상에서는 그 어떤 곳에도 하나님의 뜻이 완전히 이루어질 수는 없다. 그것은 교회도 마찬가지다. 우리는 그것을 안타까워하면서 계속 기도하고 노력해야 한다.

그러나 우리가 이 세상을 떠나서 갈 영원한 내세 천국은 하나님의 뜻이 완전히 이루어진다. 하나님의 주권이 완전히 시행된다. 거기는 마귀가 얼씬도 못한다. 어떤 사람도 감히 자기의 뜻을 내세울 수 없다. 오직 하나님의 뜻에 순종, 복종할 뿐이다. 그러니 거기는 완전한 천국이다.

많은 사람들은 자기의 뜻을 최고 완전한 것으로 생각하고 존중한다. 그리고 그 뜻을 펼치기 위하여 온갖 노력을 한다. 그 자기의 뜻이 완전히 펼쳐질 때 천국이 된다고 생각한다. 그러나 그것은 착각이다. 모든 사람은 이기주의로 나가고 하나님의 뜻과 맞지 아니한 길로 나간다. 그런 사람의 뜻이 이루어지는 나라는 결코 천국이 될 수 없다. 오히려 지옥이 된다. 오직 하나님의 뜻만이 완전하고 모든 사람에게 행복을 준다. 그 뜻이 완전히 시행되는 곳이 바로 천국이고 최고 행복의 나라다.

ⓒ 천국의 특수한 성질

천국은 이 세상 나라와는 다른 아주 특수한 성질을 가진 나라이다. 그것이 바로 천국의 내용이다.

ⓐ 장소성

천국은 의심 없이 하나의 장소요 상태만이 아니다. 많은 사람들은 천당을 주관적 상태로 생각하여 그것은 현세에서도 누리고 장래에도 영구화할 것이라고 한다.

그러나 성경은 분명히 천국을 장소로 말한다. 그리스도께서 "하늘로 올리우신" 것이라 하니(행1:11), 그것은 장소적 의미로 한 곳에서 다른 곳으로 가셨다는 것을 표시한다. 그것은 거할 곳이 많은 천부의 집이라 하니(요14:1), 주관적 상태에는 맞지 않은 표현이다. 거기에는 적어도 그리스도, 에녹, 엘리야의 물질적 신체들이 있을 것이다. 장래에 무수한 물질적 신체들이 수용될 때에 그곳이 어찌 위치를 가진 장소가 아니겠는가? 그뿐 아니라 신자들은 안에 있고 불신자들은 바깥에 있다 하니 이 또한 위치 있는 장소의 묘사임에 틀림없다(마22:12,13, 25:10~12).

"그들이 사러 간 사이에 신랑이 오므로 준비하였던 자들은 함께 혼인 잔치에 들어가고 문은 닫힌지라. 그 후에 남은 처녀들이 와서 이르되, 주여 주여 우리에게 열어 주소서 대답하여 이르되, 진실로 너희에게 이르노니, 내가 너희를 알지 못하노라 하였느니라"(마25:10~12).

"또 내가 새 하늘과 새 땅을 보니, 처음 하늘과 처음 땅이 없어졌고 바다도 다시 있지 않더라"(계21:1).

부활하신 주님이 가신 그곳, 하나님의 보좌가 있는 그곳, 주님이 그 보좌 곁에 있는 그곳, 믿고 구원받은 자들이 가 있는 그곳, 우리가 거할 집이 예비 되어 있는 그곳, 그곳은 분명한 장소이다. 우리는 그 나라를 바라보고 날마다 한 걸음씩 나간다.

ⓑ 신천신지

미래의 천국은 신천신지이다.

구약의 시인과 선지자도 "천지의 없어짐", "바꾸임", "하늘이 연기같이 사라지고 땅이 옷같이 헤어지며", "새 하늘과 새 땅을 창조하는" 것을 말하였다(시102:26, 사51:6, 65:17).

신약에 의하면 "세상이 새롭게"될 것이며(마19:28), "만유를 회복하실" 것이며(행3:21), "진동하지 아니하는 것을 영존하게 하기 위하여 진동할 것들, 곧 만든 것들의 변동될 것을 나타내"실 것이다(히12:27), "그 날에 하늘이 불에 타서 풀어지고 체질이 뜨거운 불에 녹아지려니와 우리는 그의 약속대로 의의 거하는 바 새 하늘과 새 땅을 발라보도다"(벧후3:12,13), 요한은 묵시 중에 이 신천지를 보았다(계21:1).

"너희는 하늘로 눈을 들며 그 아래의 땅을 살피라. 하늘이 연기 같이 사라지고 땅이 옷 같이 해어지며 거기에 사는 자들이 하루살이 같이 죽으려니와, 나의 구원은 영원히 있고 나의 공의는 폐하여지지 아니하리라"(사51:6).

"하나님의 날이 임하기를 바라보고 간절히 사모하라. 그 날에 하늘이 불에 타서 풀어지고 물질이 뜨거운 불에 녹아지려니와, 우리는 그의 약속대로 의가 있는 곳인 새 하늘과 새 땅을 바라보도다"(벧후3:12,13).

지금의 온 우주는 광대무변하여 가히 우리의 상상을 초월한다. 그런데 그 놀라운 우주의 중심이 바로 우리가 사는 이 작은 지구이다. 이 지구는 원래 아주 멋진 곳으로, 공해나 어떤 안 좋은 것이 전혀 없는 곳으로 창조되었다. 그러나 인생이 범죄 타락하므로 온갖 안 좋은 것과 공해가 넘치는 곳이 되었다. 지금 온 세계는 그런 것들로 신음하고 있다. 악한 인간들은 점점 그것을 더 가중시키고 있다. 그래서 모든 인생은 괴로워하고 생명의 위협을 느낀다. 이러한 사정을 다 아신 하나님은 우리를 위해 신천선지를 준비하셨다. 그 나라는 인류가 살기에 최적의 상태인 복된 곳이다. 모든 구원받은 자가 가서 살 신대륙이다.

ⓒ 물리성과 초물리성

그리스도의 부활체는 영만이 아니라 살과 뼈가 있어 물리적인 성질을 가진 것이 분명하였으나(눅24:39), 그가 문들이 닫혀 있는데 제자들 가운데 갑자기 나타나시고(요20:19,26) 갑자기 볼 수 없이 되신 것은(눅24:31) 초물리적인 현상이었다.

같은 모양으로 신천지와 새 예루살렘의 복스럽고 영광스러운 사물들은 감각할 수 있는 물리적 성질을 가진 동시에 우리의 현세 지식에 동화될 수 없는 초물리적인 것이 또한 많다.

새 예루살렘은 기초, 문, 성과 길들을 가진 물리적 실체임에 틀림없으나 일만 이천 스다디온(약 1,500마일)의 정방형 입방체라는 그 도량은 현재 지상의 거리에는 적합하지 않는 그 무엇이다. "그 성은 정금인데 맑은 유리 같더라" 한 것이나(계21:18, 21), "그 성은 해나 달의 바침이 쓸데 없으니, 이는 하나님의 영광이 비취고 어린 양이 그 등이 되심이라 … 거기는 밤이 없음이라" 한 것은(계21:23~25, 22:5) 유형한 실체와 볼 수 있는 현상임에서 물리적이라 할 것이나, 우리의 현세의 물리학적 지식이나 천문학적 사상을 초월하는 사물들이다.

"어찌 그런 일이 있을 수 있나? 그렇다면 그것은 아주 비과학적이지 않은가? 옛날에는 그런 말이 통해도 이렇게 과학이 발달한 현 세계에는 통할 수 없다. 그런 엉터리 소리는 하지도 말아" 이렇게 말할 사람이 많다.

그런데 우리는 잘 생각해야 한다. 과학의 원리는 하나님이 현 세계에서 통하는 원리로 주셨다. 하나님은 전능하셔서 천국에서는 다른 원리를 주실 수 있다. 그것은 비과학이 아니라 초과학이다. 물리성을 창조하신 하나님은 얼마든지 초물리성을 창조하실 수 있다.

우리가 천국에 가서 물리적으로 우리의 형체를 가지면서도 물리성을 초월하여 마음대로 왕래하고 어떤 제재도 안 받는 곳이 천국이다. 그것만으로도 우리는 아주 다른 차원의 삶을 누릴 수 있다.

ⓒ 천국의 주민

ⓐ 하나님

주님의 기도는 "하늘에 계신 아버지"라는 말씀으로 시작되고 있다(마6:9).

시몬 베드로는 하나님이신 그리스도에 대하여 "하나님이… 만유를 회복하실 때까지는 하늘이 마땅히 그(예수)를 받아 주리라"고 하였다(행3:21).

예수님은 우리들의 대제사장의 선구자로서 "휘장 안에" 계신다(히6:19). 주는 "성소에 들어가셨다"(히9:12). 즉 "하늘에 들어가사 이제 우리를 위하여 하나님 앞에 나타나"(히9:24)신 것이다. 하나님은 하늘나라의 주인으로서 자기의 뜻에 따라 완전히 그곳을 다스리고 계신다.

"웃시야 왕이 죽던 해에 내가 본즉, 주께서 높이 들린 보좌에 앉으셨는데, 그의 옷자락은 성전에 가득하였고"(사6:1).

모세는 시내산에서 여호와의 모든 말씀과 율례를 백성들에게 말하였다. 그때 백성들은 한 목소리로 "우리가 여호와의 명하신 모든 말씀을 준행하겠습니다"라고 하였다. 그 후 모세는 아론과 나답, 아비후와, 70인 장로들을 데리고 시내산에 올라갔다. 그때에는 하늘의 보좌가 그들에게 펼쳐졌다. 하나님이 보좌에 계시는데, 그 발아래는 청옥을 편듯하고 하늘 같이 청명하였다. 그들은 하나님을 보면서 먹고 마셨다(출24:1~11).
이 사실은 천국의 주인이 하나님이시며, 그분이 바로 천국의 왕이신 사실을 말한다. 그 하나님이 천국을 다스리시고 세상 나라도 다스리심을 보인 것이다.

ⓑ 천사들
주님은 사람들에게 "부활 때에는 장가도 아니가고 시집도 아니가고 하늘에 있는 천사들과 같다"(마22:30)고 가르치셨다.
특별하게 임명된 천사들은 어린이들을 보호하기 위해 "하늘에서 하늘에 계신 내 아버지의 얼굴을 항상 뵈옵고"(마18:10) 있다. 그 천사들은 하늘나라에서 각종 심부름을 하고 수종들기 위하여 준비하고 있다. 그리고 하나님께 영광을 돌린다.
우리는 가브리엘 천사가 하나님의 명을 받고 세계 요한과 예수님의 출생에 대하여 알리는 장면을 잘 기억하고 있다(눅1:19, 26).
"스랍들이 모시고 섰는데, 각기 여섯 날개가 있어, 그 둘로는 자기의 얼굴을 가리었고, 그 둘로는 자기의 발을 가리었고, 그 둘로는 날며 서로 불러 이르되, 거룩하다. 거룩하다. 거룩하다. 만군의 여호와여, 그의 영광이 온 땅에 충만하도다 하더라"(사6:2,3).

ⓒ 신자들

예수 그리스도 이외에 하늘에 계신 하나님께로 가는 길은 없다(요14:6). 모든 신자들은 예수 그리스도를 통하여 하늘나라에 들어간다. "다른 이로서는 구원을 얻을 수 없나니, 천사 인간에 구원을 얻을 만한 다른 이름을 우리에게 주신 일이 없음이니라"(행4:12).

땅 위에서 자신의 죄를 고백하고 예수 그리스도를 진실되게 믿은 성도는 다 천국에 가게 된다. 영원히 천국의 주민이 된다. 그 나라의 시민권을 누리게 된다.

"그러나 우리의 시민권은 하늘에 있는지라 거기로부터 구원하는 자 곧 주 예수 그리스도를 기다리노니"(빌3:20).

바울은 당시에 따기 힘든 로마 시민권을 가지고 전도에 유용하게 사용했다. 지금 세상에서 미국 시민권을 따기는 참 어렵다. 여러 가지 조건이 갖추어져야 한다. 그런데 천국 시민권은 더욱 따기 어렵다. 인간의 노력으로는 불가능하다. 그러나 하나님의 방법으로 하면 아주 쉽다. 그것은 예수님을 믿는 것이다. 예수님만 믿으면 단번에 받을 수 있다. 단번에 천국 시민이 되고 모든 특전을 누린다.

ⓓ 사악한 자는 천국에서 제외된다.

불신자는 천국에 들어갈 자격이 없다. "전에 너희에게 경계한 것 같이 경계하노니, 이런 일을 하는 자들은 하나님 나라를 유업으로 받지 못할 것이요"(갈5:21).

"너희도 이것을 정녕히 알거니와 음행하는 자나 더러운 자나 탐하는 자, 곧 우상숭배자는 다 그리스도와 하나님 나라에서 기업을 얻지 못하리니"(엡5:5).

"개들과 술객들과 행음자들과 살인자들과 우상숭배자들과 및 거짓말을 좋아하며 지어내는 자마다 성 밖에 있으리라"(계 22:15).

이들은 예수만 믿으면 구원받아 천국 간다는 복음을 거절하였기 때문에 받는 형벌이니 억울하다 하며 원망할 수 없다.

ⓒ 천국민의 영생의 성질

우리는 천국 생활에 대하여 궁금한 것이 대단히 많다. 이제 우리는 성경을 통하여 그것을 알도록 하자(전용복, 아멘 주 예수여 어서 오시옵소서, pp. 40~44에 나오는 내용이다. 거기에 좀 부연하는 설명을 더하였다).

ⓐ 무궁한 생이다.

천국에서의 영생은 무엇보다도 제일로 끝없이 무궁하게 누리는 생이다. 천성에 있는 생명강수와 생명과수(계22:1, 2)는 그 정체가 무엇이든지간에 구속받은 자들의 영생을 보증하는 것들임에 틀림없다. 그것들은 영생을 보증하고 상징하는 것이다.

"내가 생명수 샘물로 목마른 자에게 값없이 주리니 이기는 자는 이것들을 유업으로 얻으리라"(계21:6, 7).

"또 저가 수정 같이 맑은 생명수의 강을 네게 보이니 하나님과 및 어린 양의 보좌로부터 나서 길 가운데 흐르더라. 강 좌우에 생명나무가 있어 열두 가지 실과를 맺히되, 날마다 그

실과를 맺히고, 그 나무 잎사귀들은 만국을 소성하기 위하여 있더라"(계22:1, 2).

우리는 천국에서 다시는 죽음의 공포가 없이 무궁한 삶을 누리게 된다. 영생은 시간을 초월하는 삶이다. 그것은 영원한 현재다.

ⓑ 완성의 생이다.

천국에서의 영생은 우리의 물질적, 영적 두 방면에서의 완성이다. 부활체의 죽음 없는 생명과 함께 모든 지성적, 도덕적 심력들의 충분한 발전 및 동화적 운용으로 완전하여지는 생이다.

"우리가 이제는 거울로 보는 것 같이 희미하나 그때에는 얼굴과 얼굴을 대하여 볼 것이요 이제는 내가 부분적으로 아나 그때에는 주께서 나를 아신 것 같이 내가 온전히 알리라"(고전 13:12).

"우리가 흙에 속한 자의 형상을 입은 것 같이 또한 하늘에 속한 자의 형상을 입으리라"(고전15:49).

"그가 나타나심이 되면 우리가 그와 같을 줄을 아는 것은 그의 계신 그대로 볼 것을 인함이라"(요일3:2).

우리는 자신의 부족한 것에 대하여 천국 가서 어떻게 될까 두려워할 필요가 없다. 우리는 얼마나 부족한 것이 많은가? 우리는 얼마나 약하고 미숙하고 연약한 것이 많은가? 이대로 천국 간다면 참으로 큰 일이다. 그러나 걱정하고 두려워할 필요가 없다. 왜냐하면 우리가 천국 가게 되면 모든 것은 완성될 것이기 때문이다. 그러한 모든 요소는 없어지고 완전해질 것이기 때문이다.

ⓒ 영교로 말미암아 평화가 넘치는 생이다.
천국의 영생은 하나님과 그리스도와의 영교로 말미암아 혼란과 슬픔 없는 평화한 생이다(마25:46, 롬2:7).
이생의 평화는 하나님과의 교통 중에 누릴 것이니, 하나님과의 교통은 참으로 영생의 본질이요, 의인들은 그리스도 안에서 충분한 만족을 발견할 것이며, 그를 즐거워하며 그를 영화롭게 하는 평화의 생활을 할 것이다.
천국으로 천국되게 하는 가장 근본적인 것은 하나님의 은혜로운 임재와 끊임없는 복 주심에 있다.
하나님이 저희와 함께 거하시리니, 저희는 하나님의 백성이 되고, 하나님은 친히 저희와 함께 계셔서 모든 눈물을 그 눈에서 씻기시매, 다시 사망이 없고 애통하는 것이나 곡하는 것이나 아픈 것이 다시 있지 아니하리니, 처음 것들이 다 지나갔음이러라. 하나님과 어린 양이 성전을 대신하며 그들의 영광과 조명이 일월을 쓸데없이 할 것이다(계21:3, 4, 22, 23, 22:5).
이렇게 하나님과 깊은 영적 교제가 이루어지는 곳에는 평화가 넘치게 된다. 아름다운 천국의 평강이 가득차게 된다.
하나님은 평강의 하나님이시다(빌4:9). 하나님은 평강이시다. 하나님께는 모든 평강이 있다. 우리가 그 하나님과 교제하면 우리는 그 하나님 안에 있게 되고, 평강 안에 있게 된다. 충만한 평강을 누리게 된다. 천국은 전적으로 하나님과 교제하고 그 가운데서 평강이 넘치는 곳이다.

ⓓ 거룩하고 의로운 생이다.
우리는 신앙생활을 하면서도 늘 거룩하고 의로운 생활이 되지 못하여 고민한다. 늘 범죄하는 일로 인하여 마음이 괴롭다. 그러나 천국에 가면 완전히 거룩하고 의로운 생활이 된다. 거기에는 죄악이나 죄인을 도무지 찾아볼 수 없게 된다.
천국은 세계에 충만하였던 악으로부터 절대 분리되어 거기는 범죄자들이 전혀 들어가지 못한다(계21:8). 악마도 들어가지 못한다. 신천신지는 의가 거하는 곳이니(벧후3:13), 무엇이든지 속된 것이나 가증한 일, 또는 거짓말하는 자는 결코 그리로 들어가지 못한다(계21:27).
그래서 천국민은 외부로부터 죄의 유혹과 침입을 받지 않고 나아가서 마음속에 죄성이 없어져 완전한 거룩의 생활을 누리게 된다. 성도들은 주 앞에 영광스러운 교회로 서서 "티나 주름 잡힌 것이나 이런 것들이 없이 거룩하고 흠이 없게 될 것"이다(엡5:27).
이 세상은 악마가 설치는 곳이다. 이 세상은 얼마나 악한 자가 많은가? 우리는 종종 그런 자들 때문에 괴로움을 당하고, 때때로 유혹을 받기도 한다. 그러나 천국에는 그런 자들이 도무지 얼씬도 못한다. 그러니 안전하다. 그런데 이 세상에서는 우리 자신의 마음속에도 죄성이 남아 있어서 추하고 악한 생각을 하기도 하고 그것을 행동으로 나타내기도 한다. 그래서 우리는 늘 괴로워한다. 그러나 천국에서는 그런 죄성이 다 없어진다. 그래서 우리는 늘 거룩하고 의로운 삶을 살게 된다.

ⓔ 영화롭고 아름다운 생이다.
우리는 여기서 영화로운 것과 아름다운 것을 찾는다. 이 세상에도 제법 영화롭고 아름답다고 할 수 있는 것들이 있다. 그러나 땅 위에서는 우리가 만족할 만한 것이 없다.

그러나 천국은 순수한 미와 영화가 넘치는 곳이다. 우리는 거기서 말할 수 없는 영화와 미에 도취된다. 요한은 묘사하기를 "그 예비한 것이 신부가 남편을 위하여 단장한 것 같더라", "하나님의 영광이 있으매, 그 성의 빛이 지극히 귀한 보석 같고 벽옥과 수정 같이 맑더라", "그 성곽의 기초석은 각색 보석으로 꾸몄으니, 열 두 보석이더라", "그 열 두 문은 열 두 진주니, 문마다 한 진주요, 성의 길은 맑은 유리 같은 정금이더라"고 하였다(계21:2, 11, 18, 19, 21).

그런데 그렇게 영화롭고 아름다운 천성에는 "만국이 그 빛 가운데로 다니고 땅의 왕들이 영광과 존귀를 가지고 그리로 들어오며", "또 사람들이 만국의 영광과 존귀를 가지고 그리로 들어오게 된다"(계21:24, 26).

거기서 구속받은 성도, 주민들은 도덕적으로 아름다운 생을 살므로 그곳의 영화와 미를 더욱 돋보이게 할 것이다. 그리고 그들의 지상생활에서 맺어진 성령의 열매-사랑, 희락, 화평, 오래 참음, 자비, 양선, 충성, 온유, 절제-는 그들의 천국생활을 더욱 돋보이게 할 것이다.

그리고 거기서 구속받은 성도들은 그 영화와 아름다움의 세계로 구원하신 주님께 영광을 돌릴 것이다. "각 나라와 족속과 백성과 방언에서 아무라도 능히 셀 수 없는 큰 무리가 흰 옷을 입고 종려가지를 들고 보좌 앞과 어린 양 앞에서 큰 소리로 외쳐 가로되, 구원하심이 보좌에 앉으신 우리 하나님과 어린 양에게 있도다"(계7:9, 10).

이 땅 위에도 영화롭고 아름다운 것들이 있다. 그러나 그것들은 천국의 영화와 아름다움에 비하면 너무도 초라하고 그림자에 지나지 않는다. 천국에는 완전한 영화와 아름다움이 넘친다. 우리는 거기서 그것에 감탄하고 하나님께 영광을 돌릴 것이다.

ⓕ 사랑의 교제를 나누는 생이다.

천국에서 성도들은 서로 알아보고 사랑의 교제를 나누게 된다. 거기서 우리는 우리의 친우들을 알아볼 뿐 아니라 현세에서 역사를 통해 알았던 선지자, 사도, 성도들을 아무 소개 없이 알아 볼 수 있을 것이다. 그리고 지상에서 사랑하고 만나기를 바라던 사람들을 거기서 알아보고 서로 즐거워함은 물론이요, 초면의 모든 성도들도 아무 거리낌 없이 서로 반기어 참된 성도의 교통이 사랑 충만한 중에서 진행될 것이다. 거기서 우리는 서로 서로 손을 잡고 음성을 모두어 사랑으로 노래 불러 "주 예수 안에 동서나 남북이 따로 있으랴! 온 세계 모든 민족이 다 형제가 아닌가!"할 것이다.

이 지상에는 싸움과 전쟁이 그치지 않는다. 교인들 간에도 갈등, 반목, 질시, 다툼이 일어날 때가 많다.

그러나 천국에는 그런 것이 전혀 없고 가장 충만한 사랑의 교제를 나누게 된다. 천국에는 등급이 있다(단12:2, 3, 고후9:6). 구원은 믿음으로 받으나 상급은 선행의 정도에 따라 받게 된다. 그래서 사람마다, 받는 상급의 정도가 다르다. 그러나 이 사실에도 불구하고 각 개인의 희락은 완전하고 충만할 것이다. 아무도 하나님의 공평한 사상에 대하여 불평하지 않을 것이다. 그리고 고급에 있는 자가 저급 사람에 대하여 교만치 않고, 저급에 있는 자가 고급 사람에 대하여 시기하지 않으니, 불유쾌가 있을 수 없을 것이다. 오직 그리스도의 사랑으로 깊은 사랑의 교제를 나눌 것이다.

우리는 다 모두 완전한 사랑의 교제를 원한다. 우리 교회가 예루살렘 초대교회처럼 되기를 원한다. 그러나 그것이 잘 되지 않는다. 냉랭하고 찬기가 도는 교회가 많다. 그런데 천국에서는 우리가 주님의 사랑을 누리는 가운데서 서로 지극한 사랑을 나누게 된다. 깊은 영적 교제를 나누게 된다.

㉤ 천국의 문(요10:7~9)

우리는 늘 물을 통하여 출입한다. 집, 방, 교회, 학교 어디나 문을 통하여 들어가고 나간다.

이렇게 문은 우리의 생활과 아주 밀접한 관계 속에 있다. 우리는 문과 상관없이 하루도 살 수가 없으니, 문은 우리에게 너무도 중요하다. 그래서 사람들은 문을 잘 장식한다. 문을 아름답게 꾸민다.

이제 우리는 아주 특수한, 신령한 문에 대하여 생각해 보자.

ⓐ 예수 그리스도는 천국의 문이다.

천국은 과연 있는가? 수많은 사람들이 천국을 부인하지만 천국은 분명히 있다. 주님은 이 천국을 소개하기 위해서 오셨다. 주님이 맨 처음 외치신 말씀이 "회개하라, 천국이 가까웠느니라"(마4:7)는 것이었다.

천국은 어떤 곳인가? 천구은 무엇보다도 먼저 하나님의 영적 통치가 이루어지는 곳이다. 그런데 우리 주 예수 그리스도는 천국의 문이다.

열차를 타기 위하여 프랫폼에 나가려면 개찰구를 통과해야 되고, 비행기를 타기 위해서는 트랩을 통과해야 되고, 다른 나라에 입국하려는 자도 그 나라의 출입구가 되는 관문을 통과해야 된다. 하물며 천국에 들어가기 위해서 문을 통하지 않고 되겠는가? 그런데 천국의 문은 바로 예수님 자신이시다. 주님은 "나는 양의 문이라", "내가 문이니"라고 하셨다. 그리고 "나로 말미암아 들어가면 구원을 얻는다"고 하셨다. 구원을 얻는 것은 바로 천국에 가는 것이다. 우리는 예수라는 대문을 통과하여 천국에 가게 된다. 예수님은 천국의 문, 구원의 문이 되시기 위하여 목숨을 버렸다. 그는 하나님의 아들로서 영광의 보좌를 내 놓으시고 이 세상에 오셨다. 그리고 수많은 고생을 하시다가 지옥 갈 인생들 대신에 십자가에서 자신의 목숨을 버렸다. 그리고 3일 만에 다시 부활하셨다. 그가 이렇게 자신의 목숨을 버리는 희생을 통하여 우리의 구원의 문이 되셨다. 인생들을 천국으로 들어가게 하는 천국의 문이 되셨다.

ⓑ 그런데 천국의 문은 예수 그리스도 뿐이다.
계21:21에는 "문마다 한 진주"라고 하였다. 진주는 아름답고 좋은 것이다. 그런데 "한 진주"라고 하였으니, 여기 하나라는 글자는 중요하다. 이것은 우리가 예수님 앞에서 단순하게 그 한 분만 믿어야 될 것을 보여 준다.
베드로는 오순절 성령강림 후 능력을 얻어 힘차게 전도하였다. 그는 "너희가 무슨 권세와 뉘 이름으로 이 일을 행하였느냐?"고 힐문하는 당시의 교권주의자들을 향하여 "백성의 관원과 장로들아, 만일 병인에게 행한 착한 일에 대하여 이 사람이 어떻게 구원을 얻었느냐고 오늘 우리에게 질문하면 너희와 모든 이스라엘 백성들은 알라 너희가 십자가에 못 박고 하나님이 죽은 자 가운데서 살리신 나사렛 예수 그리스도의 이름으로 이 사람이 건강하게 되어 너희 앞에 섰느니라 이 예수는 너희 건축자들의 버린 돌로서 집 모퉁이의 머릿돌이 되었느니라. 다른 이로서는 구원을 얻을 수 없나니 천하 인간에 구원을 얻을 만한 다른 이름을 우리에게 주신 일이 없음이니라"고 외쳤다(행1:1~12).
이 세상의 어떤 이름도 우리에게 구원을 줄 수 없다. 구원은 줄 수 있는 이름은 예수뿐이다. 예수만이 우리의 유일한 구원의 문이 되신다.

그런데 세상의 여러 종교들은 제각기 구원을 주장한다. 인류를 구원할 듯이 말한다.

심지어 기독교 안에도 아무 종교나 믿어도 구원을 얻는다는 보편구원설을 주장하는 종파와 무리들이 많아졌다. 천주교가 그러한 주장을 하며 많은 자유주의자들은 "교회 밖에도 구원이 있다"고 선전을 한다. "그들은 기독교나 타 종교가 다같이 우리에게 구원을 주는데 단지 기독교는 천국 가는데 고속 직행이라"고 말한다. 그리고 그들은 "기독교만 구원이 있다고 하는 독선을 버려야 한다"고 주장한다.

그러나 그러한 주장은 전적으로 잘못된 것이며 마귀의 소리이다. 오직 구원은 예수 그리스도만을 통하여 되며, 천국의 문은 예수 그리스도 뿐이다.

주님은 말씀하시기를 "나보다 먼저 온자는 다 절도요 강도니, 양들이 듣지 아니하였느니라"고 하셨다.

주님의 권위를 무시하고 교권을 잡았거나 구원을 주장하는 자들은 다 절도요 강도다. 기독교의 이름을 가진 통일교, 전도관 등은 물론이려니와 불교, 유교 등이 다 절도, 강도의 단체다. 석가모니, 공자 등이 어떤 면에서 성인이나 인간을 잘못 인도하여 지옥가게 하면서 구원 하는 듯이 말하는 점에서 절도요 강도이다.

만일 아무 종교나 믿어서 구원을 얻을 수 있다면 주님께서 십자가에 못 박힐 아무런 필요나 이유가 없었을 것이다. 세상의 어떤 사람의 이름으로도 천국에 갈 수가 없으니, 이 문제를 해결하시기 위하여 주께서 십자가에 달리셨다.

예수님은 믿지 않는 자들에게 천국에 들어가지 못하도록 막는 굳게 닫힌 문이시다. 아무도 그를 통하지 않고는 천국에 들어갈 수 없다. 그리고 예수님은 믿는 자들을 천국으로 인도하는 분이시다. 모든 믿는 자를 천국 가게 하는 유일한 문이시다. 오직 천국에는 예수님을 통해서만 갈 수 있다.

사도들은 이 사실을 목숨을 걸고 전하였으며 오늘도 살아 있는 참 교회는 이 사실을 힘차게 전파해야 한다.

그 문이신 예수님은 세상에서의 성도의 생활양식을 공급하신다. 주님은 말씀하시기를 "내가 문이니… 또는 들어가며 나오며 꼴을 얻으리라"고 하셨다.

'꼴'은 모든 육적, 영적 양식을 말한다. 우리는 그 양식으로 산다. 우리는 그 양식으로 만족을 얻고 힘을 얻는다. 생기가 넘치고 기쁨이 넘치는 생활을 한다.

그런 가운데서 우리는 그 주님의 인도로 천국에 이른다. 그 문이신 예수님을 통과하여 천국에 들어간다.

※ 새 하늘과 새 땅

이제 우리는 요한 계시록 21:1~8, 22:1~5 말씀이 말하는 천국을 생각해 보자. 거기서 천국은 새 하늘, 새 땅이라고 하였다(전용복, 앞의 책, pp. 183~185에 나오는 내용이다. 거기에 설명을 좀 더하였다).

사도 요한은 마지막 환상으로 천국의 환상을 보았다. 사도 요한이 본 천국은 새 하늘과 새 땅이었다. 우리는 천국에 대하여 성경 여러 곳에서 단편적으로 말하나 여기서는 가장 세밀하게 말한다. 그러나 역시 그것은 지극히 간단하고 단순하다. 그러나 우리는 요즘 쏟아져 나오는 비성경적인 책에서가 아니라 이 하나님의 계시에서 천국에 대한 지식을 얻어야 한다. 비성경적인 호기심을 자극하는 천국 간증이 아니라 하나님이 직접 주신 이 계시에서 천국의 지식을 얻고 만족해야 한다.

㉠ 새 하늘과 새 땅의 질과 모양

사도 요한은 천국을 "새 하늘과 새 땅"이라고 하였다(계21:1). 그리고 "새 예루살렘"(계21:2)은 하나님의 영광을 중심하여 나타날 승리한 교회를 가리킨다.

그런데 여기 "새" 자는 헬라 원어의 뜻이 종별상 혹은 품질상의 새 것을 가리킨다. 그러나 이것이 우주의 구재료를 버리고 아무것도 없는데서 만물을 새로이 지으셨다는 의미는 아니다. 그레다너스(Greijdanus)는 "이 신천지의 출현은 구천지의 형질과 및 조직이 변화하여 영화롭게 된 것을 가리킨다"고 하였다. 옛 하늘과 옛 땅을 없어지고(계20:11, 21:1), 아주 딴 종류의 천지가 생겨났다고 할 만큼 그것들(옛 천지)은 심각한 변화를 받았다(벧후3:10~12). 하나님은 이 세계를 보이시면서 "보라 내가 만물을 새롭게 하노라"고 하셨다(계21:5). 이 새 세계는 하나님이 친히 완전히 새롭게 한 곳이다.

지금 지구는 온갖 오염과 공해로 인하여 신음하고 있다. 환경론자들은 이것으로 인하여 지구의 종말이 올 것이라고 경고한다. 그런데 천국은 하나님이 완전히 새롭게 하신 새 천지 에덴동산과 같은 곳이다.

그리고 새 예루살렘은 하나님께로부터 하늘에서 내려왔다(계21:2). 그런데 그 새 예루살렘은 "그 예비한 것이 신부가 남편을 위하여 단장한 것" 같았다(계21:2). 이것은 비할 데 없이 너무도 아름답게 단장된 모습을 말한다. 하늘의 승리한 교회는 조금도 부족이 없이 거룩함으로 단장될 아름다움을 갖추고 있다. 그 교회는 주님의 가장 아름답게 봐주시는 주님의 멋진 신부이다.

ⓒ 새 세계에서의 새 생활

우리는 아름다운 새 세계에서의 새 생활에 대하여 자세하게 알아야 한다. 새 세계의 특징은 다음과 같다.

ⓐ 하나님이 함께 거하신다. 유대인들은 "하나님의 장막"이란 말을 그의 영광의 임재로 이해하였다. 3절에 "함께"란 말이 세 번이나 나온다. 그때의 인생들은 누구나 하나님의 사랑을 받는 하나님의 백성이 되어 하나님과 함께 축복을 누린다.

ⓑ 눈물이 없다. 거기서 하나님은 그 백성들의 모든 눈물을 그 눈에서 씻기신다. 사망, 애통, 곡, 아픈 것을 다 없애준다. 거기서는 처음 것들이 다 지나간 곳이다. 옛 세계의 모든 법칙들과 제도들이 폐지되었다. 모든 저주가 사라졌다(계22:3).

ⓒ 영생한다. 거기서 하나님은 생명수 샘물을 목마른 자에게 값없이 주신다. 거기는 수정 같은 맑은 생명수의 강이 흘러가고 강

좌우에 생명나무가 있어 열매가 맺힌다(계22:1~2). 이 모든 것들은 하나님이 주시는 영생에 대한 상징이다.

ⓓ 하나님을 대면하여 섬긴다. "그를 섬기며 그의 얼굴을 볼 터이요 그의 이름도 저희 이마에 있으리라"(계 2:3,4). 성도들은 거기서 하나님의 백성이 된 표로 이마에 하나님의 이름이 새겨져 있다. 그들은 거기서 하나님의 얼굴을 마주 대한다. 얼굴을 대하듯이 교제한다. 그리고 하나님을 섬긴다. 하나님을 섬기는 것은 인생의 본분인데 인생이 그것을 오랫동안 불완전하게 가지다가 이제는 완전하게 가지게 된다.

ⓔ 하나님이 비취신다. 거기는 밤이 없고 등불과 햇빛이 쓸데없다. 그 이유는 주 하나님이 저희에게 비취시기 때문이다. 그곳은 영원한 "하루"이며, 그곳의 빛은 태양이 아니요, 하나님이시다. 하나님은 그 얼굴빛을 저희에게 비추시며 천국은 그 빛으로 언제나 밝다.

ⓕ 왕 노릇한다. 구원 받은 성도는 천국에서 누구나 세세토록 왕 노릇한다. 그러나 여기 왕권이란 지배권을 가리키지 않고 왕의 영광을 뜻한다. 왕자적 영광이 영원히 계속된다(마20:25~27).

이러한 새 생활은 지상에서의 생활과 너무도 대조적이다. 우리가 여기서 너무도 열망하는 것이다. 우리는 이러한 새 생활을 고대하면서 찬송하며 나가야 한다. 그런데 이러한 정보에 만족하지 않고 좀 더 자세하게 구체적으로 알고 싶어 자꾸 다른 것을 찾는 자들이 많다. 그러면 우리는 잘못에 빠진다. 이 주어진 말씀에 만족하고 감사하며 나가자.

ⓒ 천국에 갈 수 있는 자와 없는 자

그런데 그 새 나라에 갈 수 있는 자는 누구인가? 그는 "이기는 자"이다(계21:7). "이기는 자"는 진정한 신자를 말한다(요일5:4,5). 참 믿음을 가진 자만 천국에 간다. 천국의 모든 새 생활을 유업으로 받는다. 거기 간 자들은 다 하나님의 아들이 된다(계21:7).

그리고 거기에 갈 수 없는 자들은 누구인가? 그들은 두려워하는 자들, 살인자들, 행음자들, 술객들, 우상숭배자들, 모든 거짓말 하는 자들이다(계21:8). 그들은 천국은커녕 불과 유황으로 타는 못 곧 지옥에 가게 된다(계21:8).

우리는 모두 참 신자가 되어 새 하늘과 새 땅에 들어가 새 생활을 누리도록 하자.

"무릇 하나님께로부터 난 자마다 세상을 이기느니라 세상을 이기는 승리는 이것이니 우리의 믿음이니라 예수께서 하나님의 아들이심을 믿는 자가 아니면 세상을 이기는 자가 누구냐"(요일5:4, 5).

우리는 믿음으로 모든 것을 이기고 천국에 간다. 우리는 오직 믿음으로 구원에 장애가 되는 모든 것을 이기고 천국 백성이 된다. 이것이 바로 복음이다.

㉯ 지옥(눅16:19~31)

내세는 있는 것인가? 없는 것인가? 지옥과 천국은 있는 것인가? 없는 것인가? 만일 있다면 어떤 곳일까?

이러한 문제는 우리가 꼭 알아야 할 가장 중요한 문제이다. 그런데 대부분의 사람들은 이 문제에 대하여 생각을 하지 않으려고 한다. 특히 지옥에 대하여 더 그렇다. 지옥이란 말을 듣기도 싫어하면서 전혀 생각지 않으려고 한다.

그러나 그것은 우리 인생에게 피할 수 없는 현실 문제와 같이 우리에게 다가오고 있는 중대한 문제이다. 그러니 이 시간 우리는 지옥에 대하여 성경을 통하여 생각해 보기로 하자.

㉠ 지옥을 부정하는 그릇된 견해

신학계에 지옥을 반대하는 주장들이 많다(전용복, 앞의 책, pp. 47~48. 거기에 설명을 더하였다). 일반적으로 하나님을 믿지 않는 자들도 지옥이 있다고 생각하는 자들이 많다. 그런데 소위 목사며 신학박사인 사람들 중에서 지옥이 없다고 하는 자들이 많으니 한심하다. 이제 그들의 주장을 한 번 들어 보자.

ⓐ 지옥이 있으면 천당의 희락을 감소한다.

슈라이막허(Schleiermacher)는 "형벌의 관념은 그리스도의 강론들에 발견되지 않으며, 그 관념 자체가 증명되기 가능하지도 않다"고 선언하고, "천당에 있는 구속받은 자들이 다른 사람들의 영원한 형벌을 생각하는 것은 천당에서의 그들의 희락을 감소할 것"이라고 주장하였다.

그러나 이 주장은 터무니 없는 억지 주장이다. 주님은 분명히 지옥에 대하여 여러 번 말씀하셨다. 슈라이막허는 성경도 읽어 보지 않았나? 예수님은 지옥에 대하여 18번 말씀하셨다. 주님은 "몸은 죽여도 영혼은 능히 죽이지 못하는 자들을 두려워하지 말고 오직 몸과 영혼을 능히 지옥에 멸하실 수 있는 이를 두려워하라"(마10:28)고 하셨다. 그리고 천국 간 백성은 지옥이 있다 하여 그 희락이 감소되지 않는다. 감소된다는 것은 자기의 생각일 뿐이다. 하나님은 그렇게 되지 않도록 하시고, 평강이 충만하게 해 주신다.

ⓑ 죄악은 현세에 국한한다.
범죄자의 양심에 일어나는 고통과 회한은 그의 죄악에 대한 충분한 형벌이라 한다. 성경에 있는 미래 형벌에 대한 교훈은 다만 각 사람의 마음에 진행하고 있는 죄의 참회와 통탄의 과정의 상징적 묘사에 지나지 않는 것이라 한다.
이러한 주장은 참으로 제멋대로의 생각이다. 성경은 전혀 그렇게 말씀하지 않는다. 성경은 사후에 분명히 형벌이 있다고 말한다. 그리고 양심의 고통을 가장 많이 받는 자는 실상 의인, 그리스도인들이요, 악인들은 양심의 가책을 별로 느끼지 않는다. 오히려 잘 했다 하고 남을 원망하는 경우가 많다.
그런데 많은 사람들은 현세에서 육체적으로나 심리적으로나 그 악행의 보응을 즉각적으로 받지 않는 경우가 너무도 많다. 그러나 공의의 하나님은 사후에 분명히 보상하신다. 인생이 살았을 때 행한 대로 갚아 주신다. 악인은 하나님의 심판을 면할 수 없다.

ⓒ 지옥은 하나님의 성격에 모순된다.
지옥 형벌은 하나님이 공의롭고 인애한 성격에 모순되는 것이라

한다.

* 영원한 형벌은 인생의 현재 범죄보다는 고육적 보응이니, 공의의 하나님이 어찌 그런 불의의 처벌을 하실 것이냐 한다. 그러나 이런 주장은 인간적인 것이고 죄는 무한하신 하나님께 범한 것이니만치 그 죄책에 무한성이 포함됨이 당연하다. 또 그리스도의 속죄의 죽음을 거역하는 것이니, 무한한 형벌을 받음이 당연하다.

* 영원한 형벌은 하나님의 사랑에 위반이요, 하나님을 "가치 없는 고문자"로 만드는 불합리한 것이라고 한다.

런던의 잉게 부감독(Bean Inge)은 영벌의 교리에 반대하여 말하기를 "우리가 이 교리를 삭제해 버리는 것은 매우 잘하는 일이라고, 우리는 거의 다 동의할 것이다. 그리스도가 계시하러 오신 하나님을 가차 없는 고문자로 사고하는 그 신념이 그렇게 여러 세기 동안 지속하였다는 것은 참으로 기이하다"고 하였다.

그러나 하나님은 인애하실 뿐만 아니라 또한 성결하시니, 그 성결을 나타내시기 위하여 죄악을 미워하여 벌하실 수밖에 없다. 그리고 하나님의 인애 자체가 우주의 일반적 복리를 위하여 죄악을 벌하게 될 것이다. 하나님의 벌악의 공의로운 처사는 사람들로 하여금 정도를 걸어가게 하는 위대한 경고와 권면이 된다.

ⓓ 보편적 구원설과 악인 멸절설

보편적 구원설은 인생은 다 결국에 하나님의 총애와 영적 은혜에 복귀하리라고 주장하는 것이다. 금생에 복음을 배척하고 또 회개하지도 않고 죽은 사람들이라도 타계의 제2시련의 기회가 있어서 마침내 회개하고 구원을 얻게 되리라고 한다.

또 무슨 종교를 믿든지 간에 하나님은 자비하셔서 다 구원하신다고 한다. 기독교를 믿는 자는 천국으로 직행하고, 타종교를 믿는 자는 좀 둘러올 뿐이지 다 구원을 받는다고 한다.

그리고 악인 멸절설은 악인들의 영혼들은 필경 절멸되거나 영원히 의식을 상실하고 말 것이라 한다. 영원히 잠자는 상태에 있게 될 것이라고 한다.

그러나 이러한 주장들은 다 인간적인 생각에 지나지 않고 성경의 사상과 도무지 맞지 않는다. 성경은 악인들의 영벌을 강력히 주장한다. 성경은 영원한 진리의 말씀인데 지옥에 대하여 수백 번 말하였다.

ⓒ 성경이 말하는 지옥

사람들의 일반 관념이나 다른 종교에도 지옥에 대한 사상이 있다. 무신론 공산국가 중공에서도 만리장성 밑에 전해오는 설에 따라 지옥을 만들어 놓았다. 그러나 우리는 하나님의 말씀인 성경을 통하여 지옥을 확신한다.

성경은 악인의 계속적 존재를 가르칠 뿐 아니라(마24:5, 25:30, 46, 눅16:19~31), 그들의 영구한 처소로서의 지옥을 말하고 있다.

지옥이라는 말 "게엔나"($\gamma\acute{\epsilon}\epsilon\nu\nu\alpha$)는 히브리어 "게"(גַּיְא 땅, 혹은 골짜기)와 "힌놈"(הִנֹּם) 혹은 "베네힌놈"(בְנֵי הִנֹּם)(힌놈의 아들들)으로부터 나온 것이다.

이곳은 악한 우상숭배자들이 자기들의 자녀들을 불에 통과시켜 몰록에게 제사드린 곳이었다. 그러므로 이곳은 불결한 곳으로 간주되고 후년에 "도벨 골짜기"라 칭하여 전적으로 멸시받는 지점으로 되었다. 그곳에는 예루살렘의 폐설물들을 사르는 불길이 끊임없이 붙고 있었다. 그 결과로 이것은 영원한 고통의 처소의 상징이 되었다. 마 18:9은 "지옥 불"을 말하고, 그 앞 절은 이것의 동의어로 "영원한 불"을 말한다. 성경은 또한 "풀무불"(마13:42)과 "불 못"(계20:14, 15)을 말한다. "옥"(벧전3:19), "무저갱"(눅8:31), "어두운 구덩이"(벧후2:4)란 말도 사용된다.

ⓐ 지옥은 예비 되어 있는 장소이다.

지옥은 악인들을 위하여 하나님께서 예비하여 둔 장소이다. "또 왼편에 있는 자들에게 이르시되, 저주를 받은 자들아, 나를 떠나 마귀와 그 사자들을 위하여 예비된 영영한 불에 들어 가라"(마25:41).

하나님은 모든 역사를 자기의 계획에 따라 진행하신다. 하나님은 의인들을 위하여 천국을 예비하셨고(마25:34), 악인들을 위하여 지옥을 예비하셨다(마25:41). 그 장소들은 미리 다 준비되어 있다. 이것은 세상에서 악한 자들을 위하여 교도소가 지어져 있는 것과 같다. 이 사실을 생각하며 악인들은 경고를 받아야 한다.

ⓑ 지옥은 영원히 존속하는 장소이다.

지옥은 영원한 형벌의 장소이다. "저희는 영벌에 ……"(마25:46).

"시온의 죄인들이 두려워하며, 경건치 아니한 자들이 떨며 이르기를 우리 중에 누가 삼키는 불과 함께 거하겠으며, 우리 중에 누가 영영히 타는 것과 함께 거하리요 하도다"(사33:14).

"또 저희를 미혹하는 마귀가 불과 유황 못에 던져지니, 거기는 그 짐승과 거짓 선지자도 있어 세세토록 밤낮 괴로움을 받으리라"(계20:10).

지옥의 영벌은 성경이 명백하게 선언하는 진리임에도 불구하고 반대자들은 그 선언을 왜곡하여 해석한다. 그 반대자들은 말하기를 성경에서 사용된 "영원"(αἰώνιος =ever lasting, eternal)은 "시대"(age), 혹은 "시기"(dispensation), 또 혹은 어떤 종류의 유한한 장기간을 표시한다고 한다.

그러나 성경은 분명히 영원한 천국의 복락을 말한다. 동시에 영원한 지옥의 형벌을 말한다. 지금은 많은 나라에서 사형제도가 없어졌다. 그런 가운데서 흉악범에 대하여 무기징역, 또는 장기징역을 선고한다. 장기징역도 50년, 100년, 이런 식으로 하여 사면을 받아도 좀체 풀려나오지 못하도록 한다. 그것은 죽도록 감옥에 있으라는 것이다. 그 흉악범들이 악하기는 하나 그들 입장에서는 얼마나 지루할까?

그런데 지옥은 그에 비할 바가 아니다. 영원히 끝도 없이 무서운 고통을 당해야 한다. 지옥은 영원한 형벌의 장소이며, 한번 지옥에 간 자는 절대로 나올 수 없다. 지옥 형벌은 절대로 사면이 없다.

존 웨슬리(John Wesley) 목사는 "네 손가락을 잠시 동안만 불에 대고 있어보라 그런 고통은 없을 것이다. 그런데 온몸이 불에 들어가 영원히 있을 것을 생각해보라"라고 했으며, 또 "육과 영의 모든 괴로움은 중단이 없다. 그들의 고통의 연기가 밤낮으로 피어오른다. … 그들의 고난이 극에 달하고 그 고통이 극심하다 할지라도, 단 한순간도 감소될 가능성은 없다"라고 했다. 지옥은 무시간 상태(Timelessness)가 아니라 끝없는 시간이(Endless Time) 계속되는 곳이다. 참새 한 마리가 그 작은 입으로 태평양 물을 물어다 옮겨서 바닥이 난다고 해도, 영원에 비하면 시작에 지나지 않는다. 여러분은 영원한 시간을 어디서 보내겠는가?

ⓒ 지옥은 고통의 장소이다.

지옥에 간 자들은 후회, 자책, 실망, 문란, 악한 감정, 정욕, 육체적 욕구 등으로 괴로움을 받을 것이다. 이것들은 자기 속에서 일어나는 것이다. 그리고 더 적극적으로 영육의 고초를 외부로부터 받을 것이다. 그것은 하나님이 설정하신 것으로 피할 수 없다. "몸은 죽여도 영혼은 능히 죽이지 못하는 자들을 두려워하지 말고 오직 몸과 영혼을 능히 지옥에 벌하시는 자를 두려워하라"(마 10:28).

그 지옥의 고초는 불과 유황에 의하여 가해진다.

"그도 하나님의 진노의 포도주를 마시리니, 그 진노의 잔에 섞인 것이 없이 부은 포도주라. 거룩한 천사들 앞과 어린 양 앞에서 불과 유황으로 고난을 받으리니"(계14:10).

"누구든지 생명책에 기록되지 못한 자는 불 못에 던지우리라"(계 20:15).

지옥불은 꺼지지 않고 영원히 타오르는 불이고, 그 불 못에 들어간 사람들이 타서 없어지지 않고 영원히 고통을 받는 불이며, 빛을 발하지 않는 불이다.

지옥은 그 불이 영원히 꺼지지 않으며 벌레 한 마리도 죽지 않는 곳이며 자살할래야 자살할 수도 없는 곳이다. 하와이에서 빅 아일랜드로 가면 화산 폭발한 자리에 팥죽 같은 것이 부글부글 끓어오르는데 그것이 유황인 것을 볼 수 있다. 만일에 우리가 그 속에 던져졌다고 생각해 보라. 이 세상에서는 그렇게 되면 우리 육신이 잠시의 고통 후에 타서 없어진다. 그러나 지옥에서는 극심한 고통을 받으나 그 고통은 계속되고 없어지지 않는다.

그런데 지옥의 고통은 등급이 있다. 이것은 고라신, 벳새다, 가버나움의 형벌을 다른 성들의 그것과 비교하며(마11:20~24), 종들의 형벌과 서기관들의 판결의 경중(눅12:47, 48, 20:47)을 논한 사실을 보아 알 수 있다.

바로, 빌라도, 유다, 네로 황제, 레닌, 막스, 모택동, 김일성, 김정일 등은 다 지옥의 가장 깊은 곳에 가서 무서운 고생을 겪을 것이다.

ⓒ 지옥에 대한 무신론자의 증언

하나님도 없고, 지옥도 없다고 하던 무신론자들의 증언을 들어보라.

ⓐ 프랑스의 무신론자 볼테르(Francis Marie Arouet 1694~1778)

그는 "기독교가 건설되기까지 수백 년이 걸렸지만, 프랑스의 한 사람(자신)이 50년 안에 기독교를 다 파괴해 버리겠다"라고 큰소리치며 장담했지만, 그에게도 죽음의 순간이 다가오자 "의사여, 나를 6개월만 더 살게 해 주시오. 그러면 내 모든 보물의 절반을 주겠소"라고 할 때에 의사는 고개를 가로저으며 "6주간도 못 삽니다"라고 했더니, "그러면 나는 지옥에 가는데, 당신이 좀 나와 같이 갑시다"라고 했고, "내가 태어나지 않았다면 좋았을걸..." 하고, "나는 지옥에 간다"라고 하면서 숨을 거두었다. 100년 안에 성경책은 다 없어진다고 했으나, 스위스 제네바 성서공회에서 그의 집을 사서 창고로 사용했는데, 마루부터 천정까지 성경이 꽉꽉 차고 넘쳤고, 성경은 아직도 베스트셀러이다.

ⓑ 영국의 토머스 패인(Thomas Paine)
영국의 유명한 무신론자로서 "인간의 자유"에 대해서 저술하면서 하나님을 대적하며 예수 그리스도를 조롱했다(천국, 지옥 부인). 그 책이 바로 "이성의 시대"(The age of reason)인데, 그는 "100년 안에 성경책은 다 없어지고 박물관이나 고서적에서나 볼 수 있을 것이다"라고 했다. 그 책이 1794년에 출판되었는데, 패인은 그 책 때문에 1809년 죽을 때까지 누워만 있으면서 "그 책이 출판되지 않았더라면 좋았을 것을"하고 후회하면서 살다가 사망했다.

ⓒ 프랜시스 뉴포트(Francis Newport)란 무신론자는, 임종 시에 "아! 나는 정죄 받았구나. 하나님이 나의 원수가 되었으니, 누가 나를 구원하리요. 나는 지옥과 저주의 견딜 수 없는 고통을 받는구나" 라며 숨을 거두었다.

ⓓ 토마스 스콧 경(Sir Thomas Scott)은 "나는 이때까지 하나님도 없고 지옥도 없는 줄 알았는데, 이제 와서 보니 그 둘이 다 있는 것을 깨닫는다. 나는 전능자의 공의로운 심판에 의하여 멸망으로 들어간다"라고 하면서 숨을 거두었다.

ⓔ 지옥의 주민

ⓐ 마귀는 짐승(적그리스도) 및 거짓 선지자와 함께 지옥에 간다.
"짐승이 잡히고 그 앞에서 이적을 행하던 거짓 선지자도 함께 잡혔으니, 이는 짐승의 표를 받고 그의 우상에게 경배하던 자들을 이적으로 미혹하던 자라. 이 둘이 산채로 유황불 붙는 못에 던지우고"(계19:20).
"또 저희를 미혹하는 마귀가 불과 유황못에 던지우니, 거기는 그 짐승과 거짓 선지자도 있어 세세토록 밤낮 괴로움을 받으리라"(계20:10).
천국과 지옥을 간증하는 자들의 대부분이 지옥에서 마귀가 지옥 간 사람들을 괴롭힌다고 한다. 그것은 자기들의 생각으로 말한 것이다. 성경은 분명히 말씀한다. 마귀, 짐승이 유황불 붙는 못, 불과 유황못에 던져져 괴로움을 받는다고. 그것들은 지옥의 가장 깊은 곳에서 가장 극심한 고통을 받을 것이다.

ⓑ 타락한 천사(귀신)는 지옥에 간다.
"하나님이 범죄한 천사들을 용서치 아니하시고 지옥에 던져 심판 때까지 지키게 하셨으며"(벧후2:4).

"또 자기 지위를 지키지 아니하고 자기 처소를 떠난 천사들을 큰 날의 심판까지 영원한 결박으로 흑암에 가두셨으며"(유1:6).

귀신들은 자신들이 마귀에게 속았다고, 그저 부림을 당했다고 변명할 수 없다. 그들은 어디까지나 자신들이 스스로 마귀를 따라갔기 때문이다. 귀신들은 이미 지옥에 갇힌 것들도 있고, 지금 세상에서 성도들을 미혹하고 괴롭히는 것들도 있다. 최후 심판 후에는 전부가 다 지옥에 던져질 것이다.

ⓒ 각종 불신앙적인 죄인들이 지옥에 간다.

악한 죄인들은 자신들이 지은 죄 때문에 지옥에 간다. 그러나 그 죄를 회개하고 믿으면 용서받고 구원 받는다. 그런데도 불구하고 끝까지 믿지 않은 죄인들은 다 지옥에 간다.

"그러나 두려워하는 자들과 믿지 아니하는 자들과 흉악한 자들과 살인자들과 행음자들과 술객들과 우상 숭배자들과 모든 거짓말하는 자들은 불과 유황으로 타는 못에 참여하리니, 이것이 둘째 사망이니라"(계21:8).

그들은 다 하나님의 뜻을 행하기를 거부한 자들이다. 하나님의 뜻을 행하기를 거부하고 끝까지 제 멋대로 한 자들은 다 지옥에 가게 된다.

"나더러 주여 주여 하는 자마다 천국에 다 들어갈 것이 아니요, 다만 하늘에 계신 내 아버지의 뜻대로 행하는 자라야 들어가리라"(마7:21).

그들은 다 어린 양의 생명책에 그 이름이 기록되지 않은 자들이다. 주님이 그들의 이름을 생명책에 기록하실 리가 만무하다. 그런 그들은 지옥에 던져질 수밖에 없다.

"누구든지 생명책에 기록되지 못한 자는 불못에 던지우리라"(계 20:15).

㉤ 지옥에 대한 전파

불신자는 물론이고 신자들 가운데도 지옥을 부정하는 자들이 많다. 그런데 지옥을 부정하는 것은 매우 위험하다. 왜냐하면 그러한 부정은 다음과 같은 결과를 가져오기 때문이다.

그것은 성경의 명백한 가르침(교리)을 부정하고 성경의 진실성과 권위에 이의를 말하는 것이다. 그것은 우리 주 예수님의 가르침을 거부하는 것이다. 그것은 천국, 그리스도론, 그 외의 중요한 교리에 대해서도 성경의 가르침을 해치는 것이다. 그것은 인간은 그리스도를 구주로 받아들이지 않는 한 지옥에 간다는 가르침을 거짓말이 되게 한다.

그러니 우리는 지옥을 부정하는 자들에 대하여 성경이 말씀한 지옥을 주장해야 한다. 성경으로 강하게 논증해야 한다. 지옥이 인간이 지어낸 그 어떤 것이 아니라 하나님이 말씀하고 마련해 놓은 분명한 형벌의 장소임을 증거해야 한다.

아울러 모든 불신자를 향하여 적극적으로 지옥을 전파해야 한다. 지옥이 분명히 있는 사실, 예수님을 믿지 않으면 누구나 다 지옥에 갈 수밖에 없는 사실을 힘차게 전해야 한다.

어떤 사람들은 사람들이 지옥에 대하여 듣기 싫어하고 반발하기 때문에 전도할 때에 지옥에 대한 말을 말해서는 안 된다고 한다. 그러나 그것은 잘못된 생각이다. 그것이 엄연한 사실(진리)이니 말해야 하고, 그것을 듣고 알아야 믿을 마음이 생기니 말해야 한다. 지옥에 대한 기탄없는 전도는 복음 전파에 크게 이바지 한다. 사람들이 깨닫고 회개하게 하며, 구원받게 한다.

지옥에 대한 전파는:

ⓐ 그것은 우리의 의무다.

이 교리가 성경에서 분명히 가르친 진리인 이상 우리 자신들에게서나 다른 사람들에게 미치는 공포 때문에 전하지 않아서는 안 된다. 그리스도의 사역자는 하나님의 전 진리를 전도할 분부 아래 있다. 성 예롬은 말하기를 "만일 진리로부터 감정상해(Offence)가 나온다면 진리가 숨겨지는 것보다 감정상해가 오는 것이 낫다"고 하였다.

세드는 말하기를 "예수 그리스도는 영원한 죽음의 교리를 위해 책임 있는 분이시다"라고 하였다. 지옥에 관한 가장 무서운 발언들은 주로 예수님 자신의 것들이다(마23:33, 막3:29, 마10:28, 25:46).

"뱀들아, 독사의 새끼들아, 너희가 어떻게 지옥의 판결을 피하겠느냐"(마23:33).

그러니 우리는 지옥에 대하여 전할 사명이 있고, 또한 의무가 있다. 그것은 좋고 안 좋고의 문제가 아니다. 우리는 지옥을 꼭 전해야 한다.

ⓑ 그것은 하나님의 거룩과 그리스도의 속죄를 옹호한다.

하나님은 악인들은 벌하시고 선인들은 구원하시는 거룩하신 분이다. 또 영벌의 장소에 갈 인생들을 그 아들을 통해 속죄하고 구원하시는 분이시다.

그러나 데오돌 파커(Theotore Parker)는 지옥의 교리가 신약에서 교훈된 것을 승인하면서도 이것을 기각하고 마침내 무궁한 형벌의 관념을 포함하는 신학 전부를 말하여 "상식을 비웃고 이성에 침을 뱉고 하나님을 마귀로 만든다"고 하였다.

그러나 지옥은 분명히 있다. 우리가 그 지옥에 대하여 전하게 될 때 하나님의 거룩과 그리스도의 속죄를 옹호하고 전하는 것이 된다.

반대로 우리가 그 지옥에 대하여 전하지 않게 될 때 하나님의 거룩과 그리스도의 속죄를 무너뜨리는 것이 된다.

ⓒ 회개와 신앙의 정당한 동기를 부여한다.

지옥의 공포는 죄를 버리고 그리스도에게 전향하는 것을 위한 정당한 동기가 된다. 수많은 사람들은 지옥의 공포 때문에 그리스도에게로 돌아온다.

"마땅히 두려워 할 자를 내가 너희에게 보이리니 곧 죽인 후에 또한 지옥에 던져 넣는 권세 있는 그를 두려워하라"(눅12:5).

"어떤 자를 불에게 끌어내어 구원하라"(유1:23).

이 말씀들은 지옥을 두려워하고 주님께로 돌아오기를 촉구하는 말씀들이다.

매튜 아놀드는 그의 비평가들에게 말하기를 "나는 그대들이 포악한 심판을 두려워하지 하지 않는다. 나는 하나님의 손에 빠져 들어가는 것이 무서울 진저"(히10:31).

지옥에 대한 정당한 공포심은 사람들로 하여금 회개하고 주님을 믿게 한다. 그러므로 우리는 이 지옥에 대하여 확실하게 전파해야 한다.

만일 지옥이 없고, 지옥에 대한 공포심이 없다면 대부분의 사람들은 하나님을 믿지 않을 것이다. 사람들은 완악하여 좋은 말로는 돌이키지 않는다. 지옥 같은 극악한 상태가 있어야 두려워하고 하나님을 믿는다.

ⓓ 영혼구원에 성공하게 한다.

지옥에 대한 전파는 비록 어떤 사람들의 마음에 반감을 일으킬지라도 복음전파에 적절한 관계를 지어 실감과 열정으로 전하면 듣는 사람들의 영혼을 구원할 수 있다.

"하나님께서 전도의 미련한 것으로 믿은 자들을 구원하시기를 기뻐하셨도다"(고전1:21).

"이 사람에게는 사망으로 좇아 사망에 이르는 냄새요, 저 사람에게는 생명으로 좇아 생명에 이르는 냄새라"(고후2:16).

로버트 맥체인(Robert Mcchayne)은 말하기를 "전도자는 영벌을 결코 눈물 없이 말하지 말 것"이라 하였다. 맥체인의 눈물 흘리는 영벌의 전도는 많은 사람들을 압도하여 죄를 버리고 그리스도 안에서 복음을 받아들여 구원을 얻게 한다고 하였다.

오늘날에는 모든 것이 발달한 시대이며 나아가서 요즘의 사람들은 칭찬과 위로만을 듣기 좋아 한다. 특히 설교도 천국과 축복에 관해서만 하기를 바란다. 그러나 이런 때일수록 지옥에 대하여 바로 전하여 진정으로 하나님을 믿고 구원을 받도록 해야 한다.

지옥은 분명히 있다. 영벌의 장소는 확실히 있다. 이 시간 우리는 스스로 "나는 천국 갈 사람인가? 지옥에 갈 사람인가?"하고 질문 해 보아야 한다. 무서운 영원한 형벌의 장소인 지옥을 면하는 길은 유일한 구원의 길이신 예수 그리스도를 믿는 길 뿐이다. 우리는 다 주 예수를 믿어 지옥의 형벌을 면하고 천국의 백성이 되는 길을 가자.

모든 사람은 지옥에 대한 전파를 큰 경고로 받고 회개하고 믿어야 한다. 일본 히로시마에 원자탄을 투하하기 전에, 미국에서 크고 작은 경고문을 여러 가지 모양으로 살포했다.

"광도 시민 여러분! 1945년 8월 6일 이전에 히로시마에서 50Km 밖으로 피난 가십시오. 그날 원자탄이 투하 될 터인데, 살아남을 자가 없습니다. 빨리 피하십시오."

그런데 그 경고문을 읽고도, 전쟁에 패망하게 생겼으니까 공갈친다. 30만 명을 죽일 폭탄이 어디 있어(원자탄을 체험하기 전이니까). 갈까 말까 망설이다가 설마 그럴 리가 있을라구 하면서, 피난가지 않다가 비참하게 죽었고, 원자 폭풍을 맞은 사람들은 지금까지 낫지 않고 고통당하다가 죽어간다. 실제 일어난 사건인데, "설마"하면서 피하지 않았기 때문이다.

※ 주님은 다시 오신다 –
천국과 지옥을 믿는 자는 그 주님을 기다린다.

우리는 사후세계, 천국과 지옥에 대하여 잘 들었다. 주님이 재림하시면 개인은 물론 온 인류의 역사가 끝나고, 모두가 심판받아 천국이나 지옥으로 간다. 중간은 없다. 땅속에 있는 육신도 부활하여 그렇게 된다. 그 때 살아있는 자는 그 몸이 변화하여 영혼과 결합한다. 그러니 우리는 그 날이 너무도 기다려진다. 우리는 주님의 그 재림을 간절히 기다리자.(계22:6, 20, 행1:11, 마24:29~51).

성경에는 재림에 대하여 1,518번이나 말씀했으며, 신약 260장중에 318절이 재림에 대한 교훈이다. 재림에 관한 말씀이 이렇게 많은 것을 보아서 재림의 교리가 지극히 중요함을 알 수 있다. 재림에 대하여는 주님 자신은 물론 천사들, 사도들이 분명히 증거하였다. 성경에 주님에 대한 약속 중 탄생, 죽음, 부활, 승천 등은 다 이루어졌고 이제 재림에 관한 것만 남아 있다. 다른 약속이 다 이루어졌으니, 나머지 재림에 대한 약속도 반드시 이루어질 것이다.

① 재림의 시기와 장소

주님이 재림하기 직전에는 천체의 이변들이 많이 일어날 거이며 인자의 징조가 하늘에서 보일 것이다(마24:29, 30).

그런데 재림의 시기는 언제인가? 주님은 "보라 내가 속히 오리니", "내가 진실로 속히 오리라"고 하셨다(계22:7, 20). 우리는 이 시대에 말세의 징조가 너무도 많은 것을 보아서 주님의 재림이 임박한 것을 실감하게 된다. 그러나 아무도 그 정확한 시기는 모른다. 그것은 오직 하나님 아버지만 아신다(마24:36). 그런데 주님은 우리 보기에 더딘 것 같아도 반드시 속히 오실 것이다.

그러면 재림의 장소는 어디인가? 주님은 어떤 장소에 국한하여 재림하시는 것이 아니다. 그는 "번개가 동편에서 나서 서편까지 번쩍임 같이" 온 지구상에 있는 사람들이 다 보게 모든 장소에 동시에 임하실 것이다(계1:7).

"그러나 그 날과 그 때는 아무도 모르나니, 하늘의 천사들도, 아들도 모르고 오직 아버지만 아시느니라"(마24:36)

"볼지어다, 그가 구름을 타고 오시리라 각 사람의 눈이 그를 보겠고 그를 찌른 자들도 볼 것이요 땅에 있는 모든 족속이 그로 말미암아 애곡하리니, 그러하리라 아멘"(계1:7).

옛날부터 재림의 날짜와 장소를 말하는 이단들이 많이 일어났다. 한국에서 다미선교회는 시한부종말론을 주장하여 큰 혼란을 일으키고 많은 가정들을 파멸로 몰아갔다. 우리는 그런데 휩쓸리지 말고 성경대로 믿고 준비해야 한다. 우리는 호기심을 버리고 오직 말씀대로 믿고 나가면 된다.

② 재림의 모양

주님은 어떠한 모양으로 오시는가?

㉠ 주님은 인격적으로 눈에 보이게 오신다. 주님은 성령강림과는 별도로 자신이 직접 몸을 가지고 이 세상에 오실 것이다. 그래

서 모든 사람들이 볼 수 있게 오실 것이다(행1:11, 마24:30, 계1:7).

ⓒ 주님은 갑자기 오신다. 그는 비상한 속도로 땅 끝에서 땅 끝까지 동시에 그 자신을 나타내실 것이다(마24:27). 그 때에 세상 사람들은 경악을 금치 못할 것이다.

ⓒ 주님은 영광과 승리로 오신다. 온갖 박해와 핍박을 받고 십자가를 지셨다. 그러나 재림 시에는 영광중에 오실 것이다. 모든 사람들은 인자가 큰 권능과 영광으로 하늘 구름을 타고 오는 것을 볼 것이다.(마24:30).

"그 때에 인자의 징조가 하늘에서 보이겠고 그 때에 땅의 모든 족속들이 통곡하며 그들이 인자가 구름을 타고 능력과 큰 영광으로 오는 것을 보리라"(마24:30).

"번개가 동편에서 나서 서편까지 번쩍임 같이 인자의 임함도 그러하리라"(마24:27).

"주님이 벌써 왔다. 내가 바로 재림주다. 너희가 깨닫지 못하는 것은 눈이 어두워서 그렇다. 나를 믿어라" 이런 소리를 하는 이단이 더러 있다. 그런 자들은 다 웃기는 사기꾼들이다.

③ 재림의 목적

그리스도는 세계의 종말에 미래의 시대, 곧 사물의 영원한 상태를 소개시킬 목적으로 오실 것이다. 성경에 여러 번 강조해 온 천국과 지옥을 소개시킬 목적으로 오실 것이다. 그리고 그 목적을 달성하기 위하여 부활과 최후심판을 단행하실 것이다. 그때에 산 자와 죽은 자는 다 주님 앞에서 심판을 받게 된다. 그때의 심판에서 불신자는 지옥에 가게 된다. 신자는 다 천국에 가게 된다(살전4:16~18, 살후1:7~9).

"주께서 호령과 천사장의 소리와 하나님의 나팔 소리로 친히 하늘로부터 강림하시리니, 그리스도 안에서 죽은 자들이 먼저 일어나고, 그 후에 우리 살아 남은 자들도 그들과 함께 구름 속으로 끌어 올려 공중에서 주를 영접하게 하시리니, 그리하여 우리가 항상 주와 함께 있으리라. 그러므로 이러한 말로 서로 위로하라"(살전4:16~18).

우리는 인류 최후의 날에 있을 그 대심판을 생각해 보자. 주님은 모든 인생을 일시에 심판하실 것이다. 그때에 천국 가는 성도들의 환호성이 터지고, 지옥에 가는 자들의 통곡소리가 온 우주에 울릴 것이다. 우리는 그날을 생각하며 살자.

④ 재림을 기다리는 성도가 되자

주님께서는 사도 요한에게 계시의 말씀을 끝내시면서 "내가 진실로 속히 오리라"고 하셨다. 그때에 사도 요한의 대답은 즉시 "아멘! 주 예수여 오시옵소서"라고 하였다(계 22:20).

우리들도 이렇게 주님의 오심을 갈망하는 성도가 되어야 한다. 항상 "아멘 주 예수여 오시옵소서"라는 생각을 가지고 살아야 한다.

"아멘 주 예수여 오시옵소서(계22:20): 이 어구(우리 주여 오시옵소서)는 아람어 "마라나타"로 그 문자적 형태는 고린도전서 16:22에 나타난다. 이 말은 초대교회의 예배의식에 쓰이는 말이었다. 그리고 그것은 초대교회의 신앙의 요약이었다.

또한 요한계시록에 흐르는 정신이었다. 그리스도의 재림의 임박성을 느끼며 거기에 응답하면서 그들은 모든 핍박을 이겨 나갔다. 그리고 어느 시대이든 직접적인 핍박이 있든 없든 이것이 모든 성도들의 신앙적 자세가 되어야 한다(이상근, 「요한계시록 주석」, pp. 255~256).

신자들 중에는 재림을 잘못 이해하여 진정으로 기다리지 못하는 자들이 많다. 오늘날의 많은 합리주의자들과 자유주의 신학자들은 재림의 찬란한 묘사들을 비유적으로 해석한다. 재림은 그리스도의 원리들이 점진적으로 사회를 지배하게 되는 것이라고 한다.

그러나 예수님이 승천하실 때 제자들이 자세히 하늘을 쳐다보고 있는데 흰 옷 입은 두 천사가 곁에서 한 말을 보니 틀린 해석이다. 그들은 "갈릴리 사람들아, 어찌하여 서서 하늘을 쳐다보느냐? 너희 가운데서 하늘로 올리우신 이 예수는 하늘로 가심을 본 그대로 오시리라"고 하였다(행1:11).

또 어떤 이들은 주님께서 오셨다고 주장한다. 그들은 그리스도의 재림과 오순절의 주님의 영적 강림을 동일한 것으로 본다(요14:18,23). 그러나 이 오심은 예언된 그리스도의 재림과는 다르다. 재림은 오순절 강림 후에 있을 일로 예언되었다.

또 어떤 이들은(러셀파) 주님이 이미 1914년에 불가견적으로 재림하시어 현재 공중에 계신다고 주장한다. 그러나 그리스도는 부활한 육체를 가지시고 모든 사람들이 보는 중에 오신다. 계1:7에는 "각인의 눈이 그를 보겠고, 그를 찌른 자들도 볼 터이요, 땅에 있는 모든 족속이 그를 인하여 애곡하리니, 그러하리라. 아멘!"이라고 하였다.

또 신자들 중에는 성경보다 지나치게 생각하여 믿는다. 어떤 이들은 재림의 날짜를 정확히 예언한다. 그래서 굉장한 위기의식을 조장한다. 그러나 성경은 재림의 징조들은 보이나 정확한 일시를 보이지 않는다. 다만 주님은 "도적 같이"(계3:3, 6:15) 오시어 세상을 심판하신다. 그때는 오직 하나님만 아신다(마24:26).

또 어떤 이들은 승천복을 만들어 놓고 너무 광신적으로 생각하며 일도 하지 않는다. 그러나 성경에는 광신적으로 믿는 자들을 경계한다. 우리는 승천복이 필요 없으며 내일 주님이 오셔도 오늘은 내 일에 충실해야 한다. 이것이 성경의 가르침이며 참 기다림의 모습이다.

이제 주님의 재림을 기다리는 성도의 모습을 생각해 보자.
㉠ 깨어 예비해야 한다.
"그러므로 깨어 있으라. 어느 날에 너희 주가 임할는지 너희가 알지 못함이니라", "이러므로 너희도 예비하고 있으라. 생각지 않은 때에 인자가 오리라"(마24:42,44).
주님이 오시는 것은 확실하다. 어느 날에 오실는지 모르니 언제나 깨어 준비하고 있어야 한다.
주님은 도둑과 같이 생각지 않은 때에 오신다. 주님은 "만일 집 주인이 도적이 어느 경점에 올 줄을 알았더면 깨어 있어 그 집을 뚫지 못하게 하였으리라"고 하셨다(43).
나는 신학교에서 학기 말 시험 준비를 하다가 12시가 넘어서 피곤하여 쓰러져 잘 때 우리 호실 전원이 도둑에게 당한 사실을 기억한다. 또 제3영도교회에 있을 때 낮 예배 시간에 부엌문을 잠그지 않고 갔다가 TV를 도둑맞은 사실을 생각한다. 조금 부주의 하는 때에 도둑은 들어와서 도둑질한다.

우리는 잠시도 방심하지 말고 도둑을 경계해야 하듯이 주님의 재림을 맞을 준비를 해야 한다.

바울 사도는 "또한 너희가 이 시기를 알거니와 자다가 깰 때가 벌써 되었으니, 이는 우리의 구원이 처음 믿을 때보다 가까웠음이니라"(롬13:11)고 하였다.

그런데 깨어 준비하는 생활은 주로 기도하는 생활이다. 기도는 신앙생활의 생명이며 성도의 영적 호흡이다. 우리는 항상 쉬지 않고 기도함으로 깨어 주님을 맞을 준비를 하자.

ⓒ 주님이 더디 오시리라 생각하여 뒤로 미루지 않는다. 방탕하지 않는다.

악한 종은 마음에 생각하기를 "주인이 더디 오리라"고 하였다. 그래서 동무들을 때리며 술 친구들로 더불어 먹고 마시게 되었다. 그 종에 대하여 주님은 "생각지 않은 날 알지 못하는 시간에 그 종의 주인이 이르러 엄히 때리고 외식하는 자의 받는 율에 처하리니 거기서 슬피 울며 이를 갊이 있으리라"고 하셨다(마24:48~51).

세 악마의 제자들이 자기들의 악의 학습을 끝내는 과정으로서 이 세상에 파견되는 한 우화가 있다. 그들은 악마의 두목인 사탄에게 인간들을 유혹하여 파괴시킬 계획을 보고했다. 첫째 놈은 말하기를 "나는 인간들에게 하나님은 없다고 말하겠습니다"라고 했다. 사탄은 말하기를 "그 말로는 많은 사람들을 유혹하지 못한다. 사람들은 하나님이 있다는 것을 다 알고 있기 때문이다"라고 했다. 둘째 놈은 말하기를 "나는 사람들에게 지옥은 없다고 말하겠습니다"라고 했다. 사탄은 대답하기를 "그런 방법으로는 아무도 속이지 못한다. 사람들은 지금까지 죄를 지으면 지옥에 갈 줄을 알고 있다"라고 했다. 셋째 놈은 말하기를 "나는 사람들에게 급히 서둘러 준비할 필요가 없다고 말하겠습니다" 하고 했다. 그러자 사탄은 말하기를 "가라, 너는 수많은 사람들을 파멸시킬 수 있으리라"고 했다는 것이다.

오늘날 신자들 가운데 수많은 사람들이 주님의 재림이 더디리라고 생각하며 모든 일들을 뒤로 미루고 허랑방탕한 생활을 한다. 모든 신령한 일들을 다 뒤로 미루고 힘쓰지 않는다. 마치 노아 홍수 시에 수많은 사람들이 향락에 젖어 있었듯이 이 세상 쾌락에 젖어 있다.

오늘 우리는 주님의 재림이 임박한 사실을 생각하면서 모든 일들을 뒤로 미루지 말고 세상 향락에 젖어 들지 말자.

ⓒ 충성한다.

주님은 "충성되고 지혜 있는 종이 되어 주인에게 그 집 사람들을 맡아 때를 따라 양식을 나눠줄 자가 누구뇨?"라고 하셨다(마 24:45). 충성은 직접적으로 복음을 위하여 수고하는 것은 물론이고 일상생활에 충실한 것도 말한다. 주님께서는 이렇게 충성하는 자들에게 복이 있고 상이 있을 것을 말씀하셨다.

"주인이 올 때에 그 종이 이렇게 하는 것을 보면 그 종이 복이 있으리로다. 내가 진실로 너희에게 이르노니 주인이 그의 모든 소유를 그에게 맡기리라"(마 24:46,47).

우리는 다 주님이 속히 재림하여 심판하실 것을 믿고 그 재림을 기다리는 성도가 되도록 하자.

이렇게 기다리는 자는 행복하다. 다시 오실 주님을 사모하며 기다리는 삶 그자체가 더 할 수 없는 행복이다. 그리고 그 기다림은 하나님의 약속을 믿고 기다리는 것이니, 약속하신 그 주님은 반드시 오실 것이고, 틀림없이 만날 것이다. 그때는 최고 행복의 순간이 될 것이다. "마라나타", "아멘, 주 예수여, 어서 오시옵소서".

어떤 흑인의 시를 소개한다.

『왕이시오 으뜸 되신 그가
장래에 오시리니,
그가 오실 때,
목화 따는 나를 보시리라.

하늘의 천군들이
소리 높이 외치는 소리,
그대들은 들을지라.
그가 오실 때,
목화 따는 나를 보시리라.

사람들에게 내동댕이 침을 받고

죽기까지 고통당하신
그가 오실 때,
목화 따는 나를 보시리라.

미움 받고 천대받으시며
고통당하시고 십자가에 못 박히신
그가 오실 때,
목화 따는 나를 보시리라.

그가 오실 때! 그가 오실 때!
성도들과 천사들이
면류관을 드릴 때,
배척당하신 그를 향해
호산나를 외치리니,
그가 오실 때,
나는 목화밭 가운데서
무릎을 꿇리라』

| 끝 말 |

성경은 하나님이 우리에게 주신 계시다. 그 계시는 신구약 성경으로 완성되었다. 더 이상의 계시는 없다. 우리가 받은 복음 외에 다른 복음은 없다. 성경 외의 새 것을 말한다면 그것이 아무리 신기하고 재미있어도 다른 복음이다.

그런데 성경은 우리의 신앙의 지침서로 충분하다. 성경이 우리에게 모든 지식을 다 알려주지는 않는다. 그러나 그것은 우리가 하나님을 믿고 따라가기에 충분한 정보를 준다. 그러니 우리는 영적 신앙생활을 해 나감에 있어서 성경으로 만족하고 다른 것을 추구해서는 안 된다.

요즘 천국, 지옥 간증이 대 유행이다. 온 교회를 쓰나미처럼 휩쓸고 있다. 그런데 그 간증들은 큰 문제가 있다. 그것이 성경과 영 다른 경우, 부분적으로 다른 경우가 있는데, 전자는 영 다른 복음이고, 후자는 부분적으로 다른 복음이다.

그런데도 왜 사람들은 천국, 지옥 간증을 추구하나? 왜 그렇게도 그런 것에 열광하고 흥분하나?

그들은 말하기를 '성경에는 천국, 지옥에 대한 정보가 너무 없다.

너무 부분적이고 단편적이다. 그래서 우리가 성경을 보고 천국, 지옥을 제대로 알 수가 없다'고 한다. 그러면서 '그 간증은 성경에 없는 완전히 새로운 것이니, 하나님이 새롭게 보여준 것이니, 들을 수밖에 없다. 듣고 흥분할 수밖에 없다'고 한다.

그러나 그것은 아주 잘못된 말이다. 성경에는 우리가 믿고 나가기에 충분한 정보가 있다. 천국, 지옥에 대한 것도 마찬가지다. 우리는 앞에서 성경이 말씀하는 천국과 지옥에 대하여 살펴보았다. 충분한 정보가 있는데, 제대로 알아보지도 않고 없다고 하면 되나? 그리고 성경에 없는 새로운 다른 것은 다른 복음이다. 그렇게도 쉽게 다른 복음을 따라 가면 되나?

그런데 이렇게 천국, 지옥 간증에 빠지는 것은 ;
① 하나님에 대한 불신앙이다. 하나님이 보여주신 것은 무시하고, 다른 것을 좋아하니, 그것은 아주 큰 불신앙이다. 하나님의 말씀을 존중하지 않으니 참으로 큰 불경이다.

② 성경중심, 성경제일주의가 아니다. 우리의 신앙의 표준은 성경이다. 그런데도 불구하고 무조건 재미있고 호기심만 만족하면 된다고 하니, 성경중심이 아니다. 성경제일주의가 아니다.
③ 호기심에 만족을 얻으려는 비신앙적인 태도다. 인간의 호기심은 끝이 없다. 그 호기심만 따라가면 신앙생활이 되지 않는다.
④ 새 것이면 다 받아들이려는 혼합주의다. '굳이 성경만 말할 필요가 없다. 다른 것도 받아들일 만한 가치가 있다'고 하는 것이다.

우리는 이러한 자세를 회개해야 한다. 통절히 회개하고 말씀중심으로 돌아가야 한다. 우리 교회는 그런 바람에 휩쓸리는데서 벗어나서 말씀대로 천국, 지옥을 믿고 나가야 한다. 우리는 성경 말씀에 귀 기울이고, 거기서 정보를 얻고 믿음을 키워야 한다.

오늘날 성경대로 천국, 지옥을 설교하는 일이 드물다. 천국, 지옥은 현대 목회자들이 거의 다루지 않는 주제다. 천국, 지옥 설교를 듣기가 참으로 어렵다. 그리고 성도들은 성경에 나오는 대로는 들으려고 하지 않는다. 다 안다하면서 아무 감동도 받지 못한다. 그러면서 무조건 어떤 간증을 들으려고 한다.

　오늘날이야 말로 목회자는 천국, 지옥을 외쳐야 된다.

　'주여, 주여' 하면서 그저 세속적으로 되어가는 자들을 향하여, 그저 재미로 천국, 지옥 간증을 들으려고 하는 자들을 향하여 소리 높여 천국, 지옥을 전해야 한다. 그리고 성도들은 그러한 말씀이 바로 하나님의 말씀인줄 알고 받아들여야 한다.

　그리하여 천국, 지옥에 대한 확실한 믿음을 가져야 한다. 그런 믿음을 가지고 최선을 다하여 충성해야 한다. 그리고 천국, 지옥을 완전히 실현하실 주님의 재림을 학수고대해야 한다.

　이제 우리 교회는 성경적 천국, 지옥에 대한 신앙으로 확실히 무장하고 불신자들에게 그 천국, 지옥을 전해야 한다. 물질만능주의에 **빠**져 이 세상 뿐이라 하면서, 쾌락에 빠져 허우적대는 현대인들에게 천국, 지옥에 대한 문제를 제시하며 도전해야 한다.